Die rumänischen Waldkarpaten

DIE RUMÄNISCHEN WALDKARPATEN

Maramureș, Vișeu de Sus
und ein Abstecher in die Bukowina

Michael Schneeberger
Frank-Michael Lange

SCHELZKY & JEEP

Danksagung

Die Autoren widmen dieses Buch "Rosa-Nenni" Schiesser.

Herzlichster Dank geht an "Thomas-Batschi" und Lisu Biguş, Poldi und Rosi Schiesser, Preot Vasile Luţaj und all den Freunden und Bekannten aus Oberwischau und der Maramureş, ohne deren Hilfe dieses Buch nie zustande gekommen wäre. Ebenfalls haben wir zu danken der Kulturabteilung der Stadt Bern für die freundliche Unterstützung.

Unsere Reiseführer werden äußerst sorgfältig erarbeitet und bis kurz vor Druckbeginn laufend aktualisiert. Sollten dennoch vereinzelt Fehler oder Ungenauigkeiten vorkommen, so bitten wir um Verständnis, daß wir hierfür keine Haftung übernehmen können. Autoren und Verlag freuen sich über Anregungen und Verbesserungsvorschläge.

Die Deutsche Bibliothek – CIP Einheitsaufnahme
Die **rumänischen Waldkarpaten** / Frank-Michael Lange ; Michael Schneeberger. - Berlin : Schelzky & Jeep, 1998
ISBN 3-89541-139-6

© by Verlag Schelzky & Jeep Berlin
1. Auflage 1998
Alle Rechte vorbehalten
Abbildungen: Michael Schneeberger, Bern
Gesetzt aus der URW Imperial
Herstellung: Medialis Berlin
Gedruckt auf chlorfrei gebleichtem Papier
Printed in Germany
ISBN 3-89541-139-6

INHALTSVERZEICHNIS

Vorwort oder: etwas touristischer Klartext vorneweg...

Die Region Maramureş darf – sogar für rumänische Verhältnisse – als eine einzigartig unberührte und ursprünglich gebliebene Region angesehen werden. Zentren wie Bukarest sind weit entfernt, weitmehr noch unser hektisches, "hochentwickeltes" Westeuropa. Nun haben solche "Zeitreisen" für uns nicht von ungefähr ihren besonderen Reiz, dem wir Autoren zugegebenermaßen auch erliegen. Der darin liegenden Gefahren mal ungeachtet, hat diese je nach Gesichtspunkt als ursprünglich oder rückständig bezeichnete Region für den unbedarften Touristen auch (unserer Meinung nach: gottseidank!) ihren Preis. Nicht im wörtlichen Sinn – in der Maramureş kann mit extrem wenig Geld Urlaub gemacht werden. Nein; der Preis für diese wunderbare Region besteht in einer gewissen, unvermeidlichen Anpassung an die dort herrschenden Verhältnisse. Touristische Infrastrukturen wie komfortable Hotels, westliche Restaurants etc. gibt es allerhöchstens in den großen Städten. Und eine wassergespülte Toilette brauchen Sie draußen in den Dörfern erst gar nicht zu suchen – um ein Beispiel zu geben. Wer die Auswahl auf den Speisekarten und den Komfort der Gästezimmer als Maß aller (Vor-)Urteile nimmt, sollte vielleicht besser zuhause bleiben. Allen anderen möchten wir eines der märchenhaftesten Gebiete in Osteuropa näherbringen – in einer vernünftigen Form von Tourismus, den wir Autoren uns mit diesem Reiseführer erhoffen, sowohl für Sie als Besucher wie auch für die Bewohner der Maramureş.

EINLEITUNG

"I don't know. This is far away from western life style!"

Auskunft an einem mit reichlich Coca-Cola-Werbung versehenen Straßenimbiß im ostungarischen Theißland, wo wir 1994 kurz vor dem Grenzübergang nach der Situation im Nachbarland Rumänien fragten.

Um es gleich vorweg zu nehmen: die rumänischen Waldkarpaten, diese vergessene Grenzlandschaft am äußersten Rand von dem, was wir gemeinhin Europa nennen, sind jenseits von "western life style"; der zitierte ungarische Drive-In Besitzer hat Recht. Die indirekte Warnung aber, welche in seinen Worten mitschwang, drehen wir ins Gegenteil um: überschreiten Sie mit uns die Grenze – dieses Buch ist eine Einladung dazu. Sie werden nicht nur touristisch äußerst reizvolles Neuland betreten, sondern vor allem auch dessen Bewohner kennenlernen. Menschen, die trotz ihrem oftmals an Armut grenzenden Lebensstandard eine selbstverständliche Offenheit und

Herzlichkeit bewahrt haben, welche uns "Westler" tief beschämt und nachdenklich stimmen sollte.

Lassen Sie Hektik und Vorurteile zu Hause, lernen Sie von diesen einfachen Bergbewohnern das Wesentliche: sich die Zeit zu nehmen, offen und positiv auf Neues zuzugehen. Und in den rumänischen Waldkarpaten wird sich Ihnen eine abenteuerliche, wundersame Welt auftun. Es liegt an Ihnen, unsere Einladung anzunehmen; wenn Ihnen dieses Buch dabei behilflich sein kann, hat es seinen Zweck erfüllt.

Unter dem von uns frei gewählten Überbegriff *Rumänische Waldkarpaten* führen wir den interessierten Reisenden in die nordrumänischen Provinzen Maramureş und Bukowina. Diese Namen, als verbale Relikte vielleicht noch in Großmutters Erzählungen lebendig, werden für die meisten Leser fremd und nichtssagend sein. Geprägt von zahlreichen Grenzverschiebungen im Gefolge politischer Konflikte sind diese Landstriche in den letzten fünfzig Jahren auch wirtschaftlich zur Bedeutungslosigkeit abgesunken.

Das alte ungarische Komitat **Máramaros** (heute Maramureş) hatte seine alte Nordgrenze weit in der heutigen Ukraine. Die östlich davon gelegene Bukowina ist ebenfalls zweigeteilt; der nördliche Teil des Buchenlandes (deutsche Bezeichnung der Bukowina) mit der alten Hauptstadt Czernowitz gehört heute zur Ukraine. Wir beschränken uns mit unseren Touren auf die zu Rumänien gehörenden Regionen, gelegentlich werden aber der geschichtlichen Vollständigkeit wegen auch die ukrainischen Gebiete kurz angerissen. Ausgangspunkt und geographisches Zentrum dieses Buches bildet die Maramureş; erreichbar über erst in jüngster Zeit befestigte Paßstraßen, bewahrte sich diese Bauernregion eine wohl einzigartige Ursprünglichkeit.

In **Petea**, dem östlichsten ungarisch-rumänischen Grenzübergang, empfängt den Besucher als erstes ein mächtiger Karpatenbär, sicher verwahrt in einem Käfig. Von dort geht es weiter in die alte Stadt Satu Mare (Szatmár/Sathmar) mit ihren zwei Wahrzeichen, dem alten Feuerwehrturm von 1904 und dem alles überragenden sozialistischen Verwaltungsgiganten der Ceauşescu-Epoche. Der Reisende wird sich in dieser Stadt nicht allzu lang aufhalten, zumal osteuropäische Grenzstädte doch etwas gewöhnungsbedürftig sind.

Von **Satu Mare** geht es hinein in das Oascher Land. Spätestens hier wird jedem "Rumänienneuling" klar, daß die stürmische Entwicklung der letzten fünfzig Jahre an diesem südosteuropäischen Land praktisch spurlos vorbeigegangen ist. Ochsengespanne und Pferdefuhrwerke prägen das ländliche Straßenbild, viele Bäuerinnen tragen ganz selbstverständlich ihre farbigen Trachten. Bald erreichen wir den von malerischem Buchenwald flankierten Huta-Paß, dem Tor zur Maramureş.

Die ungarische Tiefebene haben wir hinter uns gelassen, vulkanische Vorboten der Karpaten gestalten die Landschaft. Wieder bergab erreichen Sie die Theiß (Tisa), den Grenzfluß zur Ukraine. Wir tauchen ein in eine uns vertraute, aber doch längst vergangene Welt. In Săpânţa bietet sich ein wundervolles Bild vom ursprünglichen dörflichen Leben. Frauen spinnen vor ihren Häusern Schafwolle und verkaufen ihre handgewobenen Westen, Decken und vieles mehr. Die Straßen sind belebt und bilden das Zentrum der dörflichen Kommunikation; begleitet von Musikanten, bereichern an Wochenenden oftmals riesige Hochzeitsgesellschaften die Szenerie.

Auf ihrem Weg entlang dem Grenzfluß Tisa erreichen Sie **Sighetu Marmaţiei,** die einstige Hauptstadt der Maramureş. Nicht ohne Grund fühlt man sich zumindest im alten Teil der Stadt in ein jüdisches Schtetl der Jahrhundertwende zurückversetzt: die israelitische Bevölkerung von Sighet, welche vor dem 2. Weltkrieg fast zwei Drittel der Bewohner ausmachte, hat ihre Spuren in der alten Handelsstadt hinterlassen. Mit dem berühmtesten Sohn dieser Stadt, dem Friedensnobelpreisträger Elie Wiesel, unternehmen wir eine imaginäre Reise in die ostjüdische Vergangenheit. Von Sighet begleiten wir Sie weiter bis nach Vişeu de Sus (Oberwischau). Auf zwei verschiedenen Reiserouten werden Sie bei genauerer Betrachtung feststellen, daß sich das Bild der Dörfer, selbst der Häuser ständig ändert. Sie befinden sich mitten in einem Vielvölkerstaat en miniature. Seit Jahrhunderten lebten in der Maramureş und der Bukowina Rumänen, Ungarn, Ukrainer, Zigeuner, Deutsche, Juden, Slowaken, Ruthenen, Huzulen, Armenier, Russen, Südslawen und Polen friedlich nebeneinander. Entspricht die heutige Realität auch nicht mehr dem Vorkriegsleben, erzählen gerade ältere Zeitgenossen mit einer verblüffenden Selbstverständlichkeit, wie es *gewesen war davor.....*

Im **Iza-Tal,** dem Kernland der stolzen Maramureşbewohner, überragen die von weitem sichtbaren jahrhundertealten Holz-

kirchen die Dächer der Bauerndörfer. Aber nicht nur an diesen weltberühmten Kirchen manifestieren sich die eindrücklichen kunsthandwerklichen Fertigkeiten dieses urwüchsigen Bergvolkes; imposante, mit uralten heidnischen Symbolen geschmückte Holztore stehen vor praktisch jedem Haus.

Im Wischautal erwarten Sie eine berühmte Privatsammlung rumänischer und internationaler Kunst, die Erklimmung des Pop Ivan an der Schwelle zur Karpatenukraine und eine gedankliche Reise in die Vergangenheit dieses geheimnisvollen Landstrichs.

In **Vişeu de Sus** (Oberwischau) angekommen, werden wir Sie mit der Geschichte der Zipser Deutschen, der wohl kleinsten deutschen Minderheit in Rumänien, vertraut machen. Die Geschichte der Stadt ist eng mit den deutschen Kolonisatoren aus der heutigen Slowakei und Oberösterreich verbunden. Obwohl viele Familien in den letzten Jahren in die Bundesrepublik emigriert sind, wird der Besucher in den Gassen der *Zipserei*, dem deutschen Viertel von Vişeu, auch heute noch mit Grüß Gott auf

"teitsch" angesprochen. Zusammen mit Holzfällern, Förstern und Jägern besteigen wir eine urtümliche Schmalspurbahn, die uns *"hinauf ins Wassertal"* bringt. Straßen fehlen in diesem wildromantischen Waldgebiet; durch enge Schluchten und Tunnels, über Brücken und vorbei an bizarren Felsen müht sich die kleine Dampflok stetig bergauf über vierzig Kilometer bis an die ukrainische Grenze.

Von Oberwischau begleiten wir Sie weiter in das Rodnagebirge. Mit über 2300 Metern Höhe das einzig wirkliche Hochgebirge in den rumänischen Waldkarpaten, offerieren wir hier den Wanderfreunden verschiedene Bergtouren durch unberührte Landschaften. Verbringen Sie mit uns eine Nacht oben auf den Bergkämmen, wo Hirtenfeuer die transsylvanische Stille für jeden Besucher zum einmaligen Erlebnis werden lassen. Graf Dracula läßt grüßen. Über Borşa geht es dann hinauf zum **Prislop-Paß** (1416 m) und von da hinab ins Tal der goldenen Bistritz. Am Baustil der Häuser erkennt man schnell, daß wir die Maramureş

hinter uns gelassen haben: die Bukowina, das alte österreichische Kronland, zieht uns in ihren Bann.

In **Cârlibaba** werden Sie mit dem historischen Bergbau in dieser Gegend konfrontiert. Auf unserer Fahrt führen wir Sie weiter nach Vatra Moldoviţei in eines der berühmten Moldauklöster. Bevor Sie sich dann der Klostermystik hingeben, lernen Sie noch die Huzulen, ein unbekanntes ukrainisches Reitervolk und ihre stämmigen Pferde kennen. Sie werden daneben die seltene Gelegenheit haben, mit einer Waldbahn auch diesen Teil der Karpaten zu entdecken. Unterwegs sein in den rumänischen Waldkarpaten heißt aber und vor allem, eine zu Unrecht vergessene Region durch ihre gastfreundlichen Bewohner kennenzulernen. Sitten, Brauchtum und Märchen dieser heute noch in einer mystischen, ja abergläubischen Weltanschauung denkenden und fühlenden Menschen bedeuten für uns

weit mehr als oberflächliche Exotik: Sie bilden gleichsam den Schlüssel zum Verständnis dieser verwunschenen, waldreichen Berglandschaft.

Nehmen Sie die Einladung dieses Buches und damit der Menschen in der Maramureş an! In ihren einfachen, gemütlichen Stuben, beim zweiten und dritten Glas des fünfundfünfziggrädigen *Horinkas*, welche dem ersten Willkommenstrunk so sicher folgen wie das Amen in der Kirche und weitere gefüllte Gläser..., werden Landschaft, Menschen, Sie und Ihre Reise zu einem faszinierenden Ganzen verschmelzen.

"La mulţ'an şi drum bun" – Langes Leben und Guten Weg!

Michael Schneeberger (Bern)
Frank-Michael Lange (Esslingen)
im Februar 1998

1. ANREISE

1

Die Maramureş, dieser nordöstlichste Zipfel von Rumänien, war bis in die Mitte unseres Jahrhunderts extrem abgeschieden und verkehrsmäßig kaum erschlossen. Asphaltierte Hauptstraßen und die Eisenbahnverbindung über die Karpaten nach Bukarest entstanden erst nach dem 2. Weltkrieg unter dem Sozialismus. Die Anreise von Mitteleuropa in diese rumänische Region ist bis heute relativ strapaziös; man braucht je nach Verkehrsmittel für die ab München gut 1500 Kilometer doch mindestens ein bis zwei Tage. Die Route über Ungarn ist nicht unbedingt zwingend, aber naheliegend; es sei denn, man wollte sämtliche neu entstandenen Grenzen im zerfallenen Jugoslawien passieren. Am schnellsten ist man – wir sagen´s ungern – mit dem Auto. Ein Grund mehr, nach der Ankunft die blecherne Kiste über mehrere Tage ruhen zu lassen und die pastoralen Landschaften zu erwandern. Sie kommen selbstverständlich auch ohne eigenes Motorfahrzeug nach Rumänien; wir beschreiben im folgenden alle Alternativen mit ihren spezifischen Vor- und Nachteilen.

In Kürze:

Visa: Genügt in Ungarn, Tschechien und der Slowakei der Reisepaß, benötigen Sie für die Einreise nach Rumänien ein Visum. Es kostet ca. 60 DM/sFr und ist sowohl an der Grenze wie auch in den Botschaften unbürokratisch und schnell erhältlich (keine Paßfotos notwendig). Der Visumzwang ist übrigens keine Schikane. Bürger aus Staaten, welche Rumänen nur mit Visa einreisen lassen, werden im umgekehrten Fall vom rumänischen Staat genauso behandelt.

Eisenbahn: Über Wien bis in die ungarischen Hauptstadt Budapest fahren täglich mehrere Schnellzüge; nachts auch mit Liegewagen. Die Weiterfahrt ist komplizierter: entweder Sie nehmen den "Internationalen" nach Bukarest und steigen in Cluj (Klausenburg) und Salva Richtung Sighet um. Oder sie fahren von Budapest über Debrecen (Ungarn) oder Oradea (Rumänien) nach Satu Mare und weiter bis Baia Mare. Bus oder Taxi bringt Sie von dieser Stadt über den Gutin-Paß ins ca. sechzig Kilometer entfernte Sighet, der alten Hauptstadt der Maramureş. Studieren Sie die Fahrpläne gut, und rechnen Sie auf dem rumänischen Netz mit happigen Verspätungen! Nachtzüge sind nicht jedermanns Sache; die Wagen sind oft ungeheizt, Fenster und Türen undicht oder sogar offen.

Flugzeug: Internationale Flüge nach Budapest oder Bukarest sind günstig, bringen dem Maramureş-Besucher aber wenig Zeitgewinn (siehe oben). TAROM, die rumänische Fluggesellschaft, fliegt von Bukarest nach Baia Mare. Eine sinnvolle Alternative bietet der Nachtzug von Bukarest nach Sighet, aber nur mit einem Schlafwagenticket erster Klasse. Dieses ist leider nicht so einfach am Schalter zu bekommen, die begehrten Liegeplätze sind oftmals schon Tage im voraus ausverkauft. Über ein Reisebüro (oder Bekannte in der rumänischen Hauptstadt) kann dieses Problem gelöst werden, wenn Sie sich rechtzeitig darum kümmern.

Auto: Zweckmäßig ist die Anreise über die Autobahn via Wien nach Budapest. Der neue Abschnitt von der österreichischen Grenze bis Györ ist mautpflichtig (ca. 10 DM); Sie wechseln deshalb mit Vorteil schon am Grenzübergang etwas Geld in ungarische Forint (der Kurs ist etwa gleich wie im Landesinnern). Während der sommerlichen Hauptreisezeit muß am Autobahnübergang mit Stau und Wartezeiten gerechnet werden, so daß sich der Umweg über benachbarte kleine Übergänge lohnt. Die nächste Hürde bildet Budapest: für die Weiterreise nach Ostungarn müssen Sie das Zentrum durchqueren, was in den Stoßzeiten nicht nur für Ortsfremde sehr stressig sein kann! In Budapest sind die großen Ausfahrtstraßen z.T. nur mit Nummern ausgeschildert, die Ortsbezeichnungen fehlen. In unserem Fall ist die M 3 Richtung Miskolc (und die Rennstrecke "Hungaro-Ring") empfehlenswert. Nach ca. 70 km verengt sich diese Autobahn auf eine Fernverkehrstraße, die Sie am besten kurz vor Füzesabony rechts in Richtung Tiszafüred (oder Hortbágy-Naturreservat) und Debrecen verlassen. Der Verkehr auf dieser Strecke hält sich normalerweise in Grenzen. Die sehenswerte Puszta-Landschaft und die majestätische Theiß (Tisza) verführen zum Unterbrechen der sausenden Fahrt; schilfgedeckte, hübsche Gasthöfe bieten dem Reisenden vorzügliche ungarische Küche zu unschlagbaren Preisen. Mit Debrecen passieren wir die letzte größere ungarische

Stadt. Folgen Sie den Wegweisern Richtung Nyírbátor und Mátészalka; von letzterer Kleinstadt sind es bis an die rumänische Grenze von Csenger/Petea noch etwa 30 km. Dieser Grenzübergang "am Ende der Welt" darf von LKWs nicht genutzt werden, was sich positiv auf die Wartezeiten auswirkt. Über Satu Mare erreichen Sie die Maramureş entweder via Negreşti-Oaş oder Baia Mare und Gutin-Pass.

Bus: Verschiedene Transportunternehmen bieten zu günstigen Konditionen direkte Busverbindungen zwischen den großen Städten Deutschlands, Österreich, der Schweiz und Rumänien an (auf Osteuropa spezialisierte Reisebüros wissen am besten Bescheid). Nicht regelmäßig, aber relativ häufig verkehrt ein privater Kleinbus von Vişeu de Sus nach Süddeutschland (Nürnberg, München) und zurück; dieser "Zipserexpress" verbindet die emigrierten Deutschstämmigen von Oberwischau mit ihrer alten Heimat. Die Mitfahrt bietet sich leider nur für die Heimreise aus Rumänien an; die sporadischen Abfahrtsdaten können von Touristen einzig in Vişeu de Sus erfragt werden, am besten in der "Zipserei".

Viele Wege führen nicht nur nach Rom, sondern auch von Mitteleuropa in die Maramureş. Die oben beschriebene Autoroute erachten wir nach unserer Erfahrung als optimal, wenn man möglichst schnell vorankommen will. Einmal unterwegs, haben wir es meistens ziemlich eilig, unsere Freunde und Bekannten im Nordosten von Rumänien wiederzusehen. Um die doch beträchtliche Distanz möglichst unbehelligt von starkem Verkehr und Staus zu bewältigen, starten wir in Süddeutschland immer am Abend. Über die nachts nur schwach befahrenen Autobahnen erreichen wir im ersten Morgengrauen die österreichisch-ungarische Grenze und ziehen bis nach Budapest durch. Sind die der ungarischen Hauptstadt folgenden ca. 200 km je nach

"Kondition" ein mehr oder weniger gequälter Murks, suchen wir für unsere müden Glieder möglichst in Nordost-Ungarn, nahe der rumänischen Grenze, eine Unterkunft.

Ohne Temporaserei ist man normalerweise am Nachmittag in der Gegend zwischen Debrecen und Mátészalka, knapp eine Stunde vom rumänischen Zoll Petea (bei Satu Mare) entfernt. auf keinen Fall sollte der Versuchung nachgegeben werden, des Abends die restliche Strecke in die Maramureş noch "schnell" zu bewältigen. Wir raten nachdrücklich davon ab, nach Einbruch der Dunkelheit in Rumänien Auto zu fahren! Unbeleuchtete Fuhrwerke, Fußgänger, ausgewaschene Schlaglöcher und fehlende Straßenmarkierungen machen eine nächtliche Fahrt zum unkalkulierbaren

1

Risiko. Wir für unseren Teil sind hier am östlichen Rande Ungarns meist ohnehin am Ende unserer Kräfte: eine heiße Dusche und ein üppiges Essen, begleitet von einem edlen ungarischen Rotwein, lassen uns frühzeitig in die Hotelbetten fallen. Der Reisende findet in dieser Grenzregion in jedem größeren Ort komfortable Fremdenzimmer zu kulanten Preisen. Empfehlen können wir das Hotel *Bástya* in Nyírbátor oder das *Marianna Center* in Vásárosnamény; beide Häuser verfügen über Zimmer mit Dusche/WC, die zugehörigen Restaurants bieten gute und preiswerte ungarische Küche. In Mátészalka gibt es mehrere Hotels und Pensionen der hier üblichen Mittelklasse. Wer zum ersten Mal in diesen Kleinstädten ist, wundert sich vielleicht über die sog. "Topless"-Bars, die den meisten Hotels angeschlossen sind. Sie manifestieren die üblichen Begleiterscheinung der freien Marktwirtschaft, welche sich in Ungarn nicht zuletzt durch Prostitution um Profite bemüht. Verirrt sich der ahnungslose Reisende nicht in diese Lokale, bemerkt er von diesen traurigen Fortschritten der Neuzeit wenig. In Vásárosnamény findet der anspruchslosere Besucher mehrere Campingplätze direkt an der Theiß, einen davon sogar mit eigenem Thermalbad. An Reisende ohne eigenes Zelt werden einfache, kleine Häuschen vermietet.

Die größtenteils flache Landschaft im Nordosten von Ungarn bietet mehr, als sich der durchfahrende Automobilist vielleicht vorstellen kann; flach heißt nicht gleich langweilig und öde! Wir haben es immer wieder genossen, nach einem abenteuerlichen und intensiven Rumänienaufenthalt in dieser Region einige erholsame "ungarische" Tage anzuhängen, bevor es endgültig wieder nach Hause ging. Im folgenden eine grobe Auflistung der bekannteren Sehenswürdigkeiten östlich von Budapest (Wer es detaillierter haben möchte, sollte sich einen Ungarn-Reiseführer kaufen).

Eger (deutsch Erlau): Diese Stadt ist durch eine berühmte Schlacht in die Geschichte eingegangen. 1552 verteidigten 150 000 Ungarn unter Führung von Stephan Dobo Eger über einen Monat vor den anrückenden Türken. Die Verteidigung, an der sich auch viele Frauen beteiligten, trotzte 13 Sturmangriffen! Bei diesem militärischen Erfolg soll nach der Legende der "Egri Bikaver" eine wesentliche Rolle gespielt haben: dieser weit über Ungarn hinaus bekannte Rotwein ("Erlauer Stierblut") verlieh den Stadtbewohnern von damals "tierische" Kräfte, was die muselmanischen Weinverächter offensichtlich in die Knie zwang.

Im "Tal der Frauen" reihen sich heute noch Hunderte von Weinkellern aneinander. Diese waren vor dem Mauerfall das Mekka vieler DDR-Bürger aus dem alternativen Milieu, welche hier bei schweren Weinen über die Zukunft ihres Landes philosophierten, die Reisebeschränkungen verfluchten oder sich mit "übergesiedelten" Freunden trafen. Heute werden diese bewirtschafteten Keller nicht mehr so stark frequentiert; die mittlerweile gesamtdeutsche Alternativ-Szene bevorzugt "trendigere" Reiseziele. Festung und Teile der Altstadt von Eger sind sehr sehenswert.

Tokaj: Die malerisch an der Tisza (Theiß) gelegene, von Weinbergen überragte Kleinstadt dürfte zumindest vom Namen her jedem Weinkenner ein Begriff sein. Hier wird der berühmte "Tokajer" gekeltert; ein Dessertwein, welcher in einem bestimmten Gärungsstadium mit natürlichem Traubenzucker angereichert wird. Vor Jahrhunderten war dieser Wein so berühmt, daß ihn Ludwig der XIV. "König der Weine und Wein der Könige" genannt haben soll. Im Gegensatz zu den spanischen und portugiesischen Dessertweinen wie Sherry oder Portwein wird dem Tokajer kein Alkohol zugesetzt. In gemütlichen Kellergewölben kann man diese zwölfprozentige Spezialität in sämtlichen Nuancen degustieren. Wem der geschmacklich eigenwillige Rebensaft partout nicht mundet, wird sich sicher für einen der zahlreichen "normalen" Weine aus der Region erwärmen können. Tip für Anfänger: Wer alle durchprobieren will, hat außer der Erfahrung eines schweren Kopfes erkenntnismäßig nichts gewonnen.

Mátra- und Bükkgebirge: Diese Landschaften vulkanischen Ursprungs bilden die einzigen Gebirge in Ungarn, welche die Tausendergrenze überragen bzw. knapp erreichen. Die überwiegend von Buchenwald bedeckten Berge laden zu kleineren Touren ein und erfreuen in der Herbstzeit viele Pilzsucher und Jagdtouristen.

Karsthöhlen von Aggtelek: An der Grenze zur Slowakei liegt eines der größten Karsthöhlensysteme Europas; die Grotten sind für Besucher größtenteils zugänglich.

Puszta Hortobágy: Touristisch gut erschlossen ist die von der Theiß (Tisza) geprägte Tiefebene zwischen Tiszafüred und Debrecen. Schmucke Dörfer, Reiterhöfe, Ziehbrunnen und Gänseherden bedienen das Klischee der ungarischen Puszta-Romantik und locken ausländische Gäste mit harten Devisen in den staubigen Landstrich. Große Teile der schilfbedeckten Steppe stehen unter Naturschutz; sie bilden die letzten Rückzugsgebiete selten gewordener Tier- und Pflanzenarten. In der sommerlichen Hochsaison wird von lärmigen Discos, Fiakerfahrten, wilden Reitervorführungen bis zum am offenen Feuer gebratenen Ochsen so ziemlich alles angeboten, was des Urlaubers Gemüt erfreut. Auch Wassersport- und Angelfreunde kommen an der Tisza auf ihre Kosten, wo sich trotz des gutgemeinten Rummels immer noch ein ruhiges Plätzchen finden läßt.

Mineralbäder: Der Nordosten Ungarns ist buchstäblich übersät von warmen Mineralquellen und kleineren Badeorten. Die geologischen Ursachen für diesen natürlichen Reichtum liegen im Vulkanismus, der in dieser Region "erst" vor knapp 20 Millionen Jahren zur Ruhe kam. Diese Quellen sind sogenannte "postmagmatische Phänomene" – grob vereinfacht – Nachwirkungen der feuerspeienden Eruptionen. Wer sich dafür näher interessiert, sollte eine detaillierte ungarische Straßenkarte erwerben. Darauf sind die meisten Mineralbäder verzeichnet, sogar mit Angaben der jeweiligen Wassertemperatur.

Die Komitate Szabolcs, Bereg und Szatmár

Dem aufmerksamen Besucher werden auf der Fahrt zur rumänischen Grenze sicherlich Schilder mit den Aufschriften *Szabolcs, Bereg* und *Szatmár* auffallen. Diese Bezeichnungen finden sich schwerlich auf aktuellen Landkarten; sie stammen noch aus der Zeit vor dem 1. Weltkrieg, als das ungarische Territorium bis weit in die heutige Ukraine und Rumänien reichte. Die Namen erinnern an die einstigen Komitate, wie die ungarischen Verwaltungsbezirke genannt wurden. Während Szabolcz bis auf einen kleinen, heute in der Ukraine befindlichen Teil immer schon innerhalb der jetzigen ungarischen Landesgrenzen lag, sind die beiden anderen Komitate zweigeteilt. Die ehemalige Verwaltungsstadt Bereg ist das ukrainische Beregovo (ung. Beregszász). Die heute in Rumänien liegende Stadt Satu Mare (ung. Szatmárnémeti, dt. Sathmar) war der Hauptort des Komitats Szatmár.

Ob die ungarischen Bezeichnungen nur traditionell verwendet werden oder als "nationalistische Zeichen" zu verstehen sind, sehen die Politiker auf beiden Seiten der Grenze sehr unterschiedlich. Fakt ist, daß sowohl in der benachbarten ukrainischen Grenzregion wie auch im Sathmarer Land die Ungarn die größte Volksgruppe bilden. Reaktionäre Kreise in Ungarn stochern immer wieder gern in diesen alten Wunden, was den Extremisten in der "Partei der magyarischen Minderheit" in Rumänien Anlaß zu mitunter befremdlichen Autonomie-Forderungen gibt. Unter diesen Zänkereien werden wohl auch in Zukunft die Beziehungen zwischen den beiden benachbarten Ländern leiden; die von der europäischen Gemeinschaft verlangte Einigung in der Minderheitenfrage ist immer noch nicht perfekt. Zumindest in der Grenzregion hat sich die Lage aber beruhigt; gewalttätige Auseinandersetzungen wie vor wenigen Jahren in Tîrgu Mureş gehören hoffentlich endgültig der Vergangenheit an. Auf diplomatischer Ebene geht das Tauziehen weiter – ein gefährliches Spiel mit dem Feuer, wie der ex-jugoslawische Trümmerhaufen beweist.

Wirtschaftlich ging es in den letzten Jahren im Südosten von Ungarn bergab. Die wenigen Industrien mußten einen Großteil ihrer Angestellten entlassen, im Agrarbereich kämpft man gegen europäische Überschüsse und subventionierte Konkurrenz aus dem Westen. Die Arbeitslosigkeit ist vor allem in den Kleinstädten erschreckend hoch, das Lohnniveau bescheiden.

Diametral dazu steigen die Preise kontinuierlich und gleichen sich unaufhaltsam dem europäischen Durchschnitt an. Im Vergleich mit Rumänien wirken die Dörfer entlang der Hauptstraßen irgendwie leblos, nur wenige Fußgänger sind unterwegs. Wir fragten uns manchmal, wovon die Menschen in diesem Landstrich eigentlich leben.

Wer die älteren Häuser der ländlichen Siedlungen genauer betrachtet, erkennt an ihrer Architektur die frühere ethnische Durchmischung in dieser Region – sowohl auf ungarischem wie rumänischem Gebiet. Dominiert der typische ungarische Baustil mit seinen großen und flachen Dächern, finden sich dazwischen auch Häuser mit spitzen Satteldächern, wie man sie von Süddeutschland her kennt. Im Komitat Szatmár lebten vor dem Krieg viele Deutschstämmige; einen noch größeren Bevölkerungsteil bildeten die Juden. Beide Volksgruppen bevorzugten beim Hausbau diese charakteristische Dachform. Sind die Menschen heute auch verschwunden, finden sich zumindest in der Architektur noch Spuren ihrer früheren Anwesenheit.

2. RUMÄNIEN – DIE ERSTEN EINDRÜCKE

Über den auch wortwörtlich hintersten und letzten Grenzübergang für PKWs zwischen Ungarn und Rumänien begleiten wir in diesem Kapitel den Reisenden auf den ersten Kilometern Richtung Maramureş. Wir passieren auf dieser Fahrt die Stadt Satu Mare, Heimat der süddeutschen "Sathmarschwaben", und anschließend das "Oascher Land". Die Landschaft wird hügeliger, die Karpaten sind nahe. Auf dem Huta-Paß verlassen wir den *Judetul* (Verwaltungsbezirk) Satu Mare und gelangen bergab ins fruchtbare, breite Tal der Theiß: wir sind in der Maramureş angekommen.

2

In Kürze...

Geld: Rumänische Lei bekommen Sie nur im Land selbst; in Ungarn oder der Ukraine kann man es versuchen, wird aber relativ schräg und mitleidig angeschaut. Der Kurs ist galoppierend (1997 ca. 4000 Lei pro Mark). Kleine Scheine in DM, der inoffiziellen osteuropäischen Währung, sollte jeder dabei haben. Schecks und Kreditkarten werden nur in großen Städten angenommen, wenn überhaupt. Wir empfehlen Bargeld in Schweizerfranken oder DM.

Benzin: Mittlerweile kein Problem mehr; einzig Bleifrei (rum. *fara plomo*) ist nicht überall erhältlich. Tip: Den Tank nicht auf Risiko leer fahren und einen gefüllten Kanister für den Notfall dabei haben.

Straßen: Hauptstraßen holprig, aber passabel; Nebenstraßen schlecht bis katastrophal. Vorsicht: auch auf asphaltierten Abschnitten können metertiefe Löcher für böse Überraschungen sorgen! Nicht nur deshalb empfiehlt sich eine gemütliche Fahrweise.

Verkehrsregeln: Entsprechen im wesentlichen der europäischen Norm. Fraglich ist nur, ob ein Bauer auf seinem Pferdefuhrwerk auch diese Regeln kennt. Wir bitten um Rücksicht und Toleranz!

Ausschilderung: Gut, aber spärlich. Ein übersehener Wegweiser kann zeitraubende Folgen haben; vor allem in größeren Ortschaften gut schauen und sicherheitshalber öfters die Einheimischen fragen.

Kriminalität: Wird schamlos übertrieben. In großen Städten kann ein einsam geparktes Westauto schon mal aufgebrochen werden; Vorfälle, die in Italien oder Frankreich längst zum Touristenalltag gehören. Es sollte mittlerweile jedem klar sein, daß in armen Ländern der "reiche" Ausländer dazu verführen kann, Wohlstandsunterschiede direkt und pragmatisch auszugleichen.

Verständigung: Rudimentäre Rumänischkenntnisse sind von großem Nutzen. Fehlen diese, kann man es mit französisch, italienisch, englisch oder deutsch versuchen (Reihenfolge entspricht in etwa der wahrscheinlichen Trefferquote). Rumänisch ist keine slawische, sondern eine romanische Sprache; wer also einmal etwas Latein gepaukt oder vom Strandurlaub her etwas mediterrane Linguistik übrigbehalten hat, wird sich über zahlreiche Wortverwandtschaften freuen können. Mit Händen und Füßen verstärkt, Kauderwelsch unverdrossen anwenden!

Gesundheit: Mit Magenbeschwerden, in der üblichen Mischung psychischen und biologischen Ursprungs, muß gerechnet werden. Medikamente dabeihaben! Im Sommer sollte besonders bei offenem Bier, billigem Likör und schlecht gekühlten Fleisch- und Wurstwaren aufgepaßt werden. Das sehr gute rumänische Mineralwasser ist preiswert und überall erhältlich.

Die Grenzstation Csenger/Petea

2

Der inmitten der topfebenen, einsamen Landschaft gelegene Grenzübergang mutet an wie die Kulisse für einen Agententhriller aus dem Kalten Krieg: zerbrechlich wirkende Wachttürme verlieren sich in der Ferne der endlosen Felder, Raben und streunende Hunde untermalen noch die beklemmende Stimmung an diesem "Rande der westlichen Welt". Auf der ungarischen Seite sind keine Wartezeiten zu befürchten, die Beamten erledigen die Formalitäten gewöhnlich rasch und diskussionslos. Ein symbolischer Torbogen, ein von Hand bedienter Schlagbaum: wir sind in Rumänien. Aber noch nicht durch den Zoll; diese Prozedur dauert nun eine Weile. Rechts von uns, direkt unter einem Wachtturm, ist ein kleiner Käfig mit einem Bretterverschlag auszumachen. Darin hielten sich die Grenztruppen – zumindest bis April 1997 – nicht unbedingt artgerecht ihr lebendiges "Maskottchen"; einen gewaltigen Karpatenbären. Der zottelige Geselle konnte einem leid tun! Vielleicht ist er an gebrochenem Herzen gestorben; sein Gefängnis war jedenfalls Ende 1997 leer.

Die rumänischen Zollbeamten arbeiten nach ihrem eigenen Rhythmus. Jeder hat seine ganz bestimmte Aufgabe, welche sichtlich auch darin bestehen kann, gruppenweise herumzustehen. Logischer ist da schon die Kontrolle von Pässen und Visa; wer noch kein Visum hat, kann dies für ca. 60 DM hier nachholen. Seriös bis penibel wird nach mitgeführten Waren gefragt (und meistens nachgeschaut). Der "normale" Tourist hat aber nichts zu befürchten, solange er den Kofferraum nicht gerade mit Waffen oder Drogen gefüllt hat. Mitgebrachte Geschenke werden auch in größeren Mengen augenzwinkernd toleriert. Handelt es sich aber um elektronische Geräte, verstehen die Zöllner keinen Spaß. Die Au-

toren hatten einmal das Pech, unter ihren persönlichen Sachen einen als Geschenk gedachten, ältereren Computer (Modell "im-Westen-auf-den-Müll") verstaut zu haben: bei der Kontrolle entdeckt, landete das corpus delicti umgehend auf dem Tisch der Amtsstube, wo uns lautstark die gesetzlichen Einfuhrbestimmungen eröffnet wurden. In diesem Fall sollte die Einfuhr glatte 400 Mark kosten, vom damit verbundenen Papierkrieg mal abgesehen. Unser Einwand betreffs Alter und Gebrauchswert fruchtete rein gar nichts; laut Vorschriften betrage der Zoll für diese High-Tech-Maschine obige Summe, egal ob neu oder alt. Besagter Betrag war uns eindeutig zu hoch; den Computer an der Grenze zu deponieren und bei unserer Ausreise wieder mitzunehmen, allerdings auch zu dumm. Die Lösung des Problems kam aus dem uns mittlerweile umringenden uniformierten Kollektiv: Wieviel wir denn für den "Calculator" verlangen würden, in Deutschmark selbstverständlich !? Wir wurden schnell handelseinig, und der Computer wechselte gegen Bares unter den gestrengen Augen des rumänischen Zolls seinen Besitzer. Vermutlich gelten für Grenzbeamte andere Einfuhrbestimmungen, was mit Bestimmtheit auch vom Wechselkurs an diesem Zoll behauptet werden kann. Direkt an der Grenze sollten nur kleine Beträge getauscht werden; im Landesinnern wird der Wert der begehrten Devisen auf jeder Bank entschieden höher eingestuft als hier in Petea.

Als "Ausländer" sollte man keinesfalls versuchen, allfällige Zollprobleme mit einem "Bakschisch" zu regeln. Das kann danebengehen! Unter Rumänen läuft sicher einiges "unbürokratisch" ab; vor westeuropäischen Touristen würde sich aber jeder Beamte hüten, als bestechlich zu gelten.

Sobald man die Grenzstation hinter sich gelassen hat, betritt man eine andere Welt. Müssen die Uhren auch eine Stunde vorgestellt werden (Osteuropäische Zeit), befinden wir uns eher auf einer Reise in die Vergangenheit. Die knapp 13 Kilometer bis Satu Mare bieten dem Rumänienneuling ein befremdliches Bild: die spürbar holperige Landstraße gehört den zahlreichen Fußgängern, welche wohl überwiegend als mehr oder weniger legale Grenzgänger unterwegs sind. Zum Teil verwahrloste, nichtsdestotrotz bewohnte Häuser säumen unseren Weg, die Straßengräben sind mit Unrat gefüllt. Die ersten Eindrücke sind deprimierend. Deutschland oder die Schweiz sind weit weg, in doppelter Bedeutung. Rumänien ist anders, ganz anders – im positiven wie auch im negativen.

Satu Mare – eine ungarische Stadt in Rumänien

Mit über 130 000 Einwohnern kann Satu Mare (deutsch Sathmar) zumindest äußerlich als durchaus repräsentativ für alle größeren Städte Rumäniens gelten. Häßliche, genormte Neubauviertel ziehen sich wie Jahrringe um den alten Kern; nur der zentrale Hauptplatz bewahrt noch etwas vom Glanz vergangener, besserer Zeiten. Gemessen am Zustand der meisten Häuser und Straßen, hat der Sozialismus der letzten vierzig Jahren versagt: Satu Mare wirkt heruntergekommen wie die meisten Städte im östlichsten Europa.

Obwohl die freie Marktwirtschaft noch in den Kinderschuhen steckt, sind ihre Begleiterscheinungen unübersehbar. Zerlumpte Kinder betteln vor verführerischen Schaufenstern mit westlichen Importwaren; luxuriöse Prestigeautos brausen übers löcherige Pflaster, vorbei an ärmlich gekleideten Straßenarbeitern mit Durchschnittslöhnen von unter hundert Mark. Wer an solchen extremen Kontrasten seine Freude hat, ist hier gut aufgehoben. Für uns Autoren haben diese Schauplätze der marktwirtschaftlichen "Durchdringung" etwas deprimierendes an sich, weshalb wir nie länger

Ceauşescu-Architektur in SatuMare

als nötig in größeren Städten weilen. Die sozialen Probleme treten in Grenzregionen wie Satu Mare besonders kraß zutage, da sich hier schneller Geld verdienen läßt als anderswo. Selbstverständlich durch alles, ausgenommen solide Arbeit; diese Lektion in Kapitalismus hat vor allem die städtische Jugend sehr rasch begriffen.

Rund um den Hauptplatz im Zentrum fallen die prächtigen, teilweise renovierten Herrenhäuser aus der Jahrhundertwende ins Auge. Mit seiner verschnörkelten Fassade in Rosa und dem blauen Dach bildet das Hotel *Dacia* einen besonderen Blickfang. Das architektonische Kleinod wurde 1902 an Stelle des alten Bürgermeisteramtes erbaut, der Entwurf ein Jahr später in Wien in einer Ausstellung preisgekrönt. Im Innern haben diverse Umbauten ihre Spuren hinterlassen; der große Saal mit Galerie ist aber heute noch besuchenswert. Nicht gerade billig – für rumänische Verhältnisse

Neubauten aus der sozialistischen Ära

horrend teuer – sind die komfortablen Doppelzimmer (ca. 80 DM). Mit hauseigenem Spielcasino, Wechselstube und "tourist office" gilt das *Dacia* als renommierteste Adresse in Satu Mare. Wer sein Ferienbudget nicht übermäßig strapazieren möchte, kann in der Bar auch nur gemütlich einen Kaffee trinken.

Zwei Türme sind die Wahrzeichen der über tausendjährigen Stadt. Hinter dem Hotel *Dacia*, über eine kleine Gasse vom Marktplatz aus zu Fuß erreichbar, erhebt sich der Feuerwehrturm. Er wurde 1904 erbaut und ähnelt einem arabischen Minarett. Neueren Datums ist der monumentale Verwaltungsbau mit seinem 84 Meter hohen Betonturm; er entstand in den euphorischen Jahren des "Aufbruchs zum neuen Rumänien", wie Ceauşescu seine hochfliegenden Pläne in den kreditgeschwängerten Siebzigern nannte. Architektonisch ist dieser Bau – um es dezent auszudrücken – sehr unkonventionell. Zu bestimmten Stunden erklingt über Lautsprecher eine Glockenmelodie aus diesem Monstrum, das u.E.

als Monument des spätsozialistischen Stiles unter Denkmalschutz gestellt werden sollte. Die umliegenden Bauten sind zweifellos auf dem Reißbrett desselben Meisters entstanden; das Gesamtkunstwerk scheint aber – von seinen Schöpfern im Stich gelassen – nie fertiggestellt worden zu sein. Etwas verloren wirkt inmitten dieser apokalyptischen Materialschlacht von Beton und Eisen die alte Synagoge; sie blieb aus unerfindlichen Gründen stehen. Die große israelitische Gemeinde von Satu Mare war bis zum Holocaust von überregionaler Bedeutung: Der chassidische "*Rabbi von Sathmar*" zählt bis heute zu den wohl bekanntesten religiösen Persönlichkeiten der Welt.

Im Jahre 1888 wurde Rav Joel Teitelbaum in Südungarn als Sohn des Sigheter Rabbiners Hananiah Yom Tov Lipa Teitelbaum geboren. Er diente nach seiner religiösen Ausbildung zunächst in verschiedenen Gemeinden Nordsiebenbürgens und den Karpaten, bevor er ab 1928 zum Rabbiner von Sathmar berufen wurde. Schon im Vorkriegs-Rumänien polemisierte er gegen einen zukünftigen jüdischen Staat und wurde nicht nur für seine Anhänger zu einer Symbolfigur im Kampf gegen den modernen Zionismus. 1944 wurde der Rabbi im Zuge der ungarischen Besetzung Rumäniens von den Nazis verhaftet und ins Konzentrationslager Bergen-Belsen deportiert. Durch geschickte Verhandlungen gelang jüdischen Organisationen das Unglaubliche: der Rabbi von Sathmar konnte, während das Programm der "Endlösung" bereits auf Hochtouren lief, zusammen mit 1368 anderen Juden freigekauft werden. Im Dezember 1944 verließ ein Zug mit den geretteten Juden das KZ, und am 7. Dezember traf der "Wunderrabbi" in der Schweiz ein. Tausende seiner Anhänger feierten seine Befreiung als einen wundervollen Neubeginn; dieses Datum wird von den Chassiden alljährlich als wichtiger Feiertag begangen.

1946 ging Teitelbaum nach New York und ließ sich im Stadtteil Williamsburg nieder. Dieses Quartier ähnelt bis heute einem osteuropäischen jüdischen Schtetl und bildet das geistige Zentrum der chassidischen Glaubensrichtung. Auch wenn sich ihre Anhänger mit Schläfenlöckchen, schwarzen Hüten und Mäntel rein äußerlich nicht von fundamentalistisch-strenggläubigen Juden unterscheiden, ist der "Chassidismus" doch eine sehr spezielle orthodoxe Glaubensrichtung.

Ihr Begründer, der legendäre Israel Ben Eliezer Ba'al Shem Tov, kurz Besht (1700–1760) genannt (übersetzt "einer der Wunder erwirken kann"), entwickelte eine offensichtlich überzeugende Methode, in die Tiefen der Heiligen Schrift einzudringen. Die Legende erzählt, daß er sich am Ostrand der Karpaten , wo er mit seiner Frau eine Schenke betrieb, erstmals seinen Schülern offenbarte. Der charismatische Wahrsager und Wunderheiler predigte gegen festgefahrene Talmudgelehrsamkeit und wurde für die verarmten jüdischen Massen zu einem Heiligen. Er verkündete

eine neue jüdische Lebensform; wenn er betete, sang und tanzte er. Der sich in Osteuropa rasch verbreitende Chassidismus wird von Leopold Sacher-Masoch in seinem Buch "Die jüdischen Sekten in Galizien" wie folgt beschrieben: *"Die Gottgefälligkeit besteht in einer Verschmelzung mit dem göttlichen Wesen, welche nur durch Konzentration des Menschen in sich selbst und durch die Kontemplation Gottes zu erreichen ist. Dazu müsse man jede Qual vermeiden und alle erlaubten Bedürfnisse befriedigen, ja selbst das Vergnügen kultivieren; denn nur die heitere Seele kann Gott erfassen. Die Abtötung des Fleisches stört die Seelenruhe, welche zur Kontemplation Gottes nötig ist. Die Zeit, wo der Mensch Gott anschauen soll, ist die Zeit des Gebetes. Außerhalb des Gebetes soll der Mensch heiter sein und sich nichts Erlaubtes versagen".* Trotz massiver Kritik von seiten der Rabbiner verbreitete sich die neue Lehre wie ein Lauffeuer; dazu trug auch bei, daß Besht nachgesagt wurde, er könne Wunder vollbringen. Angeblich hat er Hunderte von Kranken geheilt, Tote erweckt und ihm sei es zu verdanken, daß der türkisch-russische Krieg zugunsten des Zaren ausgegangen sei. In seinem Testament verfügte er, daß sein geistiges Vermächtnis in schriftlicher Form weiterverbreitet werden sollte, was auch geschah. Seine Jünger konnten sich nicht auf einen eindeutigen Nachfolger einigen; die Glaubensrichtung blieb aber sehr populär.

In den Karpaten gab es bis zum 2. Weltkrieg zahlreiche chassidische Wunderrabbis, welche zum Teil regelrecht Hof hielten. Den Chassiden von heute ist in Erwartung des Messias aller irdischer Fortschritt gleichgültig. Ihr Oberhaupt Teitelbaum, der auch in New York den Titel "Rabbi von Sathmar" behielt, war ein gefürchteter Freidenker. Seine Äußerungen gingen soweit, den Holocaust als Strafe Gottes für den Zionismus zu deuten. Der Staat Israel war

2

nach seiner Meinung ein Hort der Gott-
losigkeit. Den Gebrauch der hebräischen
Sprache im Alltag lehnte er genauso ab wie
Gebete an der Tempelmauer in Jerusalem.
Nur dem Messias sei es erlaubt, in Jerusalem an der Stelle der heutigen Al-Aksa- und
Omarmoschee einen dritten Tempel zu errichten. Kein Wunder, daß die Sathmarer
Chassiden immer wieder zu Sympathisanten der gemäßigten PLO und Yasser Arafats
gehörten. Die große Toleranz Teitelbaums
gegenüber Andersdenkenden wurde auch
außerhalb seiner Glaubensgemeinschaft als
beispielhaft gepriesen. 1979 verstarb der
Rabbi in New York. Seine Nachfolge trat
sein Neffe Moses, ein ehemaliger Börsen-
makler an. Offensichtlich gingen die Meinungen auch bei dieser Thronfolge auseinander, denn um die Witwe von Teitelbaum
bildete sich eine "dissidente" chassidische
Gruppierung, welche in Monroe (NY) ein
neues geistiges Zentrum gründete.

Die Sathmarschwaben

In der Gegend um Satu Mare finden wir
eine deutsche Minderheit, die noch vor den
Siebenbürger Sachsen auf dem Territorium
des heutigen Rumänien siedelte. Die erste
deutsche Einwanderung in das Sathmarer
Gebiet soll bereits im Jahre 1020 stattgefunden haben. Kultur und Sprache dieser
frühesten Siedler gingen im Laufe der Jahrhunderte verloren; die Minderheit hat sich
assimiliert und ist in den anderen Bevölke-
rungsgruppen aufgegangen. Die wenigen
noch heute "teitsch" sprechenden Sathmarschwaben sind Nachfahren von Migranten,
welche erst ab 1712 ins Land gekommen
sind. Graf Alexander Karolyi holte damals
1400 Siedler aus Württemberg auf seine
durch die Türken- und Kurutzenkriege
verwüsteten Güter. In den folgenden Jahren
gesellten sich weitere Familien aus Baden,
Franken, Bayern, der Zips, Österreich und
sogar aus der Schweiz dazu. Sie fanden ihr

Auskommen überwiegend in der Landwirtschaft, als kleine Weinbauern oder Handwerker. Durch eigene Schulen gelang es,
die deutsche Sprache trotz zunehmender
Ungarisierung ab Mitte des letzten Jahrhunderts bis zum 2. Weltkrieg zu bewahren.

Zwischen 1918 und 1940 gehörte das
Sathmarer Land zum Königreich Rumänien,
welches die deutsche Minderheit und ihre
kulturelle Eigenständigkeit voll akzeptierte.
Nach 1945 zerfielen die sathmarschwäbischen Gemeinden; wer aus Flucht oder Gefangenschaft zurückkehrte, suchte sein
Glück in der Emigration oder zog in die sich
stürmisch industrialisierenden Städte, wo
es bessere Verdienstmöglichkeiten gab als
auf der zwangskollektivierten heimatlichen
Scholle. Viele verleugneten aus Angst vor
Benachteiligungen ihre deutsche Identität.
So verwundert nicht, daß sich nach der
jüngsten Volkszählung 1992 plötzlich dop-
pelt so viele Menschen im Kreis Satu Mare
zu ihrer deutschen Abstammung bekannten
als 15 Jahre zuvor. Die Zahl von Fünfzehn-
tausend (1992) sollte allerdings mit Vorsicht interpretiert werden; denn was ein
"richtiger" Deutschstämmiger ist, darüber
gehen die Meinungen weit auseinander.

Südlich und südwestlich von Satu Mare
finden sich viele ehemals "schwäbische"
Dörfer; der Reisende erkennt sie leicht an
der typischen Architektur der Häuser und
ihrer Anordnung. Reizvoll ist die hügelige
Gegend um *Beltiug* (deutsch Bildegg), Heimat der sathmarschwäbischen Weinbauern.
Die vielen in die Berge eingegrabenen Keller sind bis heute der ideale Ort, die einheimischen Weine zu genießen. Nach ein paar
kühlen Gläsern kann jeder selbst entschei-
den, was von der süddeutschen Wein-
tradition hier im Sathmarerland übrigge-
blieben ist.

Um wieder einen klaren Kopf zu bekommen, empfehlen wir einen Spaziergang im
Schloßpark von *Carej* (deutsch Großkarol),
36 Kilometer von Satu Mare entfernt. Das

Kastell der ehemaligen Grafen von Karoly beherbergt ein Museum und kann besichtigt werden.

In die Maramureş über Baia Mare...

Wir verlassen Satu Mare auf der Straße Nr. 19 in Richtung Baia Mare; die Strecke ist – den Wegweisern *Baia Mare* folgen – direkt vom Zentralen Platz durch die Außenbezirke leidlich ausgeschildert. Nach unschönen sozialistischen Neubaugebieten erreichen wir die schnurgerade Hauptstraße, welche sich flankiert von kilometerlangen Feldern Richtung Osten zieht. Bei klarer Sicht erkennt man am Horizont bereits die Ausläufer der Karpaten. Aus der Ferne erheben sie sich wie "blaue Berge" unmittelbar aus der eintönigen Weite der Ebene. Im Sommer entstehen an dieser Reibungszone zwischen der heißen ungarischen Tiefebene und den Karpaten häufig hochaufgetürmte Gewitterwolken. Plötzlich ist der Himmel schwarz, begleitet von stürmischen Winden entladen sich die aufgestauten Urgewalten mit Blitz und Donner in einem faszinierenden Naturschauspiel. Kurze, aber heftige Regengüsse kühlen die von Hitze und Staub gelähmte Landschaft ab, sorgen für reine, erfrischende Luft.

In *Livada* (ca. 23 Kilometer von Satu Mare) verzweigt sich die Hauptstraße: links geht es Richtung Negreşti Oaş und Theiß, rechts nach Baia Mare. Die nördliche Route, wo es entlang der ukrainischen Grenze bis Sighet einige lohnende Stationen gibt, wird im folgenden Kapitel beschrieben. Landschaftlich steht die Strecke über Baia Mare und Gutin-Paß "unserer" Fahrtbeschreibung in nichts nach. Unsere Begeisterung für größere rumänische Städte hält sich aber in Grenzen; der geneigte Leser wird es uns sicher nachsehen, daß wir die Route über Baia Mare etwas stiefmütterlich behandeln:

Baia Mare, der Hauptort des Judeţul (Verwaltungsbezirk) Maramureş, ist trotz seines mittelalterlichen Zentrums in erster Linie eine Industriestadt. Dazu gehören standardisierte Neubauviertel sozialistischer Prägung und ziemlich "dicke" Luft, verursacht u.a. durch die hier ansässigen Chemiefabriken und Bergbaukombinate. Wer sich für Kunst interessiert, kann in Baia Mare eine weltbekannte Künstlerkolonie besuchen. 1896 vom in Sighet geborenen Maler Simon Hollosy begründet, entwickelte sich die *Schule von Baia Mare* bald zu einem Zentrum zeitgenössischer Kunst. In den Ateliers enstanden zahlreiche Werke von überregionaler Bedeutung, vor allem mit München entwickelte sich ein reger Kunst- und Gedankenaustausch. Die Tradition konnte sich – begleitet von zeitbedingten Rückschlägen – bis heute halten, wenn die *Schule von Baia Mare* auch viel von ihrem einstigen Renomee eingebüßt hat. Sie finden die Künstlerkolonie mit einer sehenswerten Sammlung hier geschaffener Werke an der Straße "Victoriei Nr. 21", gegenüber der Altstadt auf der anderen Seite des Flusses gelegen.

Für eine ganz anders gelagerte Zielgruppe dürfte Baia Mare ein geläufiger Name sein: die "Steineklopfer", akademisch auch Mineralogen und Geologen genannt. Vor allem in *Cavnik* und *Baia Sprie* (östlich von Baia Mare) befinden sich weltbekannte Erzgruben. Das Spektrum der hier seit Jahrhunderten abgebauten Bodenschätze reicht von Blei, Zink, Kupfer, Antimon bis hin zu Silber und Gold. Mineralogisch bedeutend sind die außerordentlich großen kristallinen Ausbildungen von Antimonit. Obwohl Ausländern in der Regel das Betreten rumänischer Bergwerke verboten ist, kann man als Besucher manchmal doch in die Gruben einfahren. Das setzt ein gewisses Verhandlungsgeschick und vor allem die richtigen Ansprechpartner voraus. Falls Sie tatsächlich interessiert sind, versuchen Sie Ihr

2

Glück. Mineraliensammler werden am bequemsten "über Tage" fündig, wenn sie die Bekanntschaft mit einem hiesigen Bergarbeiter machen: gegen einen angemessenen Betrag trennt sich mancher Mineur von einem Stück seiner privaten Kollektion. Beachten Sie aber, daß die Ausfuhr von Mineralien in Rumänien offiziell verboten ist!

Über die kurvenreiche Paßstraße des Gutin erreichen Sie die eigentliche Maramureş und kommen nach Sighet.

... oder durchs Oascher Land und entlang der Theiß

Hinter *Livada* ändert sich die bislang flache Landschaft, erste Hügel künden von den nahen Karpaten. Im Sommer stehen oft einheimische Pilzsammler an der Straße, welche ihre Funde aus den benachbarten Buchenwäldern verkaufen. Bald führt die

Prächtiger Steinpilz

Straße durch herrlichen Laubwald. Nachdem Sie über Serpentinen eine niedrige Anhöhe überquert haben, bietet sich rechts bei einem kleinen Stausee eine Picknick- und Zeltmöglichkeit mit schönem Blick über die nördlichen und östlichen Hügel des Oascher Landes. Etwa fünfzehn Kilometer weiter erreichen wir das Zentrum dieser Region, **Negreşti Oaş**. Diese größere Ortschaft ist eine Mischung aus ländlicher Siedlung und "Neuem Rumänien". Im lo-

kalen Museum sind volkskundliche Zeugnisse der näheren Umgebung, die verschiedenen Haustypen samt Inneneinrichtung und traditionelle Werkstätten zu besichtigen. An Sonntagen sind sehr viele Fußgänger im Zentrum unterwegs, traditionsbewußte Einheimische tragen Trachten. Links und rechts der Straße fallen zahlreiche große, unverputzte und halbfertige Steinhäuser auf. Viele Männer von Negreşti Oaş haben als Gastarbeiter im Ausland gutes Geld verdient, welches umgehend in prestigeträchtige Eigenheime investiert wurde. Mit heutigen rumänischen Durchschnittslöhnen um die zweihundert Mark sind solche Bauvorhaben wohl kaum zu realisieren! Auch bei den Glücklichen scheinen die Devisenquellen langsam zu versiegen; offensichtlich eine Folge neuer Bestimmungen über den Einsatz fremder Arbeitskräfte in der EU.

Als nächste Station empfehlen wir einen Abstecher in einen ehemaligen Kurort: **Baile Bixad**. Verläßt man die von uns beschriebene Strecke in Negreşti Oaş in nordwestlicher Richtung und folgt dem Wegweiser in Richtung *Baile Bixad*, kommt man nach fünf Kilometern in den einstigen Badeort. Auf Grund gleicher geologischer Verhältnisse wie im gebirgigen Teil von Ostungarn sprudeln im Oascher Hügelland sehr viele Mineralquellen. In Bixad waren sie so ergiebig, daß sie bereits vor der Jahrhundertwende gefaßt wurden und ein kleiner Badekurort entstand. Geblieben ist davon nur der Name (*baile* heißt Bad) und die immer noch sprudelnden Brunnen, alles andere ist Geschichte. Eine Art Park mit alten Bäumen und sozialistische Zweckbauten für staatliche Kurgäste lassen die alte Herrlichkeit nur mit viel Phantasie erahnen. Die Berge nördlich des Ortes sind zwischen 600 und 800 m hoch; der höchste Gipfel, der Frasinul, erreicht 827m. Man kann in diese Gegend vom später beschriebenen Huta-Paß aus eine kleine Gipfeltour unter-

2

Landschaft bei Huta Certeze

nehmen. Der interessante Nordhang dieses Kleingebirges mit immerhin 600 m Höhendifferenz zum Theißtal hinunter ist aber nicht begehbar. Die Grenze zur Ukraine, von Bixad knapp sechs Kilometer entfernt, verhindert diese Abstiegsvariante. In der Region um Bixad wird viel Wein angebaut; die im Sommer von üppigen Gärten zugewachsenen Winzerdörfer lohnen den Besuch. Der privat gekelterte Rebensaft schmeckt frisch und leicht, vor allem wenn er gekühlt genossen werden kann. Wer ihn zum späteren Genuß erwerben will, sollte unbedingt leere Flaschen dabei haben; unsere Einkaufstour scheiterte beinahe am vor Ort nur schwer aufzutreibenden Leergebinde.

Wir fahren von Negreşti Oaş weiter in nördlicher Richtung durch die Ortschaften *Certeze* und *Huta Certeze*. Die Landschaft wird immer malerischer, gute Böden und günstiges Klima bringen reiche Ernten. Hinter Huta Certeze sehen Sie auf der rechten Seite einen großen Steinbruch. Hier wird

Andesit, ein vulkanisches Ergußgestein, gebrochen. Gleich nach diesem Dorf führt unsere Straße in engen Serpentinen den Berg hoch und erreicht nach wenigen Kilometern den *Pasul Huta,* zu deutsch **Huta-Paß** oder "Hüttendorfer Höhen". Wir befinden uns auf 587 Meter Höhe an der geographischen Grenze zwischen dem Judeţul Satu Mare (bis 1918 ungarisches Komitat Szatmár) und dem Judeţul Maramureş (ehemals Komitat Máramaros). Auf dem Scheitelpunkt erwartet uns ein hübsch gelegener "*Hanul*" (rumänisch für Gasthof), das *Sâmbra Oilor*. Im Sommer kann man auf einer Terrasse im Freien einheimische Kost genießen; im Angebot sind normalerweise Suppe, Gebratenes vom Schwein und "*mamaliga*" (Maisbrei). Zum Übernachten werden einfache Zimmer angeboten. Der idyllische "*Hanul*" ist auch bei den Einheimischen sehr beliebt; an Wochenenden feiern oftmals ganze Gesellschaften, mit der romantischen Waldesruh ist es dann jedoch vorbei.

Durch dichten Mischwald bergabwärts

2

geht es auf der anderen Seite des Huta-Passes der Theiß entgegen. Im letzten Abschnitt dieser Talfahrt erblicken Sie auf der rechten Seite einen Picknickplatz mit überdachten Sitzgelegenheiten. Hier entspringt eine borhaltige Mineralquelle, ein sogenannter Sauerbrunnen. Diese Quellen werden in der Maramureş "borcut" genannt; der Begriff setzt sich aus den ungarischen Wörtern bor (Wein) und kut (Brunnen) zusammen. Warum Mineralwasser ausgerechnet mit Wein in Verbindung gebracht wird, überlassen wir der Phantasie des Lesers. Einen weiteren Beleg dieser seltsamen sprachlichen Adaption bietet das für seine zahlreichen borcuts bekannte Tal kurz vor Vişeu de Sus (siehe Kapitel "Von Sighet nach Oberwischau"), heute Valea Vinului oder auf deutsch schlicht Weintal, obwohl dort sicher nie Rebensaft gekeltert wurde. Nebenbei kann an diesem idyllisch gelegenen Rastplatz am munteren Gebirgsbach ein von uns so genannte "natürliche Waschmaschine" bewundert werden, die wir uns im Kapitel "Maramureş – Land der Bauern" noch genauer ansehen. Kurz danach erreichen wir den Weiler Piatra. Vor dem Krieg befand sich hier die Gemeinde Franzenthal, deren deutschsprechende Bewohner eine heute verschwundene kleine Glashütte betrieben. Die etwas heruntergekommene, kleine Fabrik linkerhand am Ortseingang bildet die sozialistische Reminiszenz an die alte Glasindustrie.

Die Straße erreicht nun direkt das breite Tal der Theiß. Schon bald gelangen Sie an den majestätischen Fluß, der sich zur Zeit der großen Schneeschmelze in einen reißenden, braunen Strom verwandeln kann. Tropisch anmutende Vegetation verdeckt leider oftmals den Ausblick; an der Stelle, wo die Straße unmittelbar an die Uferböschung stößt, empfehlen wir Ihnen einen Halt. Wir stehen an der Tisa (rum.) / Tisza (ung.) oder **Theiß**, wie der große Fluß aus den Karpaten auf deutsch genannt wird.

Gönnen Sie sich ein paar Minuten Ruhe und genießen Sie die Idylle des stillen und erhabenen Flusses; das Ufer auf der anderen Seite ist bereits ukrainisches Territorium. Leute mit zwanghaftem "Höhentrieb" (die Autoren bekennen sich) werden sicher über die Wiesen den Hang hinaufkraxeln, um einen besseren Überblick zu gewinnen. Schon nach wenigen Höhenmetern werden Sie beim Blick zurück auf den Fluß mit Erstaunen feststellen, daß unmittelbar gegenüber eine größere ukrainische Ortschaft sichtbar wird. In Richtung Sighet steht sogar noch die Hälfte einer Gitterbogenbrücke in der Theiß: hier, beim Weiler Teceul Mic, befand sich ein Grenzübergang. Das verlassene, steinerne Zollgebäude und die überwachsene Brückenauffahrt passieren wir auf unserer Weiterfahrt in Richtung Sighet, nur wenige hundert Meter nach unserem Rastplatz.

Die Theiß als größter Nebenfluß der Donau entspringt in den ukrainischen Waldkarpaten, bildet einige Kilometer die Grenze zu Rumänien, fließt erneut in die Ukraine und erreicht danach das ungarische Territorium. Nach ihrem gemächlichen Weg durch diesen Staat überquert der Fluß erneut eine Landesgrenze und mündet bei Perlez in der Voivodina (Jugoslawien) in die Donau. Die Luftlinie zwischen Quelle und Mündung beträgt nur 570 km, der tatsächliche Flußlauf beträgt durch viele Krümmungen aber – je nach Berechnung – zwischen 1000 und 1500 Kilometern. Das Schwemmland der Theiß ist fast auf ihrer gesamten Länge, vom Oberlauf einmal abgesehen, fruchtbarstes Ackerland. Die ersten fünfzig Kilometer weisen ein starkes Gefälle auf, was sich auf ungarischem Gebiet nicht fortsetzt: die ca. 800 Kilometer bis zur Donaueinmündung ergeben eine Höhendifferenz von lächerlichen vierzig Metern! Dies erklärt auch, warum sich der Fluß so träge durch die ungarische Tiefebene schlängelt. Als Wasserstraße wurde die Theiß vor allem im letzten

2

An der Theiß bei Teceul Mic

Jahrhundert genutzt, als das Holz aus den waldreichen Karpaten bis weit nach Ungarn geflößt wurde. Bei Sighet erreicht das Tal der Theiß an manchen Stellen eine Breite von bis zu drei Kilometern; die sumpfigen Auenwälder liegen im Sperrgebiet oder auf ukrainischen Territorium. Im Frühsommer kann mit viel Glück ein einmaliges Naturschauspiel erlebt werden, das wir Autoren leider nur vom Hörensagen kennen: die sogenannte "Theißblüte". Eine Eintagsfliege (Palingenia longicauda Ol.) bedeckt dabei zu Millionen ganze Flußabschnitte, um Eier abzulegen. Die Insekten verwandeln mit ihrer Körperfärbung die trübe Wasseroberfläche in ein prächtig leuchtendes Ockergelb. Der Anblick soll umwerfend sein! Leider läßt sich nie voraussagen, wann dies geschieht. Sicher ist aber, daß sich dieses Ereignis nur an einem einzigen Tag bewundern läßt. Am Oberlauf der Theiß wartet man vermutlich vergeblich; in der ungarischen Tiefebene hat der Besucher vielleicht Glück.

Unsere weitere Reise führt uns nun durchs Tal der Theiß, das mit als bestes Ackerland der Maramureş gilt. Die Berge schützen die Ebene vor kalten Nordwinden und der Boden ist durch das Schwemmland sehr fruchtbar. Wir fahren durch mehrere kleine Straßendörfer und erreichen bald eine der meistbesuchten Ortschaften der Maramureş, bekannt in ganz Rumänien.

Săpânţa – mehr als ein fröhlicher Friedhof

Weltberühmt ist die letzte Ruhestätte der Bewohner dieses Dorfes, entsprechend ist sie an der Hauptstraße mit einem Wegweiser ausgeschildert: *"Cimitirul Vesel"*, zu deutsch **der fröhliche Friedhof**. So paradox es klingt, dieser Gottesacker ist für Besucher tatsächlich erheiternd – vor allem, wenn man die rumänische Sprache versteht. Alle Grabsteine sind mit bunt bemalten Schnitzereien verziert; das Leben der Verstorbenen ist darauf mit treffenden, witzigen Versen charakterisiert, im Guten wie im Bösen. Ob jemand vom Ochsen

Dumitru Pop in seiner Werkstatt

überrannt, vom Traktor gefallen ist, ein Prahlhans war oder sich zu Tode gesoffen hat, alles ist in dieser einmaligen Dorfchronik in Wort und Bild festgehalten. Die kurzen Texte auf den Grabkreuzen sind alle in der Ich-Form gehalten, als sprächen die Verstorbenen direkt zu uns.

Begründer dieses in der ganzen Welt berühmten Gesamtkunstwerks war der Holzschnitzer Ion Stan Pătraş, selbst ein Bewohner Săpânţas. 1908 geboren, besuchte er als Kriegshalbwaise nur vier Jahre die Schule, um bereits als Halbwüchsiger bei einem Tischler ein Handwerk zu lernen. Sein erstes Grabkreuz fertigte er 1936; man erzählt, daß er sich gern an den feuchtfröhlichen Totenwachen zu seinen treffenden Versen inspirieren ließ. Die Dorfbevölkerung war begeistert, und bald prangte auf

jedem neuen Grab ein hölzernes, in typischem "Săpânţa-Blau" gehaltenes Werk von Patras. Noch zu seinen Lebzeiten eine Legende, verachtete der charismatische Künstler den Tod. Er versäumte bis ins hohe Alter kaum eine fröhliche Feier, ließ sich seine Arbeit vorzugsweise in Hochprozentigem bezahlen und unterstützte zahlreiche bedürftige Kinder des Ortes – er liebte Kinder über alles. Als der Meister 1977 starb, war praktisch jeder Grabstein in Săpânţa unter seinen künstlerischen Händen entstanden – er hinterließ einen bunten und fröhlichen Friedhof, sein Lebenswerk. Keine Frage, daß sein Grabkreuz noch von ihm persönlich angefangen wurde; vollendet haben es seine Nachfolger.

Die von ihm selbst gedichtete Inschrift wollen wir dem Leser nicht vorenthalten:

DE LA PAISPREZE ANI
TREBUIA SA CISTIG BANI
LA LUCRU GREU DE PADURE
CU TAPIN SI CU SACURE

Schon ab vierzehn Jahren
mußte ich selbst mein Brot verdienen
hart arbeitend im Wald
mit Sapin und Axt

TATA-N RAZBOI A PLECAT
INAPOI NA INTURNAT
TREI COPII MICI AM RAMAS
IN LUME DE GREU NACAZ
VRUT ASFI SA MAI TRAIESC
SI PLANU SA MI-L PLINESC
DN SAIZECI SI DOUA TARI
M-AU VIZITAT PINA IERI
DIN CONDUCATORI DE STAT
FOARTE MULTI MAU VIZITAT
SI DE AMU CIND OR VENI
PE MINE NU M-OR GASI
SI LE DORESC LA TOTI BINE
CARE AU FOST PE LA MINE
CA EU VIATA O LASAI
LA 69 DE AI

Mein Vater ging in den Krieg
und kam nicht mehr zurück
Wir, seine drei Kinder
waren allein gelassen und arm
Ich wollte noch lange leben
um all meine Pläne zu verwirklichen
Menschen aus 62 Ländern
sind bis gestern gekommen zu mir
Viele Staatoberhäupter
haben mir ihren Besuch abgestattet
Aber jetzt, wenn Leute kommen
werden sie mich nicht mehr finden
Ich wünsche allen ein gutes Leben
allen, die bis zu mir gekommen sind
denn ich habe mein Leben gelassen
mit 69 Jahren

Das Wohnhaus von Stan Ion Pătraş beherbergt heute ein kleines, aber feines Museum; es befindet sich wenige hundert Meter hinter dem Friedhof. Sie können es nicht verfehlen, wenn Sie der Straße rechts von der Kirche folgen und danach links einbiegen: es ist über und über bunt verziert, und im Hof ist eine überdimensionierte Holzbüste mit dem Portrait des Meisters aufgestellt.

Auf dem Anwesen lebt heute der Künstler Dumitru Pop, der die Tradition des fröhlichen Friedhofs weiterführt. Obwohl er viel unterwegs ist – die berühmten Grabkreuze aus Săpânţa wurden schon an Austellungen im Ausland gezeigt – ist der begabte Nachfolger von Meister Patras auch hin und wieder in seinem Atelier gleich hinter dem Museum anzutreffen. Neben neuen Werken werden hier in erster Linie vom Zahn der Zeit in Mitleidenschaft gezogene Grabkreuze aufgefrischt oder als Kopie komplett neu geschnitzt und bemalt. Hoffen wir, daß damit der fröhliche Friedhof von Săpânţa noch lange erhalten bleibt, trotz der rauhen Witterung mit entsprechenden Folgen für die empfindlichen hölzernen Kunstwerke. Souvenirjägern empfehlen wir einen kleinen Laden mit Kunsthandwerk gegenüber der

Kirche, wo unter anderem auch miniaturisierte Săpânţa-Grabkreuze zum Kauf angeboten werden. Wir sahen schon entschieden geschmacklosere Reiseandenken als diese von Hand geschnitzten und bemalten, irgendwie skurilen Grabsteine!

Auch sonst kann Săpânţa als eigentliches Zentrum des Kunsthandwerks bezeichnet werden. Nicht genug, daß an Sonntagen auf der Dorfstraße viele wunderschön gearbeitete Trachten zu bewundern sind, werden dem Besucher die Erzeugnisse heimischen Fleißes auch zum Kauf angeboten. An trockenen Tagen hängen unzählige gewobene Wolldecken über den Zäunen entlang der Straße; zum Teil entstehen sie vor den Augen der Kundschaft, wird an hölzernen Webstühlen im Freien gearbeitet. Die Teppiche und Decken werden größtenteils in der braunen oder weißen Naturfarbe belassen. Die Erzeugnisse sind von außerordentlicher Qualität, Handarbeit aus reiner Schafwolle. Ist man an einem Stück interessiert, so klopfe man einfach ans Tor. Die Preise sind ausgesprochen günstig; trotzdem darf ruhig etwas gehandelt werden – die Einheimischen machen es genauso; feilschen gehört nun mal zu jedem größeren Geschäftsabschluß in Rumänien.

Der fröhliche Friedhof von Săpânța

Săpânța ist zweifellos **die** folkloristische Attraktion der Maramures. Weniger bekannt ist die hügelige Berglandschaft südlich des Dorfes, mit Mineralquellen, Wasserfällen und unberührten Wäldern wie geschaffen für ein paar erholsame Tage in der Natur. Folgen Sie der asphaltierten Dorfstraße – vorbei am heiteren Friedhof – in Richtung Süden weiter, finden Sie am Ortsausgang auf der linken Seite einen kleinen Zeltplatz mit Holzhäuschen und einer einfachen Wirtschaft. Die symphatische Anlage ist erst im letzten Jahr entstanden; in Săpânța hat man mittlerweile begriffen, daß ohne minimale touristische Infrastruktur kein Fremder länger als ein paar Stunden im Dorf des fröhlichen Friedhofs bleibt. Im Sommer ist die Gartenwirtschaft beim Camping auch von Einheimischen gut frequentiert – bei einem kühlen Bier werden Berührungsängste zwischen hiesigen und weitgereisten Gästen schnell überwunden.

Es bietet sich an, sein Auto hier stehen zu lassen. Wandern Sie auf der kaum befahrenen Straße weiter zum Dorf hinaus. Sie wechselt nach wenigen Kilometern auf die andere Flußseite; nach der Brücke befindet sich linkerhand eine gepflegte Forellenzucht. Kurz danach führt der mittlerweile ungeteerte Weg in den Wald, und nach ca. vier Kilometern (ab Campingplatz) stoßen Sie auf einen Abzweig, der rechts über eine Brücke den rauschenden Wildbach quert. Unmittelbar danach geht es steil bergauf, und nach wenigen Metern erblicken Sie auf einer malerisch auf dem Hügel gelegenen Waldlichtung ein verlassenes "Hexenhaus". Diese Ruine war vor noch nicht allzulanger Zeit eine Flaschenabfüllstation für das hier sprudelnde Mineralwasser. Die Station ist zerfallen – die Quelle in ihrem Innern plätschert weiter; sie können sich stärkendes Mineralwasser nach Belieben abfüllen. Die Wiese vor dieser abenteuerlichen Kulisse, mitten im Wald gelegen, ist an Wochenenden im Sommer ein beliebter Rastplatz für einheimische Ausflügler. Ein Feuer machen und Fleisch braten, dazu Brot, Schnaps und

Mineralwasser – was braucht der Mensch mehr, um glücklich zu sein.

Wer von Săpânţa ins südlichere *Ignişului-Gebirge* wandern möchte, findet hier einen idealen, romantischen Zeltplatz. Der Fahrweg vor beschriebener Brücke führt durch diese wilde Waldlandschaft bis nach Baia Mare. Oder ins *Gutîi-Gebirge*, wo die Natur eine ganze Reihe von geologischen Besonderheiten geschaffen hat. Dazu zählen mächtige Wasserfälle, eine Andesitklamm, die Torflandschaft auf dem *Izvoare-Plateau* und berühmte Fossilvorkommen (Abdrücke von Magnoliaceen, besonders des Tulpenbaumes) in den Gruben von *Chiuzbaia*. Das Gutîi-Massiv wird überragt vom "Hahnenkamm", einem schon von weitem gut sichtbaren Felsenzug. Er umfaßt ein 50 Hektar großes Naturschutzgebiet mit seltenen Tier- und Pflanzenarten wie Adler und Edelweiß.

Nach diesem Abstecher geht unsere Fahrt auf der Hauptstraße Richtung Sighet weiter. Am Ortsausgang von Săpânţa sehen wir auf der rechten Seite der Straße den umzäunten jüdischen Friedhof. Aus der Anzahl der Grabsteine läßt sich der hohe jüdische Bevölkerungsanteil vor dem Krieg erahnen. Die obere Theißebene war – abgesehen von der Hauptstadt Budapest – die am dichtesten jüdisch besiedelte Gegend Ungarns. Mit der Geschichte dieser Bevölkerungsgruppe im Theiß-Tal werden wir uns im Kapitel über Sighet eingehender befassen.

Etwa zehn Kilometer vor Sighet passieren wir die Ortschaft **Câmpulung la Tisa**. Am Dorfende kreuzt eine Eisenbahnlinie die Hauptstraße, welche als "Vierschienengleis" sowohl in russischer Breitspur wie auch in europäischer Normalspur verlegt ist. Züge rollen hier seit 1997 grenzüberschreitend, nachdem die Eisenbahnbrücke über die Theiß nach der Wende ein paar Jahre als provisorischer Übergang für Fußgänger geöffnet war. Inwieweit Ausländer über Breitspurschienen in die Ukraine gelangen können, ist bis dato unklar – der Übergang dient "offiziell" nur dem kleinen Grenzverkehr. Dieser ist – wie im Sommer 1996 – häufig eingestellt. Der Grund dafür liegt wohl eher im überbordenden Zigarettenschmuggel als in der "Übertragungsgefahr von Seuchen", wie die "vorübergehende" Schließung offiziell begründet wurde.

Daß sich der klandestine Handel an dieser Grenze nicht nur auf Tabakwaren beschränkt, belegt eine Zeitungsmeldung vom August 1994: damals wurden fünf Personen in Sighet verhaftet, die drei Kilogramm spaltbares Uran zu veräußern versuchten! Wer als Raucher nichts mit dieser Schattenwirtschaft zu tun haben will, sollte beim Zigarettenkauf auf den offiziellen Steuerstempel oben auf den Packungen achten. Es versteht sich von selbst, daß der Preis dieser staatlich registrierten Suchtmittel entsprechend höher ist als bei der "freien Konkurrenz".

... und am Straßenrand wird gewebt

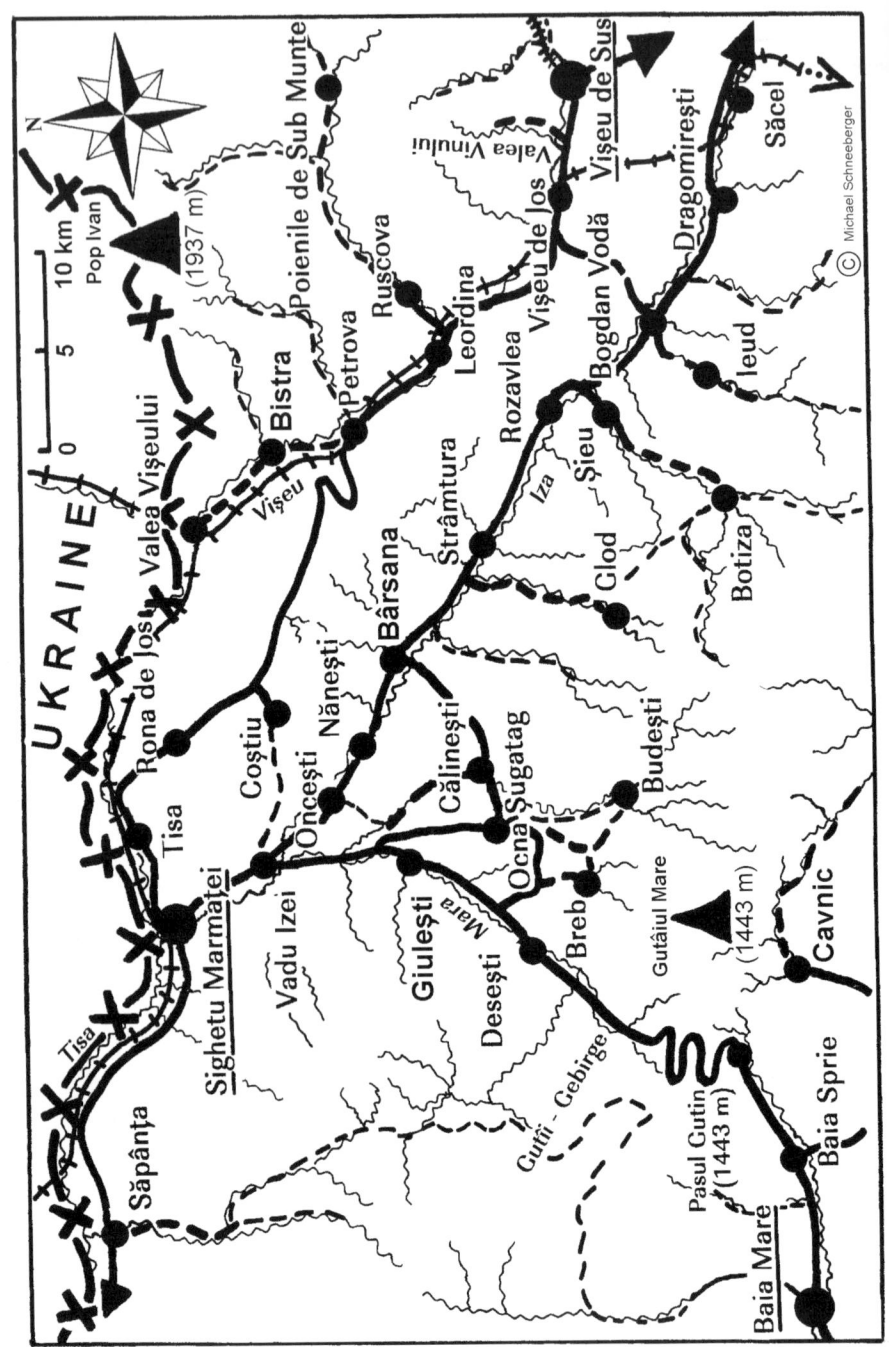

3. SIGHETU MARMAŢIEI / MÁRMAROSZIGET / SIGHET – AUF DER SUCHE NACH DEM SCHTETL

In Meyers Konversationslexikon des Jahres 1902 finden wir über diese Kleinstadt am Zusammenfluß von Iza und Theiß die folgenden Sätze: *Stadt mit geordnetem Magistrat und Hauptstadt des ungarischen Komitats Marmaros, Sitz eines königlichen Gerichtshofes und Bezirksgerichts, Berg-, Salinen-, Finanz-, Forst- und Güterdirektion, Hauptniederlage des Steinsalzes aus den Gruben von Ronaszek und Slatina. Garnison eines Bataillons des 85. Infanterieregiments, kath. Kirche (1730), reform. Kirche von einer Mauer umgeben, griech.-kath. Kirche (1803), Piaristenkollegium nebst Untergymnasium, reform. Lyceum, höhere Mädchen- und Hauptschule. Salzbergwerk in Staatsbetrieb (1257 Arbeiter, Produktion 7 Millionen Forint). Die Stadt hat (1900) 17445 meist magyar. kath. Einwohner (2329 Deutsche, 1697 Rumänen, 2137 Evangelische, 6375 Israeliten).*

Auch wenn sich die damaligen Autoren die größte Mühe gegeben haben, Sighet als durchschnittliche österreichisch-ungarische Provinzstadt darzustellen, widersprechen sich ihre eigenen Zahlen. Sie verraten dem aufmerksamen Leser die wohl entscheidende Besonderheit dieser Stadt: Hier lebten um die Jahrhundertwende vor allem Juden, Sighet war ein Schtetl. Stehen aus dieser Zeit bis heute noch viele Häuser – das jüdische Sighet, das Schtetl, existiert nicht mehr. Es ist untergegangen in den letzten

Monaten des nazideutschen Faschismus, vernichtet und unwiederbringlich ausgelöscht. Dem Friedensnobelpreisträger Elie Wiesel verdankt die Nachwelt, daß das "israelitische" Sighet zumindest in den Büchern weiterlebt. Der in dieser Stadt aufgewachsene Schriftsteller überlebte mit viel Glück den Holocaust und setzte mit seinem literarischen Werk seiner Heimatstadt ein künstlerisches Denkmal von Weltruf.

Warum habe ich so lange und so hartnäckig versucht, meine kleine Stadt wiederzufinden? Der Ort, an dem sich alle Begebenheiten meiner Romane zutragen, bleibt immer der gleiche. Alle meine Helden sind dort gefangen: es ist unmöglich, sie zu befreien. Selbst wenn ich auf Geschichten aus der Bibel, dem Talmud oder der chassidischen Tradition zurückgreife, nehmen sie ihren Ausgang in Sighet. Es sind die Gärten meiner Stadt, in denen die Weisen den Talmud schreiben und bearbeiten; im Licht ihrer flackernden Kerzen stricken sie an den Legenden des Midrasch, am Ufer ihrer Flüsse stellen die Vertriebenen ihre Harfen beiseite und denken unter Wehklagen an Zion, und in der Dunkelheit ihrer Wälder träumt Rabbi Isaac Luria mit seinen Schülern von der endgültigen Erlösung. Ich kann nichts dagegen tun: Ich habe Sighet verlassen, aber Sighet läßt mich nicht los. (Aus "Alle Flüsse fließen ins Meer", Autobiographie von Elie Wiesel, Hamburg 1995)

In Kürze...

3

Unterkunft: In Sighet gibt es mehrere Hotels. Das *Ardeanul* befindet sich an der Hauptstraße am Markt, das *Hotel Marmaţie* im Park "Grădina Morii". Wir empfehlen, ein Privatquartier zu suchen; beispielsweise in Vadu Izei, 6 km außerhalb von Sighet, wo eine Agentur Zimmer bei Familien vermittelt.

Geschäfte: In Sighet kann man in zahlreichen Geschäften einheimische Waren aller Art sowie westliche Importgüter in unterschiedlicher Qualität erwerben. Lohnend ist ein Besuch des Marktes besonders mittwochs. Hier werden die Erzeugnisse der lokalen Landwirtschaft direkt von den Bauern an die "Städter" verkauft.

Verpflegung: Wir empfehlen das Restaurant *"Alex"*, für den kleinen Hunger das Fast-Food Bistro *"Interbijou"*; beide liegen am Hauptplatz im Zentrum. Auch das *"curtea veche"*, in einem sorgfältig renovierten Bau der Jahrhundertwende, lohnt einen kulinarischen Besuch.

Verkehrsmittel: Vom Bahnhof in Sighet hat man Anschluß in Richtung Vişeu de Jos und Bistriţa–Bukarest (Nachtzug mit Schlafwagen). Mit dem Bus sind alle Orte der näheren Umgebung erreichbar, allerdings zum Teil nur einmal am Tag. Die zentrale Busabfahrtstelle befindet sich neben dem Bahnhof. Dieser liegt in südlicher Richtung vom Hauptplatz, zu Fuß ca. 10 Minuten vom Zentrum entfernt.

Benzin: In Sighet gibt es 4 Tankstellen, sogar bleifreies Benzin ist normalerweise problemlos zu bekommen. Wer längere Zeit in der Maramureş unterwegs ist, sollte hier auf jeden Fall volltanken und die Reservekanister füllen.

Infos: An der südlichen Seite des Hauptplatzes befindet sich ein kleines Fremdenverkehrsbüro mit angeschlossener Wechselstube. Man spricht englisch und ist sehr hilfsbereit, wenn auch noch etwas ungeübt im Umgang mit individueller Kundschaft. Neuerdings gibt es hier – neben manchmal noch vorrätigen älteren Detailkarten – einen kleinen Maramureşführer zu kaufen; das informative Büchlein ist allerdings nur in rumänischer Sprache erhältlich. Nebenan wird seit kurzem typisches Kunsthandwerk der Maramureş (Trachten, Keramik, Decken und Bilder) verkauft (dienstags und sonntags geschlossen).

Museen: In Sighet gibt es zwei interessante volkskundliche Museen. Das erste befindet sich direkt an der Hauptstraße, beim Hintereingang des Rathauses. Das *"Freilichtmuseum des Maramureş-Dorfes" (muzeul satului)* liegt am Ortsausgang in Richtung Baia Mare und Iza-Tal.

Folklore: Am 26./27. Dezember findet das große *"Winterfestival"* statt, bei dem in Festtagstrachten gekleidete Gruppen aus der ganzen Maramureş durch die Stadt ziehen.

Viehmarkt: Jeden 1. Montag des Monats. Sehr lohnend!

Das Sighet von heute...

Hat sich in den letzten Jahren auch in Sighetu Marmaţiei äußerlich einiges zum Schlechten – sprich einheitlich Sozialistischen – verändert, konnte sich die Kleinstadt doch einen gewissen Charme bewahren. Wie andernorts in Osteuropa beschränkte sich die städtebauliche Modernisierung auf die Außenbezirke, wo ganze Quartiere lieblosen Wohnblöcken weichen mußten. Das Zentrum mit seinem parkähnlichen Hauptplatz und den Fassaden aus der Jahrhundertwende bietet dem Besucher ein geschlossenes Bild einer hübschen k.u.k. Provinzstadt, wie sie für die Donaumonarchie typisch war. Von den Zerstörungen beider Weltkriege kaum berührt, blieben die großen Gebäude – wenn auch anders genutzt – bis heute stehen; der Stadterneuerung fielen in erster Linie die ärmlichen, eingeschossigen Häuserzeilen zum Opfer.

Der mit dem Auto von Săpânţa kommende Besucher passiert im westlichen Teil von Sighet als erstes den riesigen Komplex des regionalen Krankenhauses, bevor er den großzügig angelegten Hauptplatz im Zentrum erreicht. Hier herrscht eine erstaunliche Lebendigkeit mit für uns ungewohnten Gegensätzen: pausbackige Maramureş-Bäuerinnen eilen schwer beladen irgendwelchen Geschäften nach, Zigeunerjungen versuchen ihre Schmuggelzigaretten an den Mann zu bringen, schick gekleidete Bürger und westlich herausgeputzte Schönheiten stolzieren an zahnlosen, heruntergekommenen Greisen vorbei. Der Hauptplatz von Sighet gleicht einer Bühne; wer es sich leisten kann, sitzt "mondän" in einem der nach der Wende entstandenen Straßencafés, schlürft eine Cola und raucht Kent oder Marlboro. Im Vergleich zu anderen rumänischen Kleinstädten scheint der private Handel zu florieren. Zahlreiche "particular" (privat) Geschäfte säumen die Hauptstraße, und wenn's auch noch nicht zum bunt erleuchteten Ladenschild gereicht hat, so doch mindestens zu einer vielversprechenden Werbetafel eines westlichen Prestigeprodukts.

Beim wirtschaftlichen Aufschwung dieser Grenzstadt dürfte der Schmuggel und die Schieberei eine nicht unwesentliche Rolle spielen. Wie die Bewohner, spiegelt auch die Architektur krasse Kontraste in dem aus seinem Dornröschenschlaf erwachenden Sighet: Hinter manch einer feudal-bürgerlichen Fassade verbergen sich schmuddelige Hinterhöfe, wo auf engstem Raum kinderreiche Familien in unsäglichen Verhältnissen leben müssen. Wer Sighet noch in sozialistischer Zeit kennengelernt hat, erkennt die Stadt heute kaum wieder. Bleibt zu hof-

fen, daß der Wende-Boom eine längerfristige Entwicklung eingeleitet hat und nicht nur ein kurzes Aufbäumen vor dem endgültigen, postkommunistischen Niedergang darstellt.

Sighetu Marmaţiei läßt sich am besten zu Fuß erkunden. Der tägliche Markt ist absolut besuchenswert; hier findet sich nicht nur die ganze Fülle einheimischer Erzeugnisse, sondern mit etwas Glück auch das eine oder andere Souvenir. Uns hatten es vor allem die kleinen Spielzeughäuschen (rum. "casuzzen") angetan: in Handarbeit und ganz aus Holz gemacht, sind sie miniaturisierte Kopien der typischen Bauernhäuser der Maramureş. Weniger empfehlenswert sind die staatlichen Restaurants am Hauptplatz. Hier herrscht im wahrsten Sinne des Wortes noch der sozialistische Mief; ist das Essen auch leidlich bis solide, vergällt eine Mischung von abgestandenem Rauch, billigem Schnaps und speckigen Tischtüchern einem die Lust an einem längeren Aufenthalt. Besser bedient ist man da schon in den neu eingerichteten Lokalen wie dem "Alex", wo wir 1996 unsere erste Speisekarte (!) in der Maramureş präsentiert bekamen. Wir konnten tatsächlich auswählen (solche kleinen Sensationen lernt man während einer Rumänienreise durchaus zu schätzen!).

Von den Einheimischen gut frequentiert ist auch das "Interbijou" auf der nördlichen Seite des Hauptplatzes. Diese rumänische Variante eines Fast-Food Lokals verkörpert mit Hamburger, Hot-Dog und Pizza gewissermaßen die begehrte westliche Lebenskultur. Nebenbei gesagt: die Pizza ist "echt" und besteht nicht wie anderswo aus einer Brotscheibe mit darüber gekippter Tomatensauce.

Zwischen dem Hauptplatz und der Iza (nördlich vom Zentrum) befindet sich neben einem Sportplatz das Mahnmal für die von den Nazis ermordeten Juden der Maramureş. Praktisch gegenüber entdecken Sie auf einer stacheldrahtbewehrten

3

Jüdische Grabinschrift

Mauer einen Wachtturm mit verrostetem Scheinwerfer. Er gehört zum berühmt-berüchtigten Gefängnis, dem Inbegriff von Unterdrückung. Nach dem Krieg bis zum Sturz von Ceauşescu waren in diesem vergitterten Gemäuer hunderte dem Regime unliebsame Oppositionelle eingekerkert. Steinplatten an der Außenmauer erinnern an die Gefangenen, die Folter und Entbehrungen nicht überlebten. Im Innern der Haftanstalt befindet sich ein Museum, das an die Opfer der "kommunistisch-stalinistischen Diktatur" erinnert. Finanziert wurde das Projekt von verschiedenen Organisationen des In- und Auslandes, darunter auch Gruppierungen aus dem rechten Lager. Die zahlreichen jüdischen Opfer von Sighet sind den Verantwortlichen dieser sehenswerten Gedenkstätte bezeichnenderweise keine Erwähnung wert.

Im gleichen Stadtviertel liegt der jüdische Friedhof, massiv umzäunt und zugesperrt. Wer ihn besuchen will, muß beim jüdischen Forum neben der einzigen noch bestehenden Synagoge anklopfen; gegen ein nicht gerade bescheidenes Eintrittsgeld kommt jemand mit und schließt den Friedhof auf. Seine Ausmaße sind beeindruckend und lassen erahnen, wie groß die israelitische Gemeinde von Sighet vor dem Holocaust war. Mitten in der Stadt gelegen, erzählen die unter alten Bäumen stehenden Grabsteine die Geschichte des "Schtetls". In einer Gruft sind die bedeutendsten Rabbiner beigesetzt; darunter der Vater des Rabbis

von Sathmar, Hananiah Yom Tov Lipa Teitelbaum. Der Besuch seiner letzten Ruhestätte gehört in jedes Osteuropa-Reiseprogramm strenggläubiger Chassiden, welche in Gruppen von Übersee nach Sighet kommen und bei Kerzenlicht an seinem Grab ein oder mehrere Kaddisch beten. In solchen Situationen wird für den überraschten Besucher die Vergangenheit lebendig. Man wähnt sich in einer anderen Zeit, wenn plötzlich Männer mit schwarzen Kaftanen, Hüten und Peikles (Schläfenlöckchen) unter ekstatischem Wippen und Singsang aus der Heiligen Schrift lesen.

Entfernt man sich in derselben Richtung vom Zentrum weg, gelangt man mit wenigen Schritten an die Gestade der Iza. Kurz vor ihrem Zusammenfluß mit der Theiß säumen uralte, riesige Pappeln das Ufer; der leidlich gepflegte Park "Grădina Morii" mit einem düsteren, monumentalen Hotel in seiner Mitte lädt zum Verweilen. Früher hieß dieser Ort "Mühlgarten"; ältere Bewohner erinnern sich noch gut an die Zeiten, als hier unter den Bäumen des Sonntags stramme Offiziere mit eleganten Städterinnen Walzer tanzten, die k.u.k. Welt wenigstens äußerlich noch in Ordnung war. Joseph Roth und sein "Radetzkymarsch" lassen grüßen.

Südlich des Hauptplatzes steht die bereits erwähnte Synagoge, die letzte noch existierende von über einem Dutzend jüdischer Gotteshäuser. Sie kann nach Anmeldung im Büro des Forums (gleich nebenan) besichtigt werden. In wilder Unordnung liegen auf den Bänken zerfledderte Bücher und Gebetshefte, als ob die Gläubigen erst gestern Hals über Kopf den heiligen Tempel verlassen hätten. Unwillkürlich denken wir an die Autobiographie von Elie Wiesel, in der er beschreibt, wie er viele Jahre nach der Deportation zum erstenmal nach Sighet zurückkehrt, die Stadt seiner Kindheit besucht:

Ich will die Synagogen wiedersehen. In

einer (in den siebziger Jahren standen noch mehrere, Anm. d. Vf.) *stoße ich auf Hunderte von heiligen Werken, die im Staub liegen: Sie sind in den verlassenen Häusern von den Machthabern aufgesammelt und hier deponiert worden. Fieberhaft beginne ich in dem Haufen zu wühlen und entdecke tatsächlich ein paar von meinen Büchern. Ich grabe weiter und weiter. In einem Buch mit Bibelkommentaren stoße ich auf vergilbte, zerfledderte Seiten, auf denen ich mit dreizehn, vierzehn Jahren in krakeliger Schrift wirre Gedanken festgehalten habe: meinen Kommentar zu den Kommentaren. Mir platzt fast der Kopf. Ich stürze hinaus. Auf der Straße plötzlich die Angst, verrückt zu werden: Vor mir sehe ich Bettler, struppige Männer mit stumpfem Blick, Frauen ohne Alter mit wirrem Haar, in schwarze Lumpen gehüllt, Krüppel, die sich auf ihre Krücken stützen – sind das die letzten Juden, die allerletzten Überbleibsel dessen, was einmal die große, blühende Gemeinde Sighets war?* (Aus "Alle Flüsse fließen ins Meer", der Autobiographie von Elie Wiesel).

Die einzige erhaltene Synagoge

Folgt man der Parallelstraße zum Hauptplatz, die sich der Seitengasse mit der Synagoge anschließt, in östlicher Richtung, passiert man den Markt. Kurz danach stößt man auf eine größere Straße, welche rechts zum Bahnhof führt. In diesem Teil der Stadt kann man noch manches architektonische Kleinod entdecken, wohnten hier doch die reicheren Beamten und die kleine jüdische Oberschicht. An einem von Häusern aus der Jahrhundertwende flankierten Platz fällt dem Besucher sicher ein großzügig gehaltenes Gebäude mit zwei Türmen ins Auge. In den dreißiger Jahren als Kulturpalais errichtet, ist in dem imposanten Bau heute die Volkshochschule untergebracht. Unmittelbar neben dem Bahnhof kreuzt unsere Straße die Schienen; geht man weiter geradeaus, kommt man direkt an die Theiß. Der Weg endet abrupt, wir sind an der Staatsgrenze zur Ukraine. Bis zum 2. Weltkrieg stand hier eine große Brücke, über die man hinüber in die Tschechoslowakei gelangte. Uns erzählte man, daß schon früher ein reger "Schnäppchen"-Grenzverkehr den Fluß überquerte; ein paar Dinge waren "bei den Tschechen" billiger, andere in Rumänien respektive Ungarn. Die Brücke existiert nicht mehr; mit viel Phantasie lassen sich noch die Reste der Pfeiler und Brückenköpfe erahnen. Rege begangen wird der kleine Uferweg direkt am Fluß, und zwar von bewaffneten Grenzsoldaten auf Patrouillengang. Nicht unbedingt der Ort, um mit der Kamera ausgerüstet seinen Gedanken nachzuhängen. Man habe denn eine wirklich plausible Ausrede parat, um das Mißtrauen der auftauchenden Uniformierten zu zerstreuen.

Zurück im Zentrum, erwartet uns im Stadtmuseum eine sehenswerte Sammlung von bäuerlichen Gerätschaften, Trachten,

3

Ein prächtiges Bürgerhaus

Ikonen und Masken aus der Maramureş. Das Museum selbst hat eine alte Tradition; seine Gründung reicht ins vorige Jahrhundert zurück, als ein "Verein zur Förderung der rumänischen Kultur der Maramureş" den Aufbau begann. Leider ging ein großer Teil der Sammlung in den Kriegsjahren unter ungarischer Herrschaft "verloren". Gut sortiert ist der Verkaufstand am Eingang des Museums: man kann hier Ansichtskarten, mehrsprachige Literatur und regionale Souvenirs erwerben.

Vor den Toren der Stadt, an der Hauptstraße nach Baia Mare, findet der interessierte Besucher quasi die Fortsetzung des Volkskundemuseums. Ein gutes Dutzend älterer Maramureşhäuser bilden auf einem Hügel um die ehemalige Kirche von Onceşti (14. Jh.) das Freilichtmuseum von Sighet. Wirkt das unbewohnte "Gespensterdorf" auch etwas künstlich, lassen sich doch auf engem Raum gut die verschiedenen Häusertypen der Maramureş und ihre charakte-

ristische Bauweise studieren. Sie wurden zu einer Zeit ausgewählt, demontiert und im Museum wieder aufgebaut, als die Dörfer in dieser Region an sich lebendige Museen darstellten. Und für uns Westeuropäer sind sie's bis heute.

Folgt man der Straße von Sighet in Richtung Moisei/Borşa, fährt man durch eine unscheinbare Straße mit einstöckigen, einfachen Reihenhäusern aus der Stadt hinaus. Ein Eckhaus auf der linken Seite trägt eine kleine steinerne Inschrift neueren Datums: hier wurde Elie Wiesel geboren, der spätere Friedensnobelpreisträger. Er wird uns im folgenden Abschnitt in das jüdische Sighet "von damals" begleiten, welches ohne sein schriftstellerisches Werk wohl auch in der Erinnerung der Menschen ausgelöscht worden wäre, wie das wirkliche Schtetl mit seinen Bewohnern ausgelöscht worden ist.

Immer noch auf derselben Straße passieren wir die ehemaligen und heutigen Kasernen (schon Erich Kästner hat sich gefragt, warum ausgerechnet Kasernen immer die Kriegszerstörungen unbeschadet überstehen) und die Möbelfabrik. Sighet machte um die Jahrhundertwende mit seiner "Ersten Marmaroscher Fabrik für Kunstmöbel und Holzwaren AG" sogar den Gebrüder Thonet Konkurrenz; Bugholzmöbel aus der Maramureş wurden in die ganze Welt exportiert. Das sozialistische Kombinat an gleicher Stelle versuchte voll guten Willens an diese erfolgreiche Tradition anzuknüpfen. Ein kurzer Blick auf den Industriekomplex von heute genügt allerdings für die Feststellung, daß dieses Planziel wohl gründlich verfehlt worden ist.

...und das Sighet von gestern

Die Einwohner von Sighet setzen sich zusammen aus Rumänen, Magyaren, Ruthenen und Juden. Die letzteren sind weitaus in der Mehrzahl und hängen, sowohl was ihre Lebensweise, als auch was ihre Kleidung betrifft, sehr an den Traditionen, wodurch der Stadt die eigene Note einer jüdischen Provinzstadt aufgedrückt wird. Die jüdische Bevölkerung befaßt sich hier nicht nur mit dem Handel, selbst die Lohnkutscher, Gepäckträger, Bergarbeiter und Handwerker rekrutieren sich zum großen Teil aus den Reihen der Juden. Diese betreiben in den umliegenden Dörfern auch Ackerbau... (Aus einem rumänischen Reiseführer des Jahres 1932)

Der Hauptplatz um 1880

Ich sehe meinen Vater oder träume, ihn zu sehen. Er wirkt sorgenvoll, bedrückt. Was sucht er? Einen kleinen jüdischen Jungen, wie es so viele gibt in einer kleinen jüdischen Stadt unter so vielen andern; einen kleinen jüdischen Jungen auf der Suche nach Erlösung? Das bin ich, Elieser, Sohn des Schlomo. Unser Laden liegt an der Schlangengasse, Ecke Dragos Voda. Rabbi Pinchas Hager, der Rabbi von Borsa, wohnt gegenüber. Nebenan empfängt der Slotfener Rabbi seine begeisterten Anhänger. Links steht das Haus von Reb Schloimele Heller, dem rabbinischen Richter, der für sein ausgewogenes Urteil bekannt ist.

Ich weiß, Sie lächeln darüber: In meiner Kleinstadt gibt es viele Rabbis, und jeder schart eine noch größere Zahl von Anhängern um sich. Man könnte meinen, Sighet sei eine einzige riesige Synagoge, der Gottesdienst unsere einzige Beschäftigung. Täuschen Sie sich nicht: Wir haben auch unsere Diebe, unsere Spitzel, unsere Übergeschnappten. Wir sind keine Gemeinde von religiösen Spinnern oder Fanatikern. Zankende Nachbarn, eifersüchtige Frauen, Haß zwischen Rivalen findet man überall, auch bei uns.

All diese Juden gehen einer Beschäftigung nach, haben Verpflichtungen und Steckenpferde. Wir müssen es richtig leben, das Leben, das der Herr uns schenkt, wir müssen es gestalten und unser Bestes geben. Jeder strengt sich an. Die einen lie-gen ständig ihrem Rabbi in den Ohren, andere versuchen es mit Schleichhandel, Meditation oder Psalmen. Wieder andere arbeiten als Schuster, Schneider, Schlachter oder Gepäckträger, helfen den Armen, trösten traurige Witwen, singen, fordern mit aberwitzigem Gebrüll das Recht auf Freiheit und das Recht auf ekstatischen Rausch, das Recht auf ihren Traum und das Erwachen daraus: Und am Ende wird alles gut. Nur noch ein wenig Geduld, der Messias kommt bald.

Ob die Bewohner meiner Stadt Optimisten sind? Sie haben gar keine andere Wahl. Was würde aus den Juden werden, wenn sie in Pessimismus verfielen? (Aus der Autobiographie von Elie Wiesel)

In Sighet gab es nicht ein Schtetl, Sighet **war** ein Schtetl. Der in jüngster Zeit wieder häufiger gebrauchte Begriff der osteuropäischen Juden verdient an dieser Stelle ein paar klärende Worte. Denn mit "Anatevka"-Romantik und heiler Welt hat er nichts zu tun. Über Jahrhunderte geächtet und mißhandelt, gerade in Rußland und Polen regelmäßig Opfer von mörderischen Pogromen, sehnten sich die Juden in ganz Europa nach einem einigermaßen sicheren Ort, wo man sie in Ruhe ließ. Ihre Straße, ihr Viertel oder Städtchen, wo sie unter sich waren – das Schtetl als Traum. Paradoxerweise entstand das reale Schtetl strenggenommen aus den mittelalterlichen Gettos, wo diese

3

Glaubensgemeinschaft per Gesetz wohnen mußte; in gewissen Ländern bis in unser Jahrhundert. Zusammen mit den regelmäßig erlassenen "Judengesetzen", welche die berufliche Tätigkeit dieses Volkes stark einschränkten oder praktisch unmöglich machten, wurden ihre Viertel und Siedlungen zumindest zur Oase, wo sie unbehelligt ihre Religion ausüben konnten, ihren Glauben, welcher ihnen Hoffnung und Trost zugleich war.

Das Schtetl war in erster Linie ein Ort der Armut; heute würden wir solche Wohngebiete zu Recht als Slum bezeichnen. Die Propaganda der Nazis nutzte selbst dieses Elend noch für ihre Zwecke, indem sie das Bild des armen, zerlumpten Juden aufbaute, um ihn als Abschaum und Ungeziefer zu entmenschlichen (zugleich als Gegenstück zum niederträchtigen, reichen und geizigen Juden, welcher dem krisengebeutelten Proletariat als absurd überzeichnetes Feindbild und als Sündenbock präsentiert wurde).

Die Realität in den osteuropäischen jüdischen Gemeinden hat (besser: hatte...) mit diesen sowohl beschämend negativen wie auch nachträglich positiv idealisierten Klischees wenig bis gar nichts gemeinsam. Wenn sich die Geschichte des jüdischen Volkes vom Schicksal anderer Völker unterscheidet, dann – abgesehen vom Holocaust – durch eines: ihre ständige Verfolgung und Unterdrückung durch die "alteingesessenen" Europäer. Alle anderen den Juden nachgesagten "Eigenheiten" entstammen alten Vorurteilen oder gezielter Verleumdung durch ihre fanatischen Feinde. Der unbeschreibliche Genozid, die systematische Ausrottung des jüdischen Volkes war eine sehr konsequente Folge des "nationalen Gedankens": Ein Jude ist eben kein Deutscher; wenn er trotzdem in Deutschland lebt, muß man sich doch fragen, ob dahinter nicht ganz andere, undeutsche Ambitionen stecken. Von diesem nationalistischen Verfolgungswahn bis zur organisatorisch und bürokratisch einwandfrei abgewickelten Massenvernichtung ist der Übergang nicht so "unerklärlich", wie ein beliebtes Bonmot unter Gutmenschen lautet. – Und wenn mancher heute ganz unbefangen "stolz" darauf sein will, deutscher oder sonstwessen Untertan zu sein, dann verheißt das für Leute mit dem falschen Paß wieder einmal nichts Gutes.

Das Schtetl – wie die Juden ihre Viertel auf jiddisch nannten – war weder besonders idyllisch noch unterschied es sich von Siedlungen anderer Volksgruppen. Es war ein Produkt der Unfreiheit, unter der vor allem die Menschen jüdischen Glaubens zu leiden hatten, wie auch unter der Armut.

Aber noch sind wir dabei, Sighet wiederzuentdecken. Die Judenstraße: so viele Fensterläden verschlossen, so viele Türen vernagelt. Und dahinter die leeren Wohnungen mit ihren kleinen, dunklen, muffigen Räumen. Wie konnten meine Freunde und ihre Familien in diesen Gemäuern leben? Plötzlich tritt mir die Wirklichkeit wieder vor Augen: Sie waren arm, die wunderbaren Juden von Sighet! Wir alle waren es, aber damals habe ich, wie ich nicht oft genug wiederholen kann, das in den jüdischen Vierteln herrschende Elend gar nicht wahrgenommen. (Aus der Autobiographie von Elie Wiesel)

Es muß noch einmal gesagt werden: die große Mehrheit der osteuropäischen Juden lebte in erdrückender Armut. Dieser Umstand verstärkte ihren Zusammenhalt; Gemeinde, das nachbarliche Viertel, die Familie waren ihnen heilig wie ihr Glaube. Man half sich gegenseitig, so gut es ging. Mit der Unterdrückung wuchs die Solidarität der Unterdrückten, aber verständlicherweise auch die Abschottung gegenüber den "Gojim", den Ungläubigen. Denn latenten Antisemitismus gab es auch in Rumänien, auch in Sighet.

„In einer Synagoge stoße ich auf Hunderte von heiligen Werken..." (Elie Wiesel) ▶

40

Gewöhnlich nahm ich das Aufflammen des Judenhasses als selbstverständlich hin, er gehörte zum Leben in der Diaspora. Schläge am Weihnachtsabend, Drohungen zu Ostern, das ging vorüber. Jedesmal, wenn die antisemitische "Eiserne Garde" den Kopf erhob, zogen wir die Köpfe ein. Ich erinnere mich, wie mein Vater mit sorgenvoller Miene zu mir sagte: "Heute gehst du besser nicht in den Cheder (Schule), es ist zu gefährlich." Der Laden blieb geschlossen, Fenster und Türen wurden verriegelt. Warum haßt man uns? Warum werden wir so sehr verfolgt und unterdrückt? Als Antwort auf solche Fragen ließen unsere Lehrer uns immer wieder die Bibel, die Propheten und die Schriften über die Märtyrer lesen. Mein Kabbalalehrer Kalman mit dem gelblichen Bart schloß meist mit einem Satz aus dem Talmud: "Es ist besser zu den Opfern zu gehören als zu den Schlächtern."
(Aus der Autobiographie von Elie Wiesel)

1891 zählte die Stadt Sighet 4960 Juden, 1930 bereits mehr als Zehntausend und 1938 lag der jüdische Bevölkerungsanteil bei über 40 Prozent. Damit war Sighet die ungarische Stadt mit dem höchsten Anteil von Bewohnern mosaischen Glaubens. Im weiteren Umfeld der Stadt sah es ähnlich aus; Juden gehörten zu jeder Siedlung. Es gab Bauerndörfer, die praktisch nur von Juden bewohnt waren. Genau wie ihre rumänischen und ruthenischen Nachbarn betrieben sie auf eigenem Boden Ackerbau und Viehzucht, eine in Europa einzigartige Situation. Warum lebten aber ausgerechnet hier, in Sighet, der Maramureş und der Theiß-Region, so viele Juden ? Um eine Antwort auf diese Frage zu finden, müssen wir etwas in der Geschichte zurückblättern.

Die Maramureş wie auch die Bukowina waren schon seit Urzeiten Landstriche mit einer ethnisch sehr gemischten Bevölkerung. In diesen Gebieten wohnten Rumänen, Ruthenen, Huzulen, Polen, Ungarn, Armenier, Deutsche, Zigeuner, Slowaken und

Juden in unterschiedlichsten Proportionen zusammen. Dies erklärt sich schon aus der geographischen und politischen Lage: Die Grenzen und Machtverhältnisse in diesem Gebiet änderten sich im Lauf der Jahrhunderte derart häufig, daß die Charakterisierung Sighets durch Elie Wiesel durchaus auf die ganze Region zutrifft: *Meine Stadt ist eher launisch. Man schneuzt sich kurz, und schon erkennt man sie nicht wieder. Sie hat die seltsame Angewohnheit, ständig ihren Namen, ihre Staatsangehörigkeit und damit ihre Treuepflicht zu wechseln. Ob verwaltet von Polen, Rußland, der Karpatenukraine oder dem osmanischen Reich, ob rumänisch, ungarisch, österreichisch oder beides zusammen – man gewöhnte sich an alles.* Vor allem die Juden, die bis zum Aufkommen des modernen Zionismus nie einen eigenen Staat anstrebten, war einzig entscheidend, ob sie als Glaubensgemeinschaft um ihr Leben fürchten mußten oder in relativer Ruhe gelassen wurden. In dieser Beziehung war das ungarische Komitat Marmarosch keine schlechte Adresse. Das belegt auch die Tatsache, daß es in dieser Region nie zu derart gewalttätigen Pogromen kam wie beispielsweise im zaristischen Rußland oder in Polen. Was auch ein Grund dafür ist, weshalb der großen Auswanderungswelle nach Amerika um die Jahrhundertwende nur verhältnismäßig wenige Juden aus dieser Region folgten. In Weißrußland und Galizien sah dies entschieden anders aus; Zehntausende emigrierten damals aus Angst und wirtschaftlicher Not in die mitteleuropäischen Zentren und weiter nach Amerika, der neuen Welt.

In der Maramureş schuf die "Industrialisierung", vor allem der von Österreich-Ungarn erstmals systematisch betriebene Holzhandel und Bergbau, Existenzmöglichkeiten sowohl für Arbeiter wie auch Handwerker und Kleinhändler. Wirtschaftsförderung ging über alles, und so fielen im letzten Jahrhundert im Habsburgerreich auch

Unter einem Arm die Säge, unterm anderen den Gebetsschal (Roman Vishniac)

die antisemitischen Gesetze, welche den Juden beispielsweise das Schankgewerbe oder eigenen Grundbesitz verboten hatten. Wann die ersten Juden in die Maramureş einwanderten, ist nicht genau belegt. Historiker meinen, daß es bereits im 13. und 14. Jh. Ortschaften mit jüdischen Gemeinden gab. In der Gegend um Sighet siedelten sich im 17. Jh. die ersten Juden an, Glaubensflüchtlinge aus der Ukraine. Sie flohen vor Pogromen und Verfolgungen während der Kosakenherrschaft von Bogdan Chmelnizki. 1746 lebten 10 jüdische Familien (39 Personen) in der Stadt an der Theiß. 1787 umfaßte die jüdische Gemeinde 142 Personen und 1831 lebten 431 Juden in Sighet. In den Jahren nach 1848 wanderten im

Zuge der bürgerlichen Revolution und der damit verbundenen Liberalisierung erneut viele Juden, vor allem aus Galizien, in die Maramureş ein. Die Juden genossen alsbald weitgehend "normale" Bürgerrechte. Vor allem im Handel, in der Holzwirtschaft und im zunehmenden Salzbergbau gab es Arbeitsmöglichkeiten, während anderswo in Europa und Rußland daß besitzlose Proletariat unter den ersten dramatischen Krisen des jungen "Kapitalismus" leiden und hungern mußte. Die Gemeinde von Sighet vergrößerte sich immer mehr.

Vor dem 2. Weltkrieg, der mit dem deutschen Faschismus das jüdische Leben in der Maramureş vernichtete, gab es in Sighet 16 Synagogen und Bethäuser. Auch

3

an jüdischen Schulen und Bibliotheken bestand kein Mangel; neben kleineren Schulen hatte besonders die Jeschiwa, eine religiöse Hochschule, einen guten Ruf. Es erschienen jüdische Zeitungen in ungarisch, hebräisch und jiddisch. (Seit 1959 gibt es übrigens in Israel eine Publikation mit dem Titel *Máramarossziget*, die diese Tradition fortsetzt und geschichtliche Beiträge über Sighet und die Maramureş in jiddisch, hebräisch und ungarisch publiziert.) Auch im künstlerischen Bereich wurde damals einiges geboten. Ein eigene jüdische Theatergruppe begeisterte im Mühlgarten auch das nichtjüdische Publikum. Es verwundert nicht, daß aus diesem Milieu eine ganze Reihe namhafter Persönlichkeiten hervorging. Der jiddische Autor Herzl Apsán (1886–1944), der Humorist und Poet Hirsch Leib Gottlieb, der Rabbi und Historiker Judah Jekutiel Greenwald, der Poet J. Holder (1893–1944), der Autor J. Ring und die Musiker Géza Frid (Pianist) und J. Szigeti (Violinist) – sie alle sind hier geboren. Und natürlich Elie Wiesel.

Das Jahr 1940 sollte das Ende des Schtetls einleiten. Die Maramureş kam zusammen mit Nordsiebenbürgen nach dem Wiener Schiedsspruch erneut zu Ungarn. 1941 wurden erste Beschränkungen für Juden erlassen. Ab 1942 mußten zunächst "nur" einige Tausend in sogenannten Arbeitsbrigaden den ungarischen Truppen Hilfsdienste leisten, etwa beim Straßenbau oder beim Anlegen von Panzergräben. Das öffentliche Leben der jüdischen Mitbürger wurde zunehmend reglementiert, 1944 schließlich ein kleiner Teil von Sighet zum Ghetto erklärt und abgeriegelt. Eichmann, der bis zu diesem Zeitpunkt praktisch ganz Europa "judenfrei" gemacht hatte, plante als Höhepunkt seiner Karriere die Vernichtung des ungarischen Judentums.

Je mehr Abstand ich gewinne, desto klarer erkenne ich, daß ich die Juden und meine Stadt erst im Ghetto wirklich lieben lernte. Leidgeprüft bewahrten sie ihre Würde als Menschen wie als Juden. Eingeschlossen und zu Untermenschen herabgewürdigt, zeigten sie noch Seelengröße. Angesichts des Feindes wuchsen sie gemeinsam über sich hinaus und bekräftigten ihren Glauben durch neuen Glauben. Ich gebe zu, man kann eine Gemeinde nicht an ihrem Verhalten innerhalb weniger Wochen messen (bis zur Deportation dauerte es im Ghetto knapp einen Monat, Anm. d. Vf.). Doch hier geht es nicht darum, ein Urteil zu fällen, sondern darum, zu lieben. Und ich liebe die Juden meiner Stadt, die Juden des Ghettos. (Elie Wiesel)

Augenzeugen berichteten, Eichmann sei persönlich erschienen, um die Deportationen zu organisieren. Im Ghetto wurden über 12000 Juden bis zum Abtransport nach Auschwitz-Birkenau interniert. Für Zehntausende weiterer Juden aus der Umgebung war Sighet Durchgangsstation zu den Todeslagern.

Am Dienstag, den 16. Mai 1944, sind wir an der Reihe. "Juden raus" brüllen die Gendarmen. Ich nehme die Bilder in mich auf: Ich sehe meine kleine Schwester mit dem Rucksack, der so voll und schwer ist. Ich betrachte sie, und eine unermeßliche Zärtlichkeit erfüllt mich. Niemals wird ihr melancholisches und unschuldiges Lächeln in meiner Seele erlöschen. Unsagbare Traurigkeit überkommt mich. Von nun an werden die Stunden sich in meinem Kopf eingraben, nichts wird jemals diese Bilder überdecken.

Wie die andern betrachte ich noch einmal unser Haus. Hier, in unserer Familie, erlebten wir ein jüdisches Zusammenleben, wie es nie wieder entstehen wird. Es gab Höhen und Tiefen. Es gab den Frieden am Sabbat, das Gebet "Gott Abrahams", das meine Mutter und meine Großmutter murmelten, das Laubhüttenfest, die Gesänge zu Rosch ha-Schana, das Pessach-Mahl, die Gemeindeversammlungen, die Besuche meines Großvaters... Ich sehe mich mit einem Buch in den Händen unter einer Akazie sitzen und mit den Wolken sprechen. Zippuka, meine kleine Schwester, spielt mit ihrem Reifen. "Komm, spiel mit mir", bittet sie. Ich habe keine Lust zu spielen. Aber jetzt, wo ich dies niederschreibe, zerreißt es mir das Herz: Ich hätte das Buch schließen und alles liegenlassen sollen, um mit meiner kleinen Schwester zu spielen.... (Elie Wiesel)

Tafel am Geburtshaus von Elie Wiesel

Eingesperrt in Viehwagen begann per Bahn die Reise in den Tod. Die in Auschwitz ankommenden Menschenmassen der ungarischen Juden überstiegen die Kapazität der Krematorien. Die Leichen mußten in offenen Gruben verbrannt werden, Kinder wurden lebendigen Leibes ins Feuer geworfen. Auch Zippuka, die kleine Schwester von Elie Wiesel, stirbt mit ihrer Mutter. Er selbst wurde zusammen mit seinem Vater zum Arbeitseinsatz selektiert, wo er dessen langsamen Tod als sechzehnjähriger Junge miterleben mußte. Nach dem Krieg kehrte ein Teil der wenigen Überlebenden in die Heimat zurück; der Vollwaise Elie Wiesel gehörte nicht zu ihnen. 1947 lebten in Sighet noch 2300 Juden, und 1948 emigrierten die meisten nach Israel. 1970 zählte die jüdische Gemeinde nur noch 250 Mitglieder; gegenwärtig sind es vielleicht noch einige wenige Dutzend. Das jüdische Sighet, das Schtetl, gibt es nicht mehr. Aber sein Geist liegt noch immer über diesem Landstrich, wie wir in einem kleinen Dorf im Iza-Tal erleben konnten.

Durch Zufall lernten wir dort einen "Bruder im Leid" von Elie Wiesel kennen. Der Auschwitzüberlebende Rachmil Drimer lebt bis heute als letzter Jude in seinem Heimatdorf. Die von den Nazis eintätowierte KZ-Nummer auf seinem Unterarm gleicht bis auf die letzte Ziffer derjenigen von Elie Wiesel. Als wir ihm Anfang 1996 ein kleines Geschenk bringen wollten, blieb die Türe trotz unseres Klopfens und Rufens geschlossen. *Domnul Drimer* sei aber zu Hause, versicherten uns die Nachbarn. Wir suchten im Garten, lärmten und spähten schließlich durch die Fenster. Und dann das Bild, welches wir wohl nie vergessen werden: Den Gebetsschal überm Haupt las der letzte Jude des Iza-Tales bei Kerzenlicht aus der Heiligen Schrift und betete. Es war Samstag, der heilige Sabbat.

Wer sich für das Leben in den jüdischen Schtetls Osteuropas interessiert, dem können wir neben der einschlägigen Literatur auch einen sensationellen Bildband empfehlen: "Wo Menschen und Bücher lebten – Bilder aus der ostjüdischen Vergangenheit" von Roman Vishniac (Verlag Zweitausendundeins). Der 1897 in Rußland geborene Fotograf übersiedelte in den zwanziger Jahren mit seinen Eltern nach Berlin, wo er die Anfänge des nazideutschen Antisemitismus hautnah miterlebte. Das Berliner Büro des *Hilfsvereins der deutschen Juden* bat ihn, mit seiner Kamera nach Osteuropa zu fahren, um das Alltagsleben der Schtetl in Bildern festzuhalten. Seine Fotografien sollten dazu dienen, Mittel zur Unterstützung der verarmten Gemeinden aufzutreiben. Von 1935 bis 1939 durchstreifte Vishniac mit seiner Leica auf mehreren Reisen Polen, die Karpato-Ukraine, die Slowakei und Ungarn. Dazwischen kehrte er immer wieder nach Berlin zurück, um in der Dunkelkammer seine Filme zu entwickeln und davon jene

Abzüge herzustellen, die schließlich zum letzten fotografischen Dokument traditionellen jüdischen Lebens vor der grausamen Auslöschung werden sollten. Auf einigen seiner Bilder ist zweifelsfrei die Landschaft der Theiß zu erkennen, gegenüber von Sighet, in der damaligen Karpaten-Ukraine. Er machte sich in diesem Gebiet folgende Notizen:

Was für eine Art von Lasttieren waren diese Juden dort? Von den Hängen der Berge bis zur Theiß arbeiteten Juden in der Holzindustrie als Holzfäller, Transportarbeiter und Flößer. So primitiv ihre Werkzeuge waren, so subtil waren ihre Gespräche. Als ich einmal mit den Arbeitern beim Essen saß, sprach einer über die Merkawa, jene mystische Vorstellung vom Himmelswagen... Ein anderer debattierte über jüdischen Gnostizismus... Später führte ein Bewunderer des Rabbi Mendel von Kotsk uns vor, wie man mit einfachen Holzstangen einen Zentnerschweren Baumstamm zum Sägewerk dirigiert... (Aus dem oben erwähnten Buch)

Roman Vishniac gelang mit seiner Familie im letzten Augenblick die Flucht aus Deutschland; der größte Teil seiner Bilder und Negative gingen verloren. Er fand, wie viele andere Juden nach dem Krieg, in Amerika eine neue Heimat, wo er sich mit im "Life-Magazin" veröffentlichten Portraits und mikrofotografischen Arbeiten bis zu seinem Tod einen Namen machte. Elie Wiesel schrieb für den erst viel später veröffentlichten Bildband über die osteuropäischen Juden das Vorwort, dem wir das folgende Zitat entnommen haben:

Dir, Roman, verdanken wir es, daß der Henker nicht völlig obsiegt hat. Wohl konnte er die Opfer und damit ihre Zukunft tö- ten, doch deine Kunst hat verhindert, daß er auch ihre Vergangenheit tötete.

Die alten Juden auf Deinen Bildern mit ihren traurigen, traumverlorenen Gesichtern: Ich kannte sie gut. Deine jüdischen Kinder, so voller Hoffnung und Unschuld, die Köpfe über das Buch der Bücher gebeugt: Ich saß mit ihnen auf der Schulbank. Als der Tod schon die Hand auf sie legte, hast Du sie vor dem Vergessen bewahrt.

Oft, wenn wir Dir zuhörten, hatten wir das Gefühl, Du seist bei uns und doch auch weit weg, als wandertest Du immer noch durch jene fernen Ortschaften und Siedlungen... Als befändest Du dich bei einem chassidischen Rabbi im Kreis seiner eiferdurchglühten Schüler, oder in einem entlegenen Winkel der Karpaten und beobachtetest die Studenten in der talmudischen Hochschule, wie sie sich vor und zurückwiegen, während sie die tiefere Bedeutung eines uralten Gesetzes erforschen. Oder in den engen, gewundenen Gassen des Schtetl, hinter Dir einen Schwarm von Straßenkindern, die Dir folgten, weil sie auf Dich neugierig waren und auch, weil Du sie zum Lachen brachtest... und zum Träumen. Du liebtest sie, diese Juden, die keiner liebte.

Wußten sie, daß Leiden, Exil und Feuerofen schon über sie verhängt worden waren? Du, Roman, Du wußtest es. Du hast verstanden. Und gerade darum liebtest Du sie noch tausendmal mehr. Der Feind hat ihr Leben vernichtet, Du hast ihr Leben für uns bewahrt...

...es war eine Gegend, in der Menschen und Bücher lebten. Dort, in dieser nun der Geschichtslosigkeit anheimgefallenen Provinz... (Paul Celan über die ostjüdische Landschaft)

4. MARAMUREŞ – LAND DER BAUERN

Die Maramureş (deutsch Marmatien, Marmarosch oder Maramuresch genannt) ist ein geographisches und administratives Gebilde, dessen Grenzen im Lauf der Geschichte sehr unterschiedlich gezogen wurden. Wir beschränken uns in diesem Kapitel auf das Gebiet zwischen dem alten Hauptort Sighet, dem Gutinpass und dem Rodnagebirge. Für uns liegt hier, in den fruchtbaren, nur von Hirten und Bauern bewohnten Tälern der Flüsse *Mara* und *Iza*, die Seele Marmatiens, die eigentliche Maramureş.

Es gibt wohl keine Region in Rumänien, wo sich traditionelle Lebens- und Denkweise der Menschen so ursprünglich erhalten haben und bis auf den heutigen Tag gelebt werden. In der Maramureş, dieser seit Urzeiten besiedelten großen Senke der Ostkarpaten, scheint die Zeit ganz stehengeblieben zu sein. Die stolzen Bewohner dieses "heiligen rumänischen Bodens" haben sich über Jahrhunderte, trotz ständiger Bedrohung durch mächtige Nachbarn, als ethnische Einheit zu behaupten verstanden. Wir sind zuversichtlich, daß die derart verwurzelte, verinnerlichte Tradition auch den vielfältigen Verführungen und scheinbaren Segnungen der nun angebrochenen Neuzeit standhält.

4

In Kürze

Straßen: Die Hauptstraße durchs Iza-Tal, von Sighet bis Săcel (-Borşa und Prislop-Paß) ist asphaltiert; dasselbe gilt für die Straße Richtung Gutinpaß und nach Ocna Şugatag. Alle anderen Verbindungen zu den Dörfern bestehen aus – je nach Wetter – leidlich bis gut befahrbaren Naturstraßen.

Verkehr: Keine Eisenbahnlinien. Mit Bus sind alle größeren Orte erreichbar, wenn auch nicht unbedingt mehrmals täglich. Fahrzeiten also rechtzeitig erfragen! Zur Not kann man auch trampen, was im ländlichen Rumänien durchaus üblich ist.

Unterkunft: Außer im Badekurort *Ocna Şugatag* gibt es in den Dörfern weder Hotels noch Gasthöfe; es finden sich aber überall Familien, die sehr gerne ein Privatzimmer vermieten. Am besten fragt der Besucher den Pfarrer oder Lehrer, wenn er nicht schon eine Gastfamilie kennengelernt hat. In *Onceşti* (Iza-Tal) empfehlen wir den Dorfschullehrer Bud Vasile, Hausnummer 335; er spricht gut französisch (Telefon 062 331 322). In *Botiza* (Iza-Tal, abseits der Hauptstraße) vermittelt die Lehrerfamilie Ion und Ioana Muche offiziell "Ferien auf dem Bauernhof", was rumänisch mit *Agroturism* bezeichnet wird (Haus Nr. 622 oder über Telefonzentrale 062 33 49 91 lokale Nummer 55 in Botiza verlangen). In *Vadu Izei*, kurz nach Sighet, gibt es eine von Belgiern organisierte Agentur für Privatunterkünfte im Dorf. Einziger Schönheitsfehler: Der an der Hauptstraße gelegene Ort kann beim besten Willen nicht als typisches Maramureş-Dorf bezeichnet werden. In *Bârsana* kann man unbedenklich im Kloster (rum. *Mănăstir*) Übernachtungswünsche äußern. Oder man frage im Dorf nach Vasile Rosca; jeder in Bârsana kennt ihn – unterrichtet er doch die Kinder im traditionellen Volkstanz. Camping ist kein Problem, aber unbedingt vorher die Anwohner fragen.

Essen: Vom Besuch der wenigen Restaurants ist eher abzuraten (Ausnahme Ocna Şugatag). Die Bewohner der Maramureş sind sehr gastfreundlich; wer mit ihnen Bekanntschaft macht, wird früher oder später zum Essen eingeladen, so ist der Brauch. Nicht Ausnutzen, bitte! Wir versuchen uns immer zu revanchieren; mit Geld kann das manchmal schwierig werden, wenn man den Gastgeber nicht beleidigen will. **Geschäfte:** Nur in größeren Ortschaften zu finden; im Notfall helfen die Besitzer der kleinen, privaten "Café-Bars" gerne weiter. In jedem Dorf ist einmal pro Woche Markttag. **Landschaft:** Ein Traum. Man sollte sich unbedingt die Zeit nehmen, das malerische

"Bauernland" abseits der von Autos befahrenen Straßen geruhsam zu Fuß zu entdecken. **Feiertage:** Die Sonntage auf dem Dorf sollte jeder Besucher erlebt haben: nach der Messe ist jung und alt auf der Straße unterwegs, größtenteils in farbenfrohe Trachten gekleidet. Wir haben uns bemüht, die zahlreichen, z.T. lokalen Feiertage der Maramureşbewohner in einer Aufstellung zusammenzustellen; diese Liste findet sich auf Seite 70/71 unseres Buches.

Zur Geschichte

Das "Land der Maramureş", die Auen, Hügel und Täler zwischen den Flüssen Iza, Mara und der Theiß, wird zu Recht als die Wiege des rumänischen Volkes bezeichnet. Ist Rumänien südlich der Karpaten durch die römischen Besatzer entscheidend "kultiviert" und geprägt worden, hielt sich der lateinische Einfluß in den unwegsamen Ostkarpaten in Grenzen. Archäologische Funde belegen, daß die Maramureş bereits in der Jungsteinzeit besiedelt war. Das Volk der Daker, von Ceauşescu pathetisch als ursprünglichste Rumänen hochstilisiert und verklärt, bewohnt bis in unsere Tage diese Region, nachgewiesenermaßen mindestens seit der Bronze- und Eisenzeit, wenn nicht schon früher.

Die Kultur dieser stolzen Bauern und Krieger manifestierte sich – vergleichbar mit indianischen Zivilisationen – im außerordentlich geschickten Umgang mit den Gegebenheiten der Natur und einer hochstehenden Sozialstruktur. Kurz gesagt in einer bis heute spürbaren, perfekten Symbiose zwischen Mensch und Umwelt. Grundlage der Gesellschaft war die Sippe (rumänisch "neamul"): sie bestand aus allen Blutsverwandten gleichen Namens, nochmals aufgeteilt in Familien (rumänisch

"neamul mic", d.h. kleine Sippe). Die großen Sippen der verschiedenen Gebiets- oder Dorfgemeinschaften waren durch Heirat sozial gleichgestellter Partner alle untereinander verschwägert. Fand jemand in seiner Gemeinschaft keine ebenbürtige Lebensgefährtin (oder umgekehrt), wandte er sich einem benachbarten Kollektiv zu. Die rumänisch "obşti" genannten Dorfgemeinschaften organisierten sich im Mittelalter in sogenannten Knesaten und der Wojwodenschaft, um sich als Einheit erfolgreicher dem ständigen Druck von außen widersetzen zu können. Das ungarische Königreich drängte ab dem 14. Jh. immer stärker in Richtung der Karpaten. An der Maramureş bissen sich die ungarischen Invasoren allerdings die Zähne aus. Nicht zuletzt hätte die Zerschlagung der dakischen Wojwodenschaft für Ungarn und Österreich unliebsame Folgen gehabt, denn die politischen und militärischen Organisationsstrukturen der "Rumänen" waren bei der Abwehr türkisch-asiatischer Eindringlinge für die ungarischen Herrscher von großem Nutzen. Die politische Vernunft zwang zu einem Kompromiß: Ungarn erhielt die (theoretische) Rechtsprechung über die Maramureş, erkannte aber im Gegenzug die Besitzungen der rumänischen Urbevölkerung an, welche sich dadurch als ethnische

ImTal der Iza

Einheit behaupten konnte. Der Konflikt zwischen magyarischen Kolonisatoren und dakischen Ureinwohner entlud sich über die Jahrhunderte in zahlreichen Aufständen.

Die tapferen Bewohner der Maramureş waren der ungarischen Macht auf Dauer nicht gewachsen. Daran änderte auch die verzweifelte "Revolution" des Wojwoden Bogdan I. nichts, der 1359 mit einem Großteil seiner rumänischen Streitmacht in die Moldau zog und sich dort als Herrscher ausrufen ließ, was salopp als "erste Gründung des rumänischen Staates" in die Geschichte eingegangen ist. Für die Bewohner der Maramureş war dieser "Staatsstreich" auf der anderen Seite der Berge bestenfalls von ideologischer Bedeutung. Ihre Äcker und Weiden lagen nicht in der Moldau, sondern diesseits der Berge – und damit weiterhin unter ungarischer Herrschaft. Der Widerstand gegen die magyarische Obrigkeit verlegte sich in den folgenden Jahrhunderten immer stärker von der militärischen auf die kulturelle Ebene. Eine wichtige Rolle spielte dabei die oströmische, orthodoxe Kirche. In den zahlreichen Klöstern entstan-

den Handschriften und erste Drucke in rumänischer Sprache, ihre Verbreitung stärkte das kulturelle Selbstbewußtsein und verunmöglichte dadurch die von den Ungarn angestrebte "Magyarisierung" der rumänischen Ländereien. Das erste in rumänischer Sprache erhaltene Schriftstück stammt bezeichnenderweise aus einer Maramureşsiedlung, der berühmte "Kodex von Ieud".

Die Macht des österreichisch-ungarischen Imperiums erstreckte sich in seiner Blütezeit praktisch über die gesamten Karpaten. Die willkürlich gezogenen Grenzen des ungarischen Komitats "Máramaros" umfaßten ein Gebiet bis weit im Norden, in der heutigen Ukraine. Sighet befand sich damals genau in der Mitte dieser ungarischen Provinz. Verkehrsgeografisch günstig am Zusammenfluß von Iza und Theiß gelegen, entwickelte sich der Ort im Laufe der Jahrhunderte zu einer Art "Hauptstadt der Maramureş". Der Name "Sighet" (heute korrekt *Sighetu Marmaţiei*) stammt übrigens in seiner Wurzel aus dem Rumänischen: das trakisch-dazische "Zeget" bedeutet "Burg", und die Reste einer uralten

Ein „schweinisch" gefüllter Kofferraum

Burgfestung sind tatsächlich auf einem Hügel oberhalb der Stadt zu besichtigen.

Hartnäckig versuchte das Königreich Ungarn, seine renitenten rumänischen Untertanen zu magyarisieren; unter Kaiserin Maria Theresia griff man im Komitat "Mármaros" besonders radikal durch. Sämtliche orthodoxen Klöster wurden per Gesetz aufgelöst und geschleift, nur dasjenige von Moisei blieb bestehen (und ist wohl deshalb mit Abstand der wichtigste Wallfahrtsort Marmatiens geblieben). Nach dieser kulturreligiösen Offensive versuchte das Habsburgerreich eine rigide Zwangskatholisierung durchzuführen. Aber wenn sich die stolzen Bauern der Maramureş eins nicht nehmen ließen, war es ihre Religion. Sie war und ist ihnen heilig, verkörpert den Inbegriff ihrer kulturellen Identität. Alle ungarischen Bemühungen blieben erfolglos, ja stärkten noch das Selbstbewußtsein der Rumänen. Katholischen Glaubens sind bis heute nur die Deutschen und Ungarn; die rumänische Bevölkerung der Maramureş bekennt sich praktisch ausnahmslos zur ru-

mänisch-orthodoxen Kirche (oder der griechisch-katholischen Variante davon, welche als "orthodoxe" Richtung den Papst in Rom als Oberhaupt anerkennt).

Bei so ausgeprägtem Traditionsbewußtsein verwundert es nicht, daß auch die jüngste kommunistische Vergangenheit in diesem Landstrich keine entscheidenden Spuren hinterlassen hat. Die Bewohner dieser abgelegenen Bergregion lebten auch unter dem zwangsverordneten sozialistischen System im Geiste ihrer Väter; der Lebensform, welche in ihrem Selbstverständnis auch diesen Sturm der Geschichte überdauern würde. Als es Ende 1990 mit dem Sturz von Ceauşescu endlich soweit war und ganz Rumänien die Revolution euphorisch feierte, hatten die Bauern der Maramureş besseres zu tun: sie lösten kurzerhand die verhaßten Kolchosen auf, teilten die zwangskollektivierten Felder nach alten Besitzurkunden unter den Familien jedes Dorfes auf und ließen zu guter Letzt alles fein säuberlich im Grundbuch eintragen. Nicht einmal die Polizei wagte sich in diese archaische Reprivatisierung einzumischen, von anderen staatlichen Beamten ganz zu schweigen.

Die Zukunft kann bringen, was immer das Schicksal will: solange die althergebrachten, bewährten Grundsätze befolgt und der Mensch im Einklang mit der Natur lebt, wird die Maramureş auch künftige Generationen von Bauernfamilien ernähren können. Dessen sind sich die Bewohner der Maramureş instinktiv bewußt und halten deshalb an ihren Traditionen fest. Mag der Rest der Welt sie ruhig als "Hinterwäldler" belächeln; sie haben in ihrer langen Geschichte schon Schlimmeres erlebt als den milden Spott unserer vom Untergang gezeichneten, westlichen Kultur. Auf die momentan in Rumänien herrschende wirtschaftliche Agonie reagieren die Maramureş-Bewohner pragmatisch: zu Hunderten kehren sie in einer regelrechten "Stadtflucht" zurück in ihre Heimatdörfer und nehmen ihr Schicksal selbst in die Hand. Ein kleines Feld, ein paar Tiere und ein Dach überm Kopf genügen, um als Selbstversorger mit seiner Familie existieren zu können. Dies ist alleweil besser, als arbeitslos und hungrig in den zunehmend verslumenden Industriestädten auf bessere Zeiten zu warten. Denn tief in seinem Innersten ist jeder "Maramureşer" immer ein Bauer geblieben, ob er nun fern der Heimat in der Fabrik oder im Bergbau tätig war. Bedeutet das neue Leben für die Rückkehrer in erster Linie auch Entbehrungen und harte Arbeit, so sind sie doch zuhause, aufgenommen und behütet in der intakten Welt ihrer dörflichen Gemeinschaft.

Unterwegs im Bauernland

Das Gebiet zwischen Sighet, Guŧîi- und Rodnagebirge, geprägt von der Iza und Mara mit ihren Zuflüssen, ist eine von der Neuzeit praktisch unberührte Märchenwelt. Der Besucher wähnt sich Jahrhunderte zurückversetzt: sogar entlang der wenigen asphaltierten Hauptstraßen (Sighet–Baia Mare und Sighet–Săcel/Bistriţa) herrschen herrlich ländliche Verhältnisse. Weder Industrie noch die anderswo unvermeidlichen sozialistischen Wohnblöcke stören das Bild. Die Straße gehört den Fußgängern und Fuhrwerken; abseits der Hauptachsen wirken die seltenen Autos so fremdartig wie Ochsengespanne in unseren Breitengraden. Bauernland pur. Allen fortschrittlichen agrarwirtschaftlichen Erkenntnissen zum Trotz präsentiert sich die Landschaft als ein Teppich von kleinen und kleinsten Feldern, pittoresk von Hecken, Obstbäumen und Gehöften durchsetzt. Das Leben pulsiert in einer uns völlig unbekannten, geruhsamen Emsigkeit. Die Maramureşer scheinen einen Rhythmus gefunden zu haben, der ihrem harten Leben eine faszinierende, würdevolle Leichtigkeit verleiht. Wir wüßten keine Gegend in Europa, wo Mensch und Umwelt in jeder Beziehung so perfekt harmonieren wie hier. In diesem "Arkadien des Ostens" muß alles so sein, wie es ist und seit Menschengedenken immer war.

Es fällt uns schwer, dem Reisenden diese traumhafte Gegend in Form von Routen, Tips und ähnlichem wirklich näher zu bringen; in der Maramureş hat das strapazierte Wort vom "anders reisen" zweifellos seine Gültigkeit. Im Bauernland unterwegs zu sein, ist ein Gefühl, das sich nicht in Worten oder touristischen "Highlights" fassen läßt. Auf die Gefahr hin, mißverstanden zu werden, empfehlen wir jedem Besucher etwas ganz simples: man laufe ohne Ziel irgendwo aufs Land, setze sich nach ein oder zwei Stunden an einem schönen Fleckchen nieder, atme tief durch, lausche in die Stille und entspanne sich.... alles andere kommt von alleine. Für den gestreßten Mitteleuropäer ist die Maramureş exakt der Ort, wo er – um es mit Tucholsky zu sagen – seine Seele baumeln lassen kann. Wir hoffen, mit diesem Kapitel dem Leser zu helfen, sein ganz persönliches Marmatien zu entdecken.

4

Hauptstraße durchs Iza-Tal in Onceşti

Ausgehend von Sighet ist sowohl das Iza-wie Maratal in wenigen Stunden per Auto zu durchfahren. Gesehen hat man nach einer solchen Eiltour vielleicht ein paar Holzkirchen, Dorfstraßen und Pferdefuhrwerke, aber nicht die Maramureş. Wer wirklich sehen und erleben will, muß zu Fuß gehen. Nur dem Wanderer erschließt sich dieses Bauernland. Markierte Wege gibt es keine, aber die braucht der Besucher auch nicht: wie ein feingesponnenes Netz durchziehen unzählige Wege und Pfade die zwischen Mittelgebirgszügen eingebettete Landschaft. Abseits der asphaltierten Hauptachsen sind die Dörfer durch holprige Naturstraßen erschlossen, welche aus verständlichen Gründen von (robusten) Motorfahrzeugen nur für dringendste Transporte befahren werden. Die Mehrzahl der Einzelhöfe und einige kleine Weiler sind nur zu Fuß oder mit Ochsen- und Pferdegespannen erreichbar. Für uns wohlstandsgeplagte "Westler" haben diese abgelegenen Landstriche ihren besonderen Reiz (die Einheimischen sehen dies wohl etwas anders!).

Zuweilen traut man seinen Augen nicht, glaubt sich in der perfekten ländlichen Kulisse eines im Mittelalter angesiedelten Films. Spielt noch das Wetter mit, ist eine Wanderung im Hinterland der Maramureş schlicht ein Traum.

Genug der Schwärmerei; das Vergnügen einer Maramureş-Tour zu Fuß verlangt von jedem Besucher ein paar grundsätzliche Überlegungen, die er sich vor seinem Abenteuer machen sollte. Wer mehrere Tage unterwegs sein will, sollte zumindest einen Schlafsack, besser auch ein einfaches Zelt dabei haben. Es wäre anmaßend, sich diesbezüglich auf die Gastfreundschaft der Einheimischen zu verlassen. Abgesehen davon sind die meisten Bauernhäuschen für die Beherbergung unverhoffter Gäste schlicht zu klein. Noch die kleinste Campingausrüstung hat leider ihr Gewicht. Wem diese Art zu wandern zu strapaziös ist, empfehlen wir ein "Hauptquartier" bei einer Familie. Von jedem Dorf ist es möglich, spannende Tagesausflüge ohne Rucksack-Schlepperei zu unternehmen (Proviant mitnehmen!). Sich gegen Bezahlung bei einer einheimischen Familie einzulogieren, bringt uns zudem in Kontakt mit den Bewohnern der Maramureş. Wir haben auf diese Weise oftmals viel mehr gesehen und erlebt, als wenn wir anonym durch mehrere Dörfer getreckt sind. Mehrtägige Touren mit Sack und Pack oder der Aufenthalt bei einer Gastfamilie – diese zwei Formen des Tourismus scheinen uns sowohl für Besucher wie Bewohner der Maramureş am sinnvollsten.

Einige Vorschläge für Wanderungen mit Zelt:

Von **Rona de Sus** (an der Hauptstraße) nach **Coştiu**, einem einfachen Kurort mit salzhaltigem Freibad und Übernachtungsmöglichkeiten. Vorbei an den ehemaligen Salzförderstätten über den teilweise bewaldeten, südlichen Kamm (ca. 700 Meter hoch) nach Bârsana im Iza-Tal, einem großen Dorf mit einem sehenswerten neuerbauten Kloster (Ortsende Richtung Bogdan Vodă). In Richtung Munţii Lapusului durchs Tal Valea Morii, an dessen Ende wilde Mineralquellen zu finden sind. Durch abwechslungsreiche Hügellandschaft erreicht man westwärts die Cosău, ein Zufluß der Mara. An diesem Bach liegen die Dörfer (von oben nach unten) Budeşti, Sârbi und Călinesti, und links davon der Badekurort Ocna Şugatag mit zahlreichen Restaurants, Cabanăs, Zeltplatz und ein paar Hotels (Busanschluß nach Sighet).

Von **Vadu Izei** immer an den Ufern der Iza entlang ca. 40 Kilometer bis **Săcel** (oder sogar zum Quellgebiet des Flusses, Izvorul Albastru al Izei). Man passiert dabei die zahlreichen Ortschaften des Iza-Tales mit ihren berühmten Holzkirchen. Die Hauptstraße führt oftmals unmittelbar am Fluß entlang; wen das allzusehr stört, kann über die Felder ausweichen, wo sich immer ein

kleiner Pfad findet. Bei dieser Tour lassen sich kulturgeschichtliche Interessen ideal mit einer wunderschönen Talwanderung (ohne "sportliches" Auf und Ab) verbinden.

Das unberührte **Hinterland des Iza-Tales** kann abenteuerlich erwandert werden, wenn man in Dragomireşti die Hauptstraße auf dem südlichen Fahrweg (Kreuzung!) verläßt und sich etwa nach 4 Kilometern rechts auf kleinen Pfaden quer durch die Landschaft nach Ieud (historische Kirchen) durchfragt. In der gleichen Richtung, ungefähr parallel zur entfernten Hauptstraße, kommt man über die Hügel nach Botiza, einem großen Dorf mit bemerkenswerter Traditionspflege (Trachten und Webtechnik). Wir folgen dem Valea Sasului mit seinen Mineralquellen entweder auf der Naturstraße bis Glod, oder suchen hinten im Tal einen Pfad über den Berg zu den "Borcuts" (Mineralquellen) oberhalb dieses Dorfes. Dem Bach Slătioara folgend erreichen wir auch über diesen lohnenden Umweg die Ortschaft Glod, wo zahlreiche "natürliche Waschmaschinen" zu bewundern sind. Theoretisch kann man auf diese Weise einfach weiterwandern, indem jeweils die Kämme zwischen den Iza-Zuflüssen überwunden werden, bis nach Ocna Şugatag. Oder man folge einfach einem Bach bis zur seiner Einmündung in die Iza, wo man auf die Hauptstraße des Tales stößt (Bushaltestellen).

Noch abenteuerlicher, aber sicher machbar ist eine **Kammwanderung** auf dem Höhenzug, welcher das Wischautal vom Iza-Tal trennt. Als Einstiege bieten sich Coştiu oder die Paßhöhe an der Verbindungsstraße zwischen Bogdan Vodă und Vişeu de Jos an. Wir sind diese Strecke (noch) nicht gelaufen; sie bietet vermutlich trotz bewaldeter Abschnitte phantastische Ausblicke und ein Naturerlebnis abseits von menschlichen Siedlungen.

Es gibt noch unzählige weitere Möglichkeiten für Touren und Wanderungen; unsere kleine Auswahl soll dem Leser Mut machen, auf eigene Faust diese einmalige Landschaft zu entdecken. Aber bitte nicht mit dem Auto, selbst wenn man als stolzer Besitzer eines Allradantriebes keine holprige Piste zu scheuen braucht. Wanderer sollten selbstverständlich auf die landwirtschaftlichen Kulturen Rücksicht nehmen – ein Getreidefeld ist nun wirklich kein geeigneter Zeltplatz! Vielen Dank, auch im Namen der Bewohner der Maramureş. Wer mehrere Tage in einem Dorf bei einer Familie Unterkunft sucht, den verweisen wir auf die Adressen am Anfang dieses Kapitels (Botiza, Vadu Izei, Bârsana und Onceşti). Es sollten auch in anderen Ortschaft einfache Privatzimmer zu finden sein. Man frage aber nicht erst spät abends nach einer Herberge, die Zimmer für die seltenen Gäste müssen meist noch vorbereitet werden. Am besten organisiert der Besucher seine Übernachtungen einen Tag im voraus. Wer keinen Wert auf "Familienanschluß" legt, findet in Ocna Şugatag oder Coştiu sicher eine anonymere Bleibe.

Holz, Ästhetik und Tradition: die Handwerkskunst

Dem über den Huta-Paß kommenden Reisenden gibt schon der "fröhliche Friedhof" von Săpânţa einen Eindruck von der Kunstfertigkeit der Maramureser. Als Bewohner des "Land des Holzes" sind sie Meister im Umgang mit diesem natürlichen Material. Bis zur Jahrhundertwende war die Maramureş zu ca. 90 Prozent von Bäumen bedeckt; noch die heutigen, geschützten Waldflächen haben enorme Ausmaße. Die Menschen wußten diesen nie versiegenden Rohstoff für ihre vielfältigen Bedürfnisse zu nutzen und entwickelten im Lauf ihrer Geschichte eine außergewöhnliche Handwerkskunst. Die Holzarbeiten sind wunderschön, von Kirchen und Häusern über Möbel, Tore, technische Geräte bis zum kleinsten, mit Schnitzereien verzierten Holz-löffel. Weltberühmt sind die alten Holzkirchen mit ihren kühnen steilen Dächern und spitzen Türmen, auf denen zuoberst aufgespießte Halbmonde ungläubige türkische Invasoren abschrecken sollten. In Ieud finden wir gleich zwei dieser architektonischen Meisterwerke: links der Dorfstraße, auf einem verwunschenen, überwachsenen Hügel, steht die "Holzkirche vom Berg"; erbaut im Jahre 1364, ist sie die älteste Maramureş-Kirche. Ihre Malerei stammt aus dem 15.-16. Jh. und hat sich relativ gut erhalten; ein handwerkliches Wunderwerk ist die Turmtreppe, welche aus einem einzigen, wellenförmig eingekerbten Balken besteht. Auf dem Dachboden dieser Kirche entdeckte man den eingangs erwähnten "Kodex von Ieud", das älteste erhaltene Schriftstück in rumänischer Sprache (aufbewahrt in einer Bibliothek in Bukarest). Die "Holzkirche im Tal" aus dem Jahre 1717, direkt an der Hauptstraße im Ort, wird heute von den griechisch-katholischen Gläubigen genutzt.

Praktisch jedes Dorf besitzt ein kulturhistorisch wertvolles Gotteshaus, wenn auch – wie beispielsweise in Bogdan Vodă oder Botiza-Steinkirchen neueren Datums unschön in direkter Nachbarschaft zu ihnen hochgezogen wurden. Diese Entwicklung scheint mit dem Ende des Sozialismus gestoppt worden zu sein: seit der Wende entstanden und entstehen einige neue (!) Holzkirchen im klassischen Maramureş-Stil, von denen diejenige des neu gegründeten Klosters in **Bârsana** besondere Beachtung verdient. Das *"Mănăstir"* (rumänisch für Kloster) liegt am südlichen Ende der langgestreckten Ortschaft malerisch auf einer Erhebung am Berghang. An dieser Stelle stand schon viele Jahrhunderte früher ein orthodoxes Kloster, erstmals schriftlich erwähnt in einem Dokument aus dem Jahre 1390. 1786, in der Periode der massiven

"Katholisierung" durch Österreich-Ungarn, mußte das *Mănăstir Bârsana* – wie die meisten Klöster der Maramureş – geschleift werden.

Die nach der "Wende" nach alten Plänen entstandene Anlage besticht bis ins kleinste Detail durch ihre traditionelle Ästhetik: den Eingang bildet selbstverständlich ein wunderschönes, meisterhaft geschnitztes Maramureş-Tor, das ausgedehnte Gelände ist vollständig von einem kunstvoll ausgeführten Holzzaun umgeben. Selbst die Wirtschaftsgebäude und das mehrstöckige Wohnhaus der Nonnen sind ganz aus Holz und mit Schindeln gedeckt, die Wege liebevoll mit flachen Natursteinen gepflastert.

Auch in den nächsten Jahren wird noch fleißig weitergebaut: ein kleines Sägewerk auf dem Gelände fertigt aus den roh angelieferten Baumstämmen Bretter und Balken; im Moment entsteht ein robuster Glockenturm (der zierliche Kirchturm beherbergt nur die leichteren Exemplare), ein offener Pavillon für die Feiertags-Messen draußen und weitere Gebäude für Wirtschaft und Bewohner oder Gäste. Die wahrlich kühne Konstruktion des Gotteshauses wurde im letzten Jahr beendet; innen wird noch gearbeitet. Man darf gespannt sein, wie sich die Wandmalereien in wenigen Jahren präsentieren. Kaum zu glauben, daß am Ende des 20. Jh. ausgerechnet im "Armenhaus Europas" solche homogene, riesige Gesamtkunstwerke entstehen! Mit über sechzig Metern vom Boden bis zur Spitze überbietet der Holzturm den bisherigen Höhenrekord der Kirche von *Surdeşti* (erbaut 1724) um einige Meter; beide zählen zu den welthöchsten Holzbauten dieser Art.

Das *Mănăstir Bârsana* ist ein Frauenkloster; was nicht heißt, daß Mann den Bewohnerinnen aus dem Weg gehen soll – im Gegenteil. Gäste sind jederzeit willkommen; einige der Schwestern beherrschen etwas Französisch, ein paar Brocken Englisch oder Deutsch. Mit berechtigtem Stolz füh-

Unter Denkmalschutz: Alte Holzkirche

ren sie interessierte Besucher durch ihr "junges" Kloster, wo in wenigen Jahren ein kleines Paradies entstanden ist. Herrliche Kräuter- und Blumengärten und eine selbstversorgende Landwirtschaft dürfen bewundert werden; in kleinen Ateliers entstehen Wandteppiche, Holzschnitzereien und Ikonen. Bei soviel Öffentlichkeit erstaunt es nicht, daß die Bewohnerinnen auch den geschäftlichen Aspekt nicht vernachlässigen: sie vermitteln selbstverständlich auch Übernachtungen, nach Möglichkeit sogar im Kloster selbst.

Im orthodoxen Glauben kommt der Institution des Klosters entscheidende Bedeutung zu. Anders als im Katholizismus und seinen verschiedenen Orden bedeutet das Klosterleben nicht in erster Linie Askese, Vergeistigung und "Flucht" aus dem weltlichen Alltag. Das Kloster ist ein Teil der jeweiligen, meist dörflichen Gemeinschaft; wirtschaftlich funktioniert es wie ein Großbetrieb, nur daß anstelle von schnödem Gewinnstreben der Glaube, die Kultur und geistige Werte im Zentrum stehen. Der freiwillige Eintritt in ein Kloster darf nicht einer Abkehr von der Welt gleichgesetzt werden. Mönche und Nonnen sind angesehene Mitglieder der Gesellschaft, vielfältig die Berührungspunkte zwischen Kloster und Umfeld.

Während die Tradition der orthodoxen Klöster beispielsweise in der Moldau seit Jahrhunderten ungebrochen bis heute fortbesteht, war in der Maramureş durch die erzwungene, allerdings nie geglückte Katholisierung eine ca. 200jährige Zäsur entstanden, gegen den Willen der hier lebenden Bevölkerung. So erstaunt nicht weiter, daß nach dem Zusammenbruch des Staatssozialismus plötzlich wieder Klöster entstehen, die sich über mangelndes Interesse nicht beklagen können. Und ähnlich wie in der Frühzeit der Christianisierung bilden sie im übertragenen Sinn kleine Inseln in diesen wirtschaftlich und ideologisch schwierigen Zeiten, wo Besucher wie Bewohner eine Art friedliche "Gegenkultur" leben oder erleben dürfen. Das Bedürfnis danach ist außerordentlich groß, und neben den Klöstern von *Moisei*, *Bârsana* und *Dragomireşti* bilden sich in dieser Region Rumäniens sicher noch weitere "Oasen des Glaubens". Und während der Leser diese Zeilen liest, werden irgendwo im Bauernland wieder Stämme behauen, wird gezimmert und gebaut: ein weiteres Kloster entsteht...

Die alten Holzkirchen der Maramureş sind weltberühmt; aber bis heute ist kaum bekannt, daß neue Gotteshäuser in dieser faszinierenden, traditionellen Bauweise entstehen. Wir haben uns bemüht, in der folgenden rudimentären Tabelle sowohl alte wie neue sehenswerte Holzkirchen aufzulisten, erheben aber keinen Anspruch auf Vollständigkeit (Ergänzungen und Neuentdeckungen dürfen uns gemeldet werden!) Einzelne Bauten wurden zum Teil mehrmals demontiert und an neuem Stand-

ort wiederaufgebaut wie diejenige von Onceşti, welche heute im Freilichtmuseum bei Sighet steht.

Orte mit alten Holzkirchen
Bârsana, Bogdan Vodă, Borşa, Botiza, Breb, Budeşti *(zwei)*, Călineşti, Comeşti, Deseşti, Fereşti, Glod, Hărniceşti, Ieud *(zwei)*, Lăpuş, Moisei *(Kloster)*, Poienile de sub Munte, Poienile Izei, Remetea Chioarului, Rogoz, Rozavlea, Săliştea de Sus *(zwei)*, Sârbi *(zwei)*, Sat Şugatag, Şieu, Sighet *(Freilichtmuseum)*, Strâmtura, Şurdeşti
Kirchenneubauten im traditionellen Stil
Bârsana *(Kloster)*, Borşa Complex *(gegenüber den Hotels)*, Ocna Şugatag *(im Zentrum)*, Valea Scradei *(Seitental des Wassers)*, Vişeu de Sus *(im Zentrum)*, Wassertal bei Km 4 *(noch im Bau)*,Vişeu de Jos, *(außerhalb in Richtung Leordina, vermutlich privat)*

Einmalig in ihrer Architektur, stehen die älteren Kirchen ausnahmslos unter Denkmalschutz und werden auch mit ausländischer Hilfe renoviert und unterhalten; kleine Wegweiser (*"Monument"*) weisen den Ortsfremden auf diese Sehenswürdigkeiten hin. Aus Sicherheitsgründen sind sie meistens zugesperrt; wer die Wandmalereien im Innern bewundern will, kann bei den Nachbarn aber um den Schlüssel bitten. Gottesdienste werden – wenn überhaupt – vor diesen historischen Kirchen im Freien abgehalten; drinnen finden nur noch kleinere Feiern wie Taufen oder Abdankungen statt.

Oft steht die Kirche auch erhöht auf einem Hügel; diese Plätze bildeten vermutlich schon vor der Christianisierung das geistige Zentrum der dörflichen Gemeinschaften. Es war (und ist) der Ort, wo die Menschen zum Gebet zusammenkamen, wo sich in

Die „gute Stube" eines Maramureş-Bauernhauses

Notzeiten der Ältestenrat versammelte und schwierige Entscheidungen traf. Vom Turm aus konnte man die nahenden Feinde erkennen und durch Glockengeläute vor Bränden, Überschwemmungen und anderen Verheerungen warnen. Um die Kirche begruben die Dorfbewohner nach ungeschriebenen Gesetzen und Hierarchien ihre Toten. In der Kirche bewahrte man die heiligen Bücher, künstlerisch wertvolle Handschriften und Heiligenbilder, Fahnen, Brautkränze und Heldenkronen auf. Hier taufte man die Neugeborenen, zelebrierte die Trauungen, Begräbnisgottesdienste und viele andere Rituale.

Die traditionelle Holzarchitektur der Maramureş manifestiert sich aber nicht nur in Sakralbauten. Der aufmerksame Besucher findet in jedem Dorf mächtige Bauernhäuser, welche vor mehr als hundert Jahren erbaut worden sind. Die Baukunst der dakischen Urbevölkerung hielte den Vergleich mit derjenigen unserer römisch- griechischen oder mittelalterlichen Vorfahren locker stand. Nur daß ihre hölzernen Meisterwerke im Unterschied zu unserer in Stein

gehauenen Vergangenheit die Jahrhunderte nicht überdauert haben.

Im Freilichtmuseum bei Sighet sind ein gutes Dutzend der ältesten noch vorgefundenen Häuser der Region zu besichtigen. Die typische Bauweise eines Maramureş-Hauses ist bis heute gleich geblieben: auf ein rechteckiges Steinfundament werden in Blockbauweise mit quadratisch behauenen Stämmen die Wände und der Dachstock errichtet. An der vorderen Längsseite befindet sich der Eingang, meistens auch ein von zierlichen Rundbögen gestützten Laubengang. Das Innere wird in die zentrale Stube (auch Haus genannt) und Flur respektive Kammer(n) unterteilt (die deutsch-zipserischen Einwanderer haben übrigens diese Bezeichnungen übernommen, nennen ein ganzes Haus bis heute "Zimmer"). Die im Volksmund als "Haus" bezeichnete Wohnstube umfaßt den alltäglichen Hausrat und ist im Unterschied zu Flur und Kammer gut geheizt.

Von funktionaler wie auch symbolischer Bedeutung ist der sogenannte Haupt- oder "Meisterbalken", welcher sich längs durchs

57

Eine Trachtenjacke entsteht...

ganze Haus zieht und die kleineren Stirn-
wände zusammenhält. Er teilt die Wohnstube in zwei Hälften: den Raum der "Lebens-
handlungen" einerseits mit Herd und Bett,
wo Kinder gezeugt, wo geboren und gestorben wird; auf der anderen Seite den "Ritu-
alraum", wo die Zeremonien wie Taufe und
Hochzeiten stattfinden, wo der Tote auf
dem Tisch aufgebahrt wird. Dieser Teil der
Stube ist mit Heiligenbildern, bemalten Tel-
lern und bestickten Ziertüchern geschmückt. Hinter den Ikonen oder auf dem
Hauptbalken werden wichtige Dokumente
versteckt, geweihte Kränze, Kreuze und die
getrockneten Nabelschnüre der Kinder aufbewahrt. Auf dem Boden liegen bunte Dek-
ken, die Wände schmücken rote und blaue
Teller und Stickereien; der ganze Raum ist
von einer ungewohnten, aber ausgesprochen geschmackvollen Farbigkeit erfüllt.

Von der Farbenfreude der Maramureser
zeugen auch die traditionellen Trachten,
welche der staunende Besucher jeweils
Sonntags auf jeder Dorfstraße des Iza-Tales

zu sehen bekommt. Bei unserem ersten
Aufenthalt in der Maramureş glaubten wir
mitten in die Dreharbeiten eines Heimat-
films geraten zu sein, so unglaublich erschien uns die Szenerie. Heute wissen wir
es besser; in der Maramureş wird Folklore
bis heute gelebt, wovon man sich nicht zuletzt jeden Sonntag auf einer x-beliebigen
Dorfstraße überzeugen kann.

Obwohl sich die Trachten von Ort zu Ort
unterscheiden, bestehen sie in der ganzen
Region aus den gleichen Grundelementen:
weiße, oft kunstvoll bestickte Hemden und
Blusen aus Hanf oder Leinen, über denen
eine ärmellose offene Weste getragen wird.
Bei den Frauen ist dieses auf rumänisch
"cojoc" genannte Gilet auf schwarzem
Grund mit Stickereien in wenigen dezenten
Farben verziert; dasjenige der Männer überaus reich mit feinen Lederornamenten und
bunten Blumenmustern geschmückt. Der
"cojoc" kann auf beiden Seiten getragen
werden; normalerweise ist das aus einem
Schaffell bestehende Futteral aber innen. Je
nach Jahreszeit gehören dazu kurze, lange
oder gar in Deckenstärke gewebte weiße
Hosen. Bei den Frauen kommt über den
hellen Rock eine quergestreifte, dicke
Schürze in Schwarz und leuchtendem Rot
(bis Orange-Gelb). Zudem gibt es auch für
den Werktag traditionelle Sommer- und
Winterkleider, welche allerdings seltener zu
sehen sind. Das Haupt der Maramureş-Bewohner ist immer bedeckt. Tragen die
Männer kleine Strohhüte oder Fellmützen,
müssen sich die Frauen mit Kopftüchern
begnügen. Ein besonderes Schmuckstück
ist das Halsband "zgardan", das mit vielfar-
bigen Glasperlen bestickt von den Frauen
getragen wird.

Ebenso charakteristisch für die Maramureser sind die "opinci" (oder "botschkorn"),
die von älteren Landbewohnern bis heute
getragene Fußbekleidung: Sie besteht aus
einer am Rand hochgezogenen Ledersohle
und gewebten weißen Fußlappen ("obie-

Sonntag auf dem Dorf: Fein gemacht

le"). Die wollenen Lappen werden bis unters Knie um die Beine gewickelt und mit den an der Sohle befestigten Lederriemchen festgebunden. Böse Zungen behaupten, die schnabelartig nach oben gerichtete Spitze der *"opinci"* diene zum festhalten, wenn einer beim "großen Geschäft" hintenüber zu fallen drohe.

Die Volkstracht der Maramureş weist in jedem Dorf, in jedem Tal besondere Merkmale auf, wie auch jede Frau die Tracht ihrem persönlichen Geschmack und ihrer Phantasie anpassen kann. Das gilt auch für die Kunst des Webens: die aus reiner Schafwolle oder Naturfasern hergestellten Teppiche, Decken und Stoffe unterscheiden sich je nach Dorf oder Weberin. Sie können sowohl bunt wie ein- oder zweifarbig, mit Ornamenten durchsetzt oder ohne Muster sein. In Botiza beispielsweise werden ausschließlich Naturfarben verwendet; die traditionellen Zeichen und Figuren auf den Teppichen sind in der für dieses Dorf charakteristischen Form gehalten.

Den ganzen Reichtum an Ornamenten, Figuren und Symbolen kann der Besucher am wohl typischsten Werk – welches ein Symbol der Maramureş geworden ist – studieren: den großen, überdachten Holztoren. Diese prächtigen, Triumphbögen ähnlichen Kunstwerke bestehen aus einer kleinen Pforte und einem riesigen Haupttor; das schmale Dach ist auf vier Säulen aufgestützt. Torbogen, Säulen und Dachträger sind mit Hunderten von geschnitzten Motiven verziert, deren Bedeutung sich heute nicht mehr schlüssig beantworten läßt (auch von den Maramuresern nicht!).

Vorherrschende Symbole sind Sonne und Sonnenrad; auf den vertikalen Teilen ist meistens eine Art Schlange oder gewundenes Seil zu erkennen, welches den "Lebensfaden" oder den Wechsel der Generationen darstellen könnte. Kreuze und Lebensbaum sowie Jahreszahlen und die Initialen der Familiennamen gehören praktisch zu jedem Tor wie die kleine Sitzbank, worauf die Alten sitzen, um so am Leben auf der Dorfstraße teilhaben zu können. Die Tore bedeuten den Bewohnern der Maramureş die Schwelle zu einer anderen Welt. Durch die Tore treten die frisch vermählten Paare und

59

die neugeborenen Kinder ein; nach seinem Tod wird der Mensch durch das Tor hinausgetragen. Maramureş-Tore finden sich in unterschiedlichster Machart in jedem Dorf; besonders zahlreiche und kunstvolle Exemplare sind entlang der Hauptstraße in Bârsana zu bewundern.

Handwerkliches Geschick und Erfindergeist der Maramureser äußert sich auch in durchaus technischen, profanen Gebrauchsgegenständen. Ob Heurechen oder Joche, Webstühle oder Melkutensilien, alles wird selbst gemacht, selbstverständlich aus Holz. Neuerdings erleben sogar hölzerne Wasserräder eine Renaissance: kleine Sägewerke oder komplette Mühlen und Ölpressen werden damit angetrieben; Motoren und Generatoren sind für die an Geld knappe Landbevölkerung unerschwinglich.

Eine sehr einfallsreiche Nutzung der Wasserkraft sind die "natürlichen Waschmaschinen", in denen ohne menschliches Zutun die schweren gewebten Decken ebenso gut wie normale Kleidungsstücke gereinigt werden. Hierzu wird einfach ein Bachlauf zu einem kleinen Wasserfall gezwungen, welcher in eine Art gefächerten Holztrichter fällt. Der entstehende Wirbel läßt die Wäsche an den Holzwänden entlang kreisen, das überschüssige Wasser fließt durch die genau berechneten Zwischenräume ab und spült den Schmutz aus. Nach ein paar Stunden müssen die derart schonend gesäuberten Kleider nur noch mit einem hölzernen, langen Haken herausgefischt und zum Trocknen aufgehängt werden.

Man findet solche Waschanlagen u. a. in *Vadu Izei, Fereşti* und *Onceşti*; am Dorfbach von *Glod* arbeiten sie gewissermaßen "in Serie geschaltet". Die in der älteren Reiseliteratur häufig erwähnte Töpfertradition in Săcel, bekannt durch "dichtbrennen" ohne Glasur und charakteristische Ornamente, ist tatsächlich noch zu finden: So wurde uns von Bekannten berich-

tet, sie hätten in einem etwas versteckten Häuschen abseits der Hauptstraße einen urigen, holzgefeuerten Keramikofen besichtigen können, wo ein paarmal im Jahr Gebrauchskeramik wie Milchkrüge und Tassen gebrannt werden.

Sinnbildlich zum Ausdruck kommt die maramureştypische Symbiose zwischen archaischem Empfinden und christlichem Glauben in einem weiteren Beispiel handwerklicher Kunst: den alten hölzernen Grabsteinen, die in verblüffend ästhetischer Form Sonne und Kreuz in sich vereinigen. Vereinzelt finden sich die mit Schnitzereien verzierten Kreise mit dem eingemitteten Kreuz auch noch an einsamen Weggabelungen oder in der offenen Landschaft, gleichsam eine späte Reminiszenz an die heidnischen Kultstätten bei heiligen Bäumen.

Ein Bauernjahr

Was wir zivilisationsgeschädigten Westeuropäer kaum noch zur Kenntnis nehmen, bestimmt bis heute das Leben und die Arbeit der Bewohner Marmatiens: die verschiedenen Jahreszeiten, dieses regelmäßige und doch wechselhaft-launische Spiel der Natur. Uralt sind die ritualisierten Regeln, mit denen der Bauer um die Früchte seiner Arbeit ringt. Dabei geht es nicht nur um agrartechnische Erfahrungen und Erkenntnisse, sondern um ein fast religiöses, mystisches Gefühl für Boden, Wetter, Tiere und Pflanzen, für seine unmittelbare natürliche Umwelt, ohne die der Mensch nicht überleben kann. Die meisten Familien in der ländlichen Maramureş sind Selbstversorger; seit dem Zusammenbruch des Sozialismus regiert der freie Markt, und wer zu wenig zahlen kann, bekommt eben keine Waren.

Diese schlichte Weisheit hat dramatische Konsequenzen, wenn es ums nackte Über-

Natürliche Waschmaschine ▶

4

4

Maramureş-Tor

leben geht. Verliert ein Bauer in Rumänien seine Ernte oder werden seine Tiere krank, haben er und seine Familie im schlimmsten Fall buchstäblich nichts auf dem Tisch. Die komplexe Landwirtschaft der Maramureş-bewohner, vor allem aber ihre traditionellen Bräuche und kirchlichen Feiern, sind vor diesem Hintergrund zu sehen. Mit Folklore in unserem kitschig-künstlichen Sinn hat das überhaupt nichts zu tun, im Gegenteil. Jeder Maramureser ist sich bewußt, daß ein erfolgreiches Bauernjahr nicht nur von seiner Hände Arbeit und Geschick abhängt. Demütig respektiert er die Launen der Natur und bittet in zahlreichen Ritualen um reiche Ernte oder Glück im Stall. Das Schicksal wird aber nicht fatalistisch hingenommen; der Mensch bemüht sich "ganzheitlich" nach bestem Willen, was neben Handwerk und Fleiß auch eine geistig-religiöse Anstrengung beinhaltet.

Wer in der Maramureş auf dem Lande lebt, betreibt Landwirtschaft. Egal wie groß oder klein der Bauernhof ist, streben die Besitzer eine möglichst weitgehende Unabhängigkeit von käuflichen Waren an. In erster Linie sind das Lebensmittel; jeder Maramureser bewirtschaftet zumindest einen kleinen Garten, hält sich ein paar Hühner, eine Ziege, wenn möglich ein paar Schweine oder sogar eine Kuh. Je mehr Land und arbeitsfähige Familienmitglieder zur Verfügung stehen, um so ausgefeilter wird die Selbstversorgung betrieben. Theo-

retisch kann ein großer Bauernbetrieb völlig autark funktionieren, vom Hausbau über die Lebensmittel bis zur Bekleidung. Nicht daß man Errungenschaften wie Elektrizität, Maschinen, Fernseher etc. prinzipiell ablehnen würde, aber der Preis muß für den realistisch kalkulierenden Maramureser in einem vernünftigen Verhältnis zum Nutzen stehen. Und wenn ein westlicher Traktor soviel kostet wie fünf große Bauernhöfe zusammen, erübrigt sich die Rechnerei. Das Leben in Rumänien ist auch so schon teuer genug, die Preise steigen inflationär. Es soll immer mehr selbstversorgende Bauern geben, welche kaum noch mit Geld in Berührung kommen. Arm sind sie deshalb nicht, zumindest solange sie weder Fernseher noch westliche Jeans als lebensnotwendig betrachten.

Ein größerer durchschnittlicher Hof besteht aus einem Wohnhaus, Scheune und Stall; meist befindet sich noch ein winziges "Altenhaus" in der Nähe, worin die Großeltern wohnen. Alle Gebäude sind aus Holz; allerdings werden in den letzten Jahren von reicheren Bauern zunehmend auch Steinhäuser gebaut. Gegen die Straße schließt ein mächtiges, oftmals mit kunstvollen Schnitzereien verziertes Holztor das Anwesen ab. Diese prächtigen, für die Maramureş typischen Tore sind eine Art "Visitenkarte" der Bauernfamilien; wir haben uns schon im vorangegangenen Kapitel mit ihnen beschäftigt. Äußerst vielfältig präsentiert sich die Tierwelt auf einem richtigen Bauernhof. Gehören Schweine, Hühner, Ziegen oder Schafe gewissermaßen zur Grundausstattung, werden nach Möglichkeiten noch andere Nutztiere gehalten. Für die Feldarbeit und als Zugtiere dienen Pferde, Ochsen (darunter eine "Buffla" genannte Wasserbüffelrasse) und Esel.

Die Zahl der Milchkühe (oder der Schafe) ist ein direkter Gradmesser für den bäuerlichen Wohlstand. Wer mehr als eine Kuh besitzt, gilt als reich. Die berühmten "Karpatengänse" fehlen ebensowenig wie Enten, Tauben und liebevoll gezüchtete Kaninchen; nicht zu vergessen die mächtigen Hirtenhunde, Katzen und Hofhunde. Die Bienenzucht ist weit verbreitet; je nach Standort schmeckt der Honig unterschiedlich, ist aber immer von ausgesprochener Reinheit.

In Feld und Garten dominiert der Anbau von Pflanzen, welche die Versorgung mit Grundnahrungsmittel gewährleisten. Allen voran der Mais, gefolgt von Weizen, Hafer und Kartoffeln; Stangenbohnen, Kürbisse, Zwiebeln, Knoblauch und in kleineren Mengen Mohn, Tomaten, Paprika, Karotten, Salat und Kräuter. Hanf, eine bei uns gesetzlich verfolgte Nutzpflanze, sieht man nur noch selten. Offensichtlich sind Kleider so günstig zu bekommen (eine Folge der Hilfslieferungen aus dem Westen?), daß sich die arbeitsintensive Produktion von Hanfleinen nicht mehr lohnt, dem Anbau von eßbaren Nutzpflanzen also der Vorzug gegeben wird.

Von elementarer Bedeutung ist die Erhaltung der Bodenfruchtbarkeit. Mit einem komplexen System von Kulturfolgen, Weidewirtschaft, Grün- und Mistdüngung wendet der Maramureș-Bauer natürliche, rein biologische Praktiken an; Kunstdünger oder gar Spritzmittel kann sich niemand leisten.

Die zahlreichen Obstbäume, hauptsächlich Zwetschgen, Äpfel und Pflaumen, dienen praktisch ausschließlich der Erzeugung von "horinka", wie der hochprozentige Schnaps in der Maramureș genannt wird. Der reine Klare ist – mit Maß getrunken – ein Lebenselixier. Mit ihm werden Gäste begrüßt, Krankheiten geheilt, Feste gefeiert; man trinkt ihn vor, während und nach dem Essen, – eigentlich gibt es keine Situation, worauf der Maramureser nicht mit einem Gläschen "horinka" anstoßen kann. "La mulț an"!

Zu jedem Haus gehören auch ein oder mehrere Nußbäume; für eine rumänische Hausfrau sind die wohlschmeckenden Wal-

Bauernhaus: Illustration aus dem 19. Jh.

nüsse unverzichtbarer Bestandteil feiertäglicher Backereien. Wie die erzeugten Lebensmittel sind die typischen Mahlzeiten einfach, aber nahrhaft und gesund. Im Zentrum steht die "mamaliga", der traditionelle Maisbrei ähnlich der italienischen Polenta. Man begegnet ihm in unzähligen Variationen; beispielsweise als "balmoș", wenn er in Milch gekocht mit saurer Sahne, Butter, weichgekochten Eiern und geräucherten Wurststückchen zubereitet wird. Maisbrei wird als Proviant auch kalt gegessen; man sagt, die "mamaliga" schmecke am besten, wenn sie in ein Hanftuch gewickelt aufs Feld getragen wird.

Eine andere Spezialität sind die "pitas", riesige, im Lehmofen gebackene, runde Brote aus Getreidemehl. Die kuchenförmigen Laibe werden mit Schaf- oder Weißkäse serviert, dazu ißt man frischen Yoghurt. Beliebt ist Yoghurt vor allem im Sommer, wenn er nach schweißtreibender Arbeit angenehme Kühle spendet.

Ganz oben auf der bäuerlichen Speisekarte steht das Fleisch der eigenen Schweine. Besonders zur Zeit der Winterfeste fehlt es in keinem Haushalt an Wurst, Sülze, Schwartenmagen und Schinken; der geräucherte Speck winkt das ganze Jahr hindurch von der Decke herunter.

4

Begleiten wir nun die Maramureş-Bauern durch ein Jahr, diesen natürlichen Zeitabschnitt mit seinen immer wiederkehrenden Arbeiten und Feiern.

Der Jahresbeginn im Januar fällt in eine dunkle, ungemütliche Zeit. Beinhart gefroren liegt draußen der Schnee, die Tage sind kurz, die Nächte scheinen endlos. Das Vieh im Stall muß sparsam mit dem eingebrachten Heu gefüttert werden; wer weiß, wann die Tiere erstmals frisches Gras zu sehen bekommen. Auch die Menschen leben von den Vorräten ihrer Keller und Speisekammern. Übermütige Maskenfeste, Feiern mit Musik, gutem Essen und reichlich "horinka" vertreiben die düsteren Gedanken in dieser lichtarmen Zeit.

Wer im Frühjahr bauen will, arbeitet im Wald, transportiert das Holz mit Pferdeschlitten über die vereisten Wege nach Hause. Die Frauen sitzen an ihren Webstühlen, fertigen kunstvolle Decken und Teppiche; im Sommer bleibt für solches Schaffen keine Zeit. Im Februar und März, wenn die Tage zaghaft länger werden und der Frost mitunter von gemäßigten Temperaturen unterbrochen wird, zieht's den Bauern ins Freie. Jetzt können erste Vorbereitungen für die kommenden Arbeiten getroffen werden: er repariert die Winterschäden an Stall und Haus, flickt Zäune, Feldwerkzeuge, Pflug und Pferdewagen. Mit dem Ende des Faschings beginnt die achtwöchige Fastenzeit vor Ostern. "Paşte", wie das Osterfest auf rumänisch heißt, markiert für die Landbevölkerung den Frühlingsbeginn; es ist wohl die wichtigste Feier des Jahres.

In der Fastenzeit darf weder getanzt noch sich anderweitig vergnügt werden. Streng traditionelle Maramureser leben in dieser Zeit sexuell abstinent, essen vegetarisch und trinken keinen Tropfen Alkohol. Es versteht sich von selbst, daß in diesen Wochen (wie beim vorweihnachtlichen Fasten) keine Hochzeiten stattfinden. Auch bei den sonst feuchtfröhlichen Begräbnisfeiern

kommt ohne üppige Fleischtöpfe und "horinka" keine richtige Stimmung auf. Ein Todesfall in der Fastenzeit bedeutet eine echte Strafe für die betroffene Trauergesellschaft.

Dem Frühlingsanfang wurde vermutlich schon in vorchristlicher Zeit mit Enthaltsamkeit begegnet. Für den Bauern beginnt mit dem Frühlingserwachen die alles entscheidende Zeit des Säens und Erntens. Mit dem Fasten bezeugt der Mensch seine Demut vor der Natur mit körperlicher und geistiger Reinheit; er ist bereit, frisch und unbelastet. Deutlich wird dieses Bewußtsein auch am Tag des heiligen Georg, dem 23. April, in der Maramureş "Sângeorz" genannt. Zu diesem Anlaß werden grüne Zweige an Toren und Stalleingängen aufgehängt, in einer Art "Reinigungsritual" Häuser und Menschen mit Wasser besprizt. Die Messe am Palmsonntag wird mit frischen Weidenruten gefeiert; sie symbolisieren sowohl die Palmzweige bei Christi Einzug in Jerusalem wie auch den Beginn der pflanzlichen Wachstumsperiode.

In der darauffolgenden Karwoche ist jede Familie mit dem großen Saubermachen beschäftigt; es wird gewaschen und geputzt bis in die hinterste Ecke des Bauernhauses. In der Küche laufen die Vorbereitungen für das Osterfest, welches auch das Ende der Fastenzeit bedeutet, mit der Zubereitung von Unmengen traditioneller Speisen und Backwaren. Trockene Tage werden zum Säubern der Äcker und Felder genutzt, Holz- und Pflanzenreste zusammengetragen und verbrannt. Das Schlechte und Alte wird im Feuer vernichtet; in der Hitze der Flammen kommt die Hoffnung zum Ausdruck, daß die Wärme bald auch in der Erde erwacht und eine gute Ernte bringt. Der Auftakt zur Osterfeier bildet eine Messe, die der Erinnerung an die Verstorbenen gewidmet ist: morgens um vier, noch bei völliger Dunkelheit, strömen die Menschen zur Kirche; unzählige brennende Kerzen auf den

Auf dem Lande

Gräbern und in den Händen der Gläubigen erleuchten die mystische Szenerie.

Der noch wichtigere Kirchgang, das heidnisch anmutende Weiheritual, wird in ganz Rumänien (auch im Fernsehen übertragen!) um Mitternacht zwischen Samstag und Ostersonntag zelebriert: jede Familie deponiert vor der Kirche eine mit Brot und anderen Lebensmitteln gefüllte Tasche, entzündet eine darauf gestellte Kerze. Der Pope segnet mit einem nassen Zweiglein sowohl diese mitgebrachten Eßwaren wie auch sämtliche Anwesenden. In den Dörfern der Maramureş wird diese wichtige Feier allerdings meist am Sonntag vormittag begangen, je nach Ort zu unterschiedlichen Zeiten (dorfspezifische Traditionen wie auch weite Wege von außerhalb wohnenden Familien dürften der Grund sein). Nach dem Schlußgebet ist der Platz vor der Kirche blitzschnell leergefegt − alles rennt Hals über Kopf nach Hause, wo die vorbereiteten Köstlichkeiten endlich aufgetischt werden können. Die Fastenzeit ist vorbei!

Der Ostermontag steht dann ganz im Zeichen ausgelassener Fröhlichkeit. Auf dem großen Dorffest wird gesungen, getanzt und geschlemmt, der Alkohol fließt in Strömen, die Jugend balzt und buhlt. Die jüngeren Mädchen werden an diesem Tag zum erstenmal in die "hora", den traditionellen Reigentanz geführt; mit diesem Akt werden sie als heiratsfähige Frauen von der erwachsenen Dorfgemeinschaft geehrt. In der Maramureş erfreuen sich die alten Volkstänze großer Beliebtheit und sind bis heute Ausdruck reiner Lebensfreude.

Die schaukelnden Bewegungen mit kleinen, heftigen Tritten folgen harmonisch der temporeichen Musik, welche von rhythmischem Händeklatschen und witzigen Zwischenrufen begleitet wird. Die typischen Instrumente sind die Fiedel "cetera", eine größere Geige "zongora" und natürlich die Trommel "doba".

Charakteristisch für die Musik in der Maramureş ist der durchdringende Ton der Violinen; er entsteht durch den in der Mitte geschlitzten Steg, über den die Saiten gespannt sind. Sonntägliche Tanzvergnügen auf dem Dorf entstehen spontan, sobald eine Kapelle auftaucht und zu musizieren beginnt.

Wer als Besucher einen traditionellen Bauerntanz erleben möchte, muß daher auch etwas Glück haben (oder die "offiziellen", allerdings etwas touristischen Anlässe besuchen). Eine gute Adresse in **Bârsana** ist in dieser Hinsicht Herr Vasile Roşca. Er unterrichtet im Dorf den Nachwuchs in den traditionellen Volkstänzen und ist ein Spezialist für Maramureş-Folklore. Am besten fragt man in der kleinen Café-Bar im Zentrum, neben dem Kulturhaus, nach ihm. Oder einfach auf der Dorfstraße von Bârsana – eigentlich kennt ihn jedes Kind.

Vasile Roşca bemüht sich übrigens auch um den "agroturism" von Bârsana; wenn sein Projekt auch noch in den Anfängen steckt, eine Übernachtung bei einer Familie organisiert er problemlos. Oder den Besuch bei *Mihai Godja,* einem außergewöhnlichen Künstler dieses Dorfes. Er ist ein Meister der Hinterglasmalerei. Das Besondere sind aber seine Motive: kennt man in Rumänien die Hinterglas-Technik eigentlich nur von Ikonen her, läßt sich Kunstmaler Godja hauptsächlich durch das dörfliche Leben und die bäuerlichen Traditionen inspirieren. Seine außerordentlich gefälligen, in leuchtenden Farben gehaltenen Werke können als Melange zwischen Ikonenmalerei und naiver Bauernkunst bezeichnet werden – direkt hinter Glas gemalt. Sensationell!

Obwohl (oder gerade weil?) die Monate Mai und Juni den Bauernfamilien draußen viel Arbeit bringen, reißen die Feste in dieser Zeit kaum ab. Hochzeiten werden bevorzugt zu dieser Jahreszeit gefeiert; sie dauern in der Regel von Samstag bis zum Montagmorgen. Viele Dörfer begehen Anfang Mai die *"tânjaua"* (die Vorderdeichsel), in deren Mittelpunkt der Bauer steht, der als erster mit dem Ackern begonnen

hat. Bei diesem Anlaß werden Deichsel und Joche mit Birkenzweigen und bunten Bändern geschmückt, der "Held des Ackerns" in einem fröhlichen Triumphzug durchs Dorf geführt.

Was den Bauern recht ist, ist auch den Hirten billig: zumeist am ersten Sonntag des Monats Mai feiern sie die *"sâmbra oilor"* oder *"ruptul sterpelor"* genannten Hirtenfeste, auf denen die Milchschafe von den Unträchtigen getrennt werden und damit ein neuer Zyklus im Hirtenleben beginnt. Die Geistlichkeit ist selbstverständlich auch bei diesem Anlaß dabei, gilt es doch die Hirten samt ihren Herden für den bevorstehenden Alpsommer oben in den Bergen zu weihen (und damit vor Unglück zu bewahren).

Ein rätselhafter Brauch, der trotz seines Namens nicht so recht in einen christlichen Kontext zu bringen ist, hat sich vor allem im oberen Wischautal bis heute erhalten: *"sânzâienele"* (heilige Helena) oder Johannistag. In **Borşa** ist dieses Fest den Blumen, Heilpflanzen und der wiederbelebenden Kraft der Pflanzenwelt gewidmet. Wenn es dunkel ist, werden auf den Hügeln große Feuer angezündet; mit Fackeln und brennenden Holzscheiten gezeichnete Kreise erleuchten die Nacht. Unschwer zu erkennen, daß es sich bei diesem Brauch am längsten Tag des Jahres um eine Abart der Sonnwendfeier handelt; bei uns als "heidnisch" verpönt, zelebrieren in Mitteleuropa nur einige Anthroposophen und Esoteriker diesen uralten Brauch.

Im Juli und August finden nur wenige Feste statt; die Bauern haben alle Hände voll zu tun, man arbeitet von früh bis zum Einbruch der Dunkelheit. Die etwas künstlich wirkende *"hora la prislop"* ist ein Folkloretreffen auf dem **Prislop-Paß** jeweils am ersten Sonntag im August. Ihre Wurzeln liegen in einem traditionellen Hirtentreffen, das heute eine gern besuchte touristische Attraktion ist. Ein ähnliches Fest, aber abso-

Mit dem Segen der Kirche

lut nicht touristisch ist der jährliche Ablaß beim **Kloster von Moisei** am 15. August: Aus der ganzen Maramureş strömen dann die Gläubigen zum *"mănăstir"*. Sie kommen in Gruppen, Familien oder ganzen Prozessionen, die von weißgekleideten Mädchen und kirchlichen Bannerträgern angeführt sind. Unzählige Geistliche notieren sich die Namen und Bitten in ihre Kladden, verkaufen Kerzen und kassieren für ihre Ablaßdienste. Der Weg von der Hauptstraße zum Kloster ist von Bettlern gesäumt; wer ihnen an diesem heiligen Tage Geld gibt, kann sich auch auf diese Weise der Sünden entledigen oder den Herrgott versöhnlich stimmen.

Besonders fromme (oder sündige?) Gläubige legen die letzten Meter des Wegs auf den Knien rutschend zurück, Gebete murmelnd oder theatralisch jammernd und klagend. Das umzäunte Klostergelände platzt aus allen Nähten. Zwischen zwanzig- und fünfzigtausend Menschen wollen zumindest ein Heiligenbild geküßt, Kerzen entzündet und persönlich einen Popen oder Mönch gesprochen haben. Die weltlichen Bedürf-

nisse werden unterhalb des Klosters von fahrenden Händlern und Imbißbuden befriedigt.

Unser Tip: Wer als Besucher mehr am religiösen Teil des Anlasses interessiert ist, sollte bereits am Vorabend nach Moisei kommen; die Feierlichkeiten dauern die ganze Nacht. Am Tag überwiegt für den Außenstehenden der Rummel und das Marktgedränge.

Im Hochsommer wirken die Maramureş-dörfer an Werktagen wie ausgestorben. Groß und Klein sind draußen auf den Feldern mit der Ernte beschäftigt oder beim Heuen. Alles, aber nun wirklich alles wird von Hand gemacht; weder Traktoren noch andere Landmaschinen erleichtern die schwere Arbeit. Das Getreide wird mit Sicheln vor der letzten Reife geschnitten und bündelweise auf kleinen Holzgestellen zum Trocknen aufgeschichtet. Mit Pferde- und Ochsengespannen transportiert jede Familie ihren Weizen an einen Sammelplatz am Dorfrand, wo Fuhre um Fuhre im Schlund einer mobilen Dreschmaschine verschwindet. Penibel werden die gefüllten Säcke gewogen, jede Familie bezahlt ihren Anteil an der Drescharbeit und Korn wie Stroh werden glücklich nach Hause gebracht.

Extrem wetterabhängig ist eine andere wichtige Feldarbeit: Heuen. Wer als Bauer seinen Viehbestand über den Winter durchfüttern muß, braucht riesige Mengen von Heu. Noch die kleinste Wiese wird mit der Sense gemäht, bei feuchter Witterung das geschnittene Gras zum Trocknen mühsam über improvisierte Holzgerüste gelegt. Wenn die Zeit reicht, wird das Heu in die Scheunen beim Bauernhof gebracht. Die andere Möglichkeit ist die Lagerung auf der Wiese, bis im Lauf des Winters auch dieses Futter zum Stall gekarrt werden kann. Damit das trockene Heu in der Zwischenzeit nicht vom Regen verdorben wird, muß es kunstvoll rund um eine aufrecht stehende Holzstange aufgeschichtet werden. Auf diese Weise entstehen bis zu fünf Meter hohe, nach oben spitz zulaufende Heuhaufen, über die das Wasser auf der äußersten Schicht abfließen kann.

Das Ende des Sommers kündet sich zuerst auf den Bergalmen an, wo die Hirten ihre Herden weiden. Die Maramureser haben ein feines Gespür für die Zeichen der Natur; sie wissen auch ohne Wetterprognose genau, wann sie ihre Tiere zu Tal treiben müssen, wann der Herbst kommt. Zwischen Ende August und Mitte September prallen auf den Transitstraßen der Maramureş Welten aufeinander, wenn modernste 40-Tonnen-LKWs mit Exportgütern in den riesigen Schafherden der Almabtriebe steckenbleiben. Die begleitenden Hirten sind oftmals in einem traumatischen Zustand: Gezeichnet vom urtümlichen Leben abseits jeglicher Zivilisation, vom langen Fußmarsch ermüdet bis erschöpft, feiern sie ihre Rückkehr von den Bergen – wie könnte es anders sein – schon auf dem Weg mit hochprozentigem *"horinka"*. Gekleidet in die traditionelle Tracht mit dem breiten Ledergürtel (*"chimir"*), am Hut ein Busch von

herbstlich-silbrigem Laub, blasen die Naturburschen alle nasenlang in ihre Hirtenhörner. Die Dorfbewohner begrüßen sie wie Helden, die eben von einer großen Schlacht siegreich nach Hause zurückkehren.

Nicht von ungefähr kommt der Spruch, daß der Bauer der Maramureş "Ende Juni die langen Unterhosen auszieht, im September aber wieder anzieht": der Winter kommt in den rumänischen Waldkarpaten meist sehr früh und unvermittelt, der Herbst ist für die Menschen viel zu kurz. In einem Wettlauf mit der Zeit gilt es nun, noch vor der großen Kälte die Ernte zu verarbeiten und einzulagern. Die wassergetriebenen Mühlen sind Tag und Nacht in Betrieb; es wird getrocknet und gesäuert, eingelegt und eingekellert, Gläser und Töpfe gefüllt. Das zum Gären in Fässern gestampfte Obst wird regelmäßig kontrolliert, bis der richtige Zeitpunkt zum Brennen des *"horinkas"* gekommen ist.

Von November bis Dezember, in der vorweihnachtlichen Fastenzeit, liegt ein unheiliger Duft über den Dörfern der Maramureş: der hausgemachte Schnaps entsteht. Auf konstantem Feuer verdampft die vergorene Obsternte, wird durch eine kupferne Spirale abgekühlt und fließt als *"horinka"* oder *"ţuica"* tröpfchenweise in die Flaschen. Ein langwieriger Prozeß, der neben viel Geduld und Brennerfahrung vor allem fließendes kaltes Wasser verlangt. Im **Breb** sind mehrere Brennstuben (meist kombiniert mit Mühlen) direkt am kleinen Bach zu finden, der mitten durch das Dorf fließt; anderswo werden Wasserdurchläufe in den Häusern improvisiert. Jede Familie ist stolz auf ihren *"horinka"*; es wäre beleidigend, den hochprozentigen Klaren profanen "Industrieschnaps" aus dem Geschäft gleichzusetzen. Der hausgemachte, "richtige" Schnaps ist ausschließlich privat erhältlich; ihn als Geschenk überreicht zu bekommen, darf als Zeichen von aufrichtiger Freundschaft aufgefaßt werden.

Schlachttag: Es hat sich ausgegrunzt

Ein schwarzer Monat ist der Dezember für das gutgenährte Borstenvieh: Kaum ein Haushalt, der in dieser Zeit nicht mindestens ein Schwein schlachtet und das gewonnene Fleisch aufwendig verarbeitet. Dabei geht man – zumindest nach westeuropäischen Maßstäben – unzimperlich und archaisch ans Werk. Mit einem Messerstich direkt ins Herz wird das ahnungslose Tier sowohl getötet wie auch ausgeblutet. Fehlt ein Gasbrenner, wird der Körper auf am Boden ausgebreitetem, glühendem Stroh gewälzt, bis die Borsten abgesengt sind. Wer Schweinefleisch nur abgepackt vom Supermarkt her kennt, kommt bei einem rumänischen Schlachttag nicht mehr aus dem Staunen heraus; buchstäblich bis auf die Knochen werden alle Teile des Haustieres genutzt und verwertet.

Weihnachten, neben Ostern **das** große Fest des Jahres, wird in der Maramureş trotz kirchlicher Prägung mit viel Musik, Tanz und Gesang begangen. Die Wurzeln der traditionellen Bräuche um den kürzesten Tag liegen weit in vorchristlicher Zeit, wo die europäischen Naturvölker mit Liedern, Tänzen, Geschenken und Glückwünschen den "Geburtstag der unsichtbaren Sonne" (die winterliche Sonnenwende) zelebrierten.

Dem "Königsspiel", einem außerhalb der Kirche aufgeführten Straßentheater, ist seine "heidnische" Herkunft unschwer anzumerken: der biblischen Thematik wird wohl mit den Figuren von Maria und Josef Rechnung getragen, die Szenen aber von Königen, lärmenden Teufeln und Tiergestalten dominiert. Urglaube manifestiert sich vor allem in den Tagen nach der kirchlichen Weihnachtsfeier, wenn die mit furchteinflößenden Masken kostümierte Jugend in den Dörfern unterwegs ist. Auf der Gasse treiben sie übermütige Spiele und Tänze wie "capră" (die Ziege) oder "ursul" (der Bär), begleitet von traditionellen Versen und Scherzen. Ein anderer Brauch sind die "colinda", die uralten Weihnachtslieder mit oft magischen Ursprüngen. Singend ziehen größere Menschengruppen mit Glöckchen, Peitschen und Trommeln durchs Dorf. Die Pferde sind mit bunten Bändern geschmückt, die Ochsen tragen bestickte Handtücher und Brotkringel auf den Hörnern und ziehen Pflüge hinter sich her – Symbole der Fruchtbarkeit und Ausdruck der Hoffnung auf ein gutes Jahr mit einer reichen Ernte.

Am 26. und 27. Dezember findet in Sighet *"la marmaţiie"*, ein großer Folklore-Umzug statt; praktisch jedes Dorf der Maramureş ist mit einer Delegation an diesem Anlaß vertreten. In komprimierter Form sind sämtliche Kostüme und Masken der Winterbräuche zu sehen. Die farbenprächtige Schau leidet allerdings unter der städtischen Kulisse; der Aufzug der Bauern, losgelöst aus ihrem dörflichen Umfeld, wirkt künstlich und ähnelt den bei uns üblichen historischen Festumzügen.

"Bewahrt die Bräuche der Vorfahren, behal-

tet sie ständig in Erinnerung. Ich meine, das solltet Ihr nie vergessen. "
Zitat aus der Rede von Nicolae Ceauşescu, gehalten in Vişeu de Sus, Maramureş, am 18. Oktober 1974.
(Ein Jahrzehnt später begann er mit der sogenannten "Systematisierung der Ortschaften"; ein Plan, der bei seiner Realisierung längerfristig nicht nur die grundlegende Zerstörung der Dörfer, sondern der über Jahrhunderte gewachsenen ländlichen Strukturen bedeutet hätte. In der Maramureş kam es nicht mehr dazu: Ende 1989, in den chaotischen Tagen des Umsturzes in Rumänien, wurde der "größte Führer aller Zeiten" zusammen mit seiner Gattin Elena unter dubiosen Umständen vom Leben zum Tod gebracht.)

Feste und Feiertage

Nicht nur für Film- und Fotofreunde, sondern auch für die Bewohner der Maramureş selbst bedeuten die traditionellen Feste und Feiern wahre Höhepunkte im Lauf eines Jahres. Und damit beginnt auch die Schwierigkeit für uns "fremde" Besucher: praktisch alle im folgenden aufgeführten Feiertage werden – anders als bei uns – in erster Linie für und von der jeweils lokalen Bevölkerung zelebriert. Exakte Daten und Termine sind eher die Ausnahme; und schon zwei, drei Dörfer weiter weiß niemand so genau, wann und wie der Ort XY "seine"

Party feiert. Die folgende, sicher unvollständige Liste soll dem Besucher helfen, während seines Aufenthaltes wenigstens ein paar Anhaltspunkte zu haben – präzisere Informationen müssen vor Ort erfragt werden. Einige Bräuche werden in Wochen vor oder nach den orthodoxen Ostern berechnet, weshalb wir hier die sehr unterschiedlichen Daten dieses Feiertages auflisten:

1998:	19. April	2003:	27. April
1999:	11. April	2004:	11. April
2000:	30. April	2005:	1. Mai
2001:	15. April	2006:	23. April
2002:	5. Mai	2007:	8. April

Behelfsmäßige Chronologie:

Fasching oder Fasnacht überall, aber mehr in Städten. 8 Wochen vor Ostern. *Wird eher im privaten Rahmen begangen.*

Palmsonntag überall; auf dem Lande ausgeprägter. 1 Woche vor Ostern. *Religiöses Fest, spezielle Gottesdienste.*

Ostern überall; auf dem Land **das** Fest s.o. Sehr traditionell; der Ostermontag mit viel Tanz und Musik (Ende der Fastenzeit!)

"Sâmbra Oilor" Huta-Paß (bei Huta Certeze). 1. Sonntag im Mai. *Freiluft-Folkloretreffen mit viel Trachten und Tanz*

"Tânjaua de pe Mara" Hoteni, evtl. auch in anderen Dörfern. 1. Sonntag im Mai (oder 7. Mai ?!) *"Fest des Ackerns"; traditionell und folkloristisch*

Schafweihe (Hirtenfest) praktisch in jedem Dorf. Zwischen Ende April und Mitte Mai, Daten lokal verschieden.*Traditionelles und sehr folkloristisches Fest, das den Auftakt zum Alpsommer der Schafhirten mit ihren Herden bildet.*

"Floare mandra de pe Iza" Şieu. 26. bis 28. Mai. *Sängertreffen mit viel Folklore und Musik.*

"Sânzâienele" (Sonnwende) Moisei, Borşa, z.T. auch anderswo. 24. Juni (oder später). *Fest der heiligen Helena, Überbleibsel der heidnischen Sonnwende. Sehr unterschiedlich begangen; charakteristisch ist die nächtliche Feier mit Feuerkreisen auf den Hügeln...*

"Sf. Rosalie" Valea Vişeului. 5 Wochen nach Ostern. *Musik- und Folkloretreffen der ruthenischen Bevölkerung.*

"Tag der Aposteln" Botiza (auch anderswo). 8 Wochen nach Ostern. *Sowohl religiöser wie auch traditioneller Feiertag.*

"Hora la prislop" Prislop-Paßhöhe. 1. Sonntag im August. *Folkloreanlaß im Freien mit Teilnehmern nicht nur der Maramureş; etwas touristisch.*

Ablaß in Moisei ,Kloster Moisei. 15. August. *Das große religiöse Fest der Maramureş (siehe Text).*

"Zipser-Ablaß" Fäina, Elisabethenkapelle. *unterschiedliche Daten im August–September. Katholischer "Ablaß" der deutschen Minderheit im Wassertal; es fährt ein Sonderzug.*

4

Rückkehr der Schafe von der Alm. In den meisten Dörfern. Ende August – Mitte September. *Wird sehr unterschiedlich bis gar nicht begangen.*

Rückgabe der Schafe. In den meisten Dörfern. 26. Oktober. *"Răscal" genannt; Abschluß des Alpsommers der Hirten*

Maria Geburt Valea Scradei, beim "Mănăstir". 8. September. *Großer kirchlicher Feiertag des Wassertales (und Vişeu de Sus).*

Weihnachten ganze Maramureş je nach Konfession. *Herodes- oder Königsspiel auf der Gasse; in den Dörfern nach Weihnachten auch viel Musik und Masken.*

Festival der Winterbräuche Sighet. 26./27. Dezember. *Großer Umzug mit viel Trachten und Masken (siehe Text).*

Sehenswert sind für Besucher sicherlich auch familiäre Großanlässe wie Hochzeiten, Taufen oder Begräbnisse; wer an solchen eher privaten Anlässen teilnehmen möchte, sollte aber zumindest eine Bezugsperson oder eine persönliche Einladung haben. Wichtig: spontane sonntägliche Tanzvergnügen auf den Dörfern finden nie während der Fastenzeit statt (was aus einleuchtenden Gründen auch für Hochzeitsfeiern gilt)! Nicht zu vergessen sind die unzähligen religiösen Feiertage von lokaler Bedeutung: neben den "großen" Daten wie Ostern oder dem "Ablaß in Moisei" gibt es – wie beispielsweise in Valea Scradei – kleine und kleinste kirchliche Daten, an denen mit Prozessionen und Messen viele Gemeinden den Tag ihres spezifischen Schutzheiligen begehen.

Alle Angaben sind ohne Gewähr; unsere rudimentäre Aufstellung erhebt keinen Anspruch auf Vollständigkeit!

5. VON SIGHET NACH OBERWISCHAU

Dem Reisenden bieten sich von Sighet aus zwei verschiedene Möglichkeiten, die Ortschaft Vişeu de Sus in den Ostkarpaten zu erreichen. Die volkskundlich interessante südliche Route durch das Iza-Tal behandelten wir im Kapitel "Maramureş – Land der Bauern".

In diesem Abschnitt begleiten wir Sie auf der nördlichen Route, durchs Tal der Wischau. Wir verlassen auf diesem Weg die Theißebene und begeben uns in das direkte Karpatenvorland. In Tisa werden Sie das einmalige Privatmuseum eines Kunst- und Folkloresammlers kennenlernen. Dem

Wischau-Fluß folgend unternehmen wir kleinere Abstecher in landschaftlich und kulturhistorisch reizvolle Seitentäler. Sie werden bei diesen Gelegenheiten etwas über den Salzbergbau, die Eisenbahngeschichte und über die benachbarte Karpatenukraine erfahren. Bei einem Besuch in den Grenzdörfern zur Ukraine wollen wir Ihnen die eigene Atmosphäre dieser abseits der größeren Straßen gelegenen Bergregionen vermitteln. Für die überwiegend ukrainischen Bewohner dieser Gegend spielen Religion und Aberglaube immer noch eine große Rolle.

In Kürze...

Straßen: Die Straße DN 18 von Sighet nach Vişeu de Sus ist asphaltiert und gut befahrbar. Einige der beschriebenen Seitenstraßen sind in weniger gutem Zustand. Die Schotterpisten oder Naturstraßen sind aber bei langsamer Fahrt und guten Stoßdämpfern passierbar.

Verkehr: Die Eisenbahnstrecke zwischen Sighet und Săcel ist eine der landschaftlich reizvollsten in Nordrumänien. Die Route führt zunächst immer entlang der ukrainischen Grenze durch das Theißtal und später durch das untere Wischautal. Mit dem Bus kann man mehrmals täglich auf der Landstraße nach Vişeu de Sus fahren.

Unterkunft: Auf der Strecke zwischen Sighet und Vişeu de Sus gab es bis 1997 keine empfehlenswerten Hotels oder Gast-

höfe. Wer mit dem Zelt unterwegs ist, findet vor allem in den beschriebenen Seitentälern schöne Stellen; Camping ist nach Absprache aber auch im Haupttal möglich.

Essen: Für den kleinen Hunger können wir im Sommer zwei Grillstände zwischen Rona de Jos und Petrova empfehlen. Sie befinden sich direkt an der bergigen Landstraße, umgeben von herrlichem Buchenwald.

Landschaft: Die reizvolle Region lebt von Kontrasten. Der klimatisch außerordentlich begünstigten Theißebene folgt ein bergiges, waldreiches Hügelland mit Mittelgebirgscharakter. Wunderschön präsentiert sich vor den im Frühling und Herbst verschneiten Gipfeln des Rodna und Maramureser Gebirges das von malerischen Dörfern flankierte, äußerst fruchtbare Wischautal.

In Sighet fahren Sie die ausgeschilderte Straße Richtung Moisei–Borşa. Am Ortsausgang finden Sie auf der rechten Seite einen Gasthof, direkt neben einer Tankstelle. Im Frühjahr und Sommer spielen hier oftmals regionale Kapellen im Freien zum Tanz auf – ein sonntägliches Vergnügen für die einheimische Bevölkerung, welches Sie sich auch als fremder Besucher gönnen sollten. Vor dem Krieg waren viele Musikanten Zigeuner oder Juden, die man als kleine "Tanzorchester" bei Festlichkeiten engagierte. Die jüdischen *Klezmorim*, fahrende Musiker, fehlten auf keiner Kirmes oder Hochzeit. Osteuropäische *Klezmer-Musik* erlebte in den letzten Jahren – ausgehend von Amerika – eine richtiggehende Renaissance.

Wer sich in dieser Musik etwas auskennt, wird über ihre große Ähnlichkeit mit der Volksmusik der Maramureş verblüfft sein. Die von den verschiedenen ethnischen Einflüssen geprägte Folklore in den Karpaten inspirierte im letzten Jahrhundert viele klassische Komponisten, die aus den übernommenen "exotischen" Harmonien und Rhythmen sinfonische Meisterwerke formten und damit weltberühmt wurden. Für den Ungarn *Belá Bartók* war die unverfälschte osteuropäische Volksmusik der Grund für mehrere ausgedehnte Studienreisen in abgelegene Landstriche.

Auf größeren Märkten wie in Sighet oder auch in Vişeu de Sus finden Sie ein breites Angebot von Musikkassetten mit Folklore, traditioneller wie auch "modernisierter" Musik. Ganz der Klezmermusik aus der Maramureş hat sich die ungarische Gruppe *Muzsikás* verschrieben (Bei "Rycodisc" erschien bereits eine CD dieses Ensembles).

Nach etwa zwei Kilometern erreichen Sie die Ortschaft **Tisa**. Kaum jemand würde in diesem kleinen und unscheinbaren Dorf ein wahrlich sensationelles, privates Museum vermuten.

Nachwuchsmusikant

Das Privatmuseum der Familie Pipaş – Eine Fundgrube für Kunst- und Folklorefreunde

Haus und Garten des Kunstsammlerehepaares Pipaş finden Sie, indem Sie am Friedhof von Tisa (Ortsmitte) links in Richtung Theiß abbiegen. Sie fahren bis zum Ende dieses Sträßchens und biegen dann nach rechts. Auf der nun folgenden Gasse erblicken Sie nach wenigen Metern zu ihrer Rechten ein von einer hohen Mauer umgebenes Grundstück mit Skulpturen im Hof und verwinkelten Gebäuden: das Privatmuseum des Ehepaars Pipaş. Das Tor ist verschlossen, ein Wachhund macht sich bemerkbar. Klingeln Sie am Eingang und seien sie nicht erstaunt, wenn Sie sich vor dem Eintritt mit ihrem Reisepaß ausweisen müssen.

Wenn sie der hier zusammengetragenen

5

Kunstwerke ansichtig werden, verstehen Sie diese Vorsichtsmaßnahme. Drinnen im Hof erwarten Sie ausgefallene Skulpturen zeitgenössischer rumänischer Künstler – Herr Pipaş sammelt schon seit Jahrzehnten die Rumänische Avantgarde. Klassiker wie die „Eminescu" – Büste von O. Han kommen dabei ebenso zu Ehren wie neuere Arbeiten von Prof. Vlad. In einem separaten Gebäudeteil befindet sich im Dachgeschoß ein liebevoll eingerichtetes Grafikkabinett. Damit aber längst nicht genug: wahrlich immens ist die Sammlung kunstvoller Raritäten aus der Maramureş. Ob Holz- oder Hinterglasikonen, bäuerliches Gerät, Keramik, gewebte Textilien, Trachten – alles findet sich in einem weiteren, eigens dafür eingerichteten Trakt des Anwesens.

Frau Pipaş' Sammelleidenschaft gilt vor allem alten Textilien. Traditionelle Klöppelspitzen aus der Zeit der Jahrhundertwende finden sich hier in erstaunlicher Vollständigkeit. Viele Jahre beschäftigte sich die Sammlerin – zugleich Ehrenmitglied der rumänischen Künstlervereinigung und Gastprofessorin der Bukarester Kunstakademie – mit der verloren gegangenen Technik des Textilfärbens auf Basis von natürlichen Rohstoffen.

Selbst das Wohnhaus der Familie Pipaş gleicht einem Kunstmuseum. Wertvolle Ikonen, Gemälde namhafter deutscher und österreichischer Maler aus diesem und dem letzten Jahrhundert, prachtvolle Jugendstillampen, Porzellane aus Meißen und Limoges – das Herz eines jeden Antiquitätensammlers dürfte bei diesem Anblick höher schlagen.

Im Arbeitszimmer stapeln sich die in Leder gebundenen Bücher. Auf Tausenden von alten Originalfotos sind die verschiedenen Bewohner der Maramureş konserviert – ein einzigartiges Fotoarchiv mit Bildern aller Nationalitäten, welche hier heimisch sind oder waren. Von der israelitischen Bevölkerung hat Herr Pipaş nur noch ein einzi-

ges Foto: es zeigt ein kleines Mädchen aus der jüdischen Theatergruppe in Sighet. Ursprünglich besaß der Sammler Hunderte dieser einzigartigen Fotodokumente des untergegangenen jüdischen Lebens. Heute befinden sich die Bilder in einem Museum in Jerusalem. Ein Großteil der Kunstgegenstände im Haus der Pipaş dürfte wohl ebenfalls aus jüdischem Vorkriegsbesitz stammen. Wie der Sammler in den chaotischen Nachkriegsjahren in deren Besitz gelangte, wäre wohl eine Geschichte für sich.

So manches kostbare Stück wird in der jüngeren Vergangenheit auf die verschiedenste Art den Besitzer gewechselt haben. Bis zu seiner Pensionierung war Herr Pipaş als Lehrer tätig, was seiner Sammelleidenschaft sicher entgegenkam: Schüler tun bekanntlich ihrem Lehrer gern einen Gefallen, und wenn der sich derart über alten Plunder freuen kann...

Aufschlußreich ist auch ein Blick ins Gästebuch des Ehepaares Pipaş. Man staunt, welch internationales Publikum den Weg hierher schon gefunden hat. Sogar der im Schweizer Exil lebende König Michael hat sich ins leinene Buch eingetragen – im Sommer 1997! Dieses einzigartige Privatmuseum ist auf jeden Fall einen Besuch wert.

Zwei Kilometer hinter Tisa erreichen wir auf der Hauptstraße die Ortschaft **Crăciuneşti**. Bei der Hausnummer 144 zweigt links die Verbindung nach *Bocicoul Mare* ab, welche dem Theiß-Tal folgt. Bis zu den verheerenden Hochwassern von 1970 existierte in Crăciuneşti unweit der Tisa ein kleines Kurbad, welches bei diesen Jahrhundert-Überschwemmungen leider völlig zerstört wurde. Bei der jod- und bromhaltigen Mineralquelle soll dem Vernehmen nach wieder gebaut werden, denn Badetherapien im hiesigen *Borcut* hätten bei diversen Leiden wahre Wunder bewirkt. Unsere Straße verläßt nun das Tal der

Theiß; wir passieren die Orte *Rona de Jos* und *Rona de Sus*, Dörfer mit großem ruthenischem Bevölkerungsanteil. Dem durchfahrenden Reisenden fallen an dieser Strecke einige altehrwürdige, in dem hier typischen, traditionellen Baustil gehaltenen Holzhäuser auf; viele unbewohnt, als Speicher genutzt oder gänzlich verlassen. Wer es sich irgendwie leisten kann, errichtet für seine Familie ein neues Heim – angesichts der knappen Platzverhältnisse in den verwitterten "Hexenhäuschen" nicht weiter verwunderlich.

Am Ortsausgang von Rona de Sus führt rechts eine Straße nach *Coştiu*. Schon am Straßenabzweig erkennt der aufmerksame Betrachter die Reste eines Schienenstrangs und einen ehemaligen Bahndamm. Hier verkehrte die Schmalspurbahn von Sighet nach Coştiu, Teil eines in seiner Blütezeit ausgedehnten Schienennetzes von etwa 70 Kilometern. Seine Anfänge gehen ins vorige Jahrhundert zurück; ursprünglich als "Marmaroscher Salzbahn" erbaut, diente diese

Eisenbahn nach dem 2. Weltkrieg dem "normalen" Güter- und Personenverkehr. Nach mehreren größeren Überschwemmungsschäden wurde die Bimmelbahn im Jahre 1976 endgültig stillgelegt und durch einen schnöden Busbetrieb ersetzt; auf einem mittlerweile von der Natur zurückeroberten Depotareal bei Sighet rosten aber bis heute einige Dampflokomotiven still vor sich hin...

Die Marmaroscher Salzgruben

In **Coştiu** (ungarisch *Rónaszék*) befanden sich die ältesten Salzgruben der Maramureş. Das genaue Alter der ersten bergbaulichen Erschließung ist nicht eindeutig geklärt. Man fand hier Arbeitswerkzeuge aus Bronze, die darauf hindeuten, daß schon im 2. bis 6. Jh. n. Chr. Salz gefördert wurde. Daß auch die Römer die hiesigen Bodenschätze nutzten, gilt als erwiesen; bei Ausgrabungen wurden Fundamente eines

5

Der Salzsee von Coştiu

sogenannten "Castellums" entdeckt, und dieser lateinische Begriff gab Coştiu wahrscheinlich auch seinen Namen. Im 16. Jh. gehörten die Rónaszéker Gruben noch zum Fürstentum Siebenbürgen, im Jahre 1702 erwarb diese der ungarische Ärar für die damals erstaunlich hohe Summe von einer Million Gulden. Bis zum 18. Jh. residierte in Rónaszék ein Maramaroscher Salinengraf. Dieser war gleichzeitig auch Herr der Gerichtsbarkeit. Um Coştiu gab es bis in unser Jahrhundert hinein 18 Gruben; in einer davon, der "Graf Apassy"-Grube, wurden zu k.u.k. Zeiten auf einem unterirdischen Salzsee bei Fackelschein romantische Kahnpartien durchgeführt. Die Grube "Josef II." war vor allem für ihr klares Kristallsalz berühmt. Früher wurden daraus schöne Figuren geschnitzt und an Touristen verkauft.

Neben den Salzgruben von Rónaszék förderte man noch in Ocna Şugatag und in Akna-Szlatina das begehrte Mineral. Akna-Szlatina, gegenüber von Sighet auf der anderen Theißseite gelegen, war das eigentliche Zentrum des Salzbergbaus in jüngerer Zeit. In dem heute zur Ukraine gehörenden Ort erstreckte sich ein Salzstock auf über vier Quadratkilometern; er war so mächtig, daß um die Jahrhundertwende die Sohle beim Abbau noch nicht erreicht war. In diesem Ort befand sich das Ober-Salinenamt, dem auch die Gruben von Rónaszék und Ocna Şugatag unterstanden. Die bekannteste Grube von Akna-Szlatina war die „Kunigunde", die um die Jahrhundertwende über dampfgetriebene Förderschächte und elektrische Beleuchtung verfügte.

Im Jahre 1852 besuchte der österreichische Kaiser diese Bergbauanlage. Mit großem Stolz erzählten die Bergleute von ihrem Monarchen. Er hatte die über hundert Meter tiefen Schächte persönlich bestiegen! Die Grube Kunigunde hatte als Attraktion in ihrer Tiefe einen riesigen, kunstvoll behauenen Salzobelisken in einer Kuppel-

halle aufzuweisen. Über die bereits erwähnte Salzbahn waren die Förderstellen in Rónaszék, Ocna-Şugatag und Akna-Szlatina mit Sighet verbunden. Während im ukrainischen Solotvino noch bis in unsere Zeit Steinsalz gefördert wurde, gehört dieses Kapitel Bergbau in Coştiu seit dem Jahre 1936 der Vergangenheit an. Ausflüge in die unterirdische Salzwelt sind heute nicht mehr möglich, auch wenn noch verschüttete Stolleneingänge zu finden sind.

Die Zeiten ändern sich. Das Salz, welches früher für kapitalistische Gewinne und knochenharte Minenarbeit sorgte, dient im Coştiu von heute dem Vergnügen. Das mitten im Ort gelegene, hübsche Freibad mit Campingplatz lockt an sonnigen Wochenenden zahlreiche Ausflügler ans salzhaltige Wasser. Zuweilen herrscht ein Ambiente wie in Rimini zu seinen besten Zeiten: mit Unmengen von Fressalien ausgerüstete Großfamilien belegen dichtgedrängt die strapazierte Grünfläche, Heerscharen von übermütigen Kinderchen lärmen und kreischen um die Wette, und an mit *"mitschen"* vollbepackten Grillständen kämpfen gestandene Familienväter mit den Tücken der Glut, Sonnenbrand und Wirkungen des Hochprozentigen. Es lebe der Sonntagsausflug!

Unweit des Strandbades findet der ruhebedürftige Besucher noch eine andere Möglichkeit, seinen Körper mittels mineralhaltigem Wasser Gutes zu tun: ein "wilder" Salzsee, umgeben von dünenartigen, mit seltenen Pflanzen bewachsenen ehemaligen Bergbauhalden. Das Baden in diesem Gewässer ist angesichts von schlammigem Wasser und leider auch wild entsorgtem Kleinmüll allerdings nichts für zimperliche Naturen.

Das in einem Kessel gelegene, von steilen Bergen und Halden des Salzbergbaus flankierte Coştiu ist aber auch ohne Badevergnügen einen Besuch wert. Seiner ungarischen, salzindustriellen Vergangenheit be-

Bis heute unverändert: Das Wischautal bei Petrova (Alter Stich)

5

gegnet man auf Schritt und Tritt. Häuschen von deutschsprachigen Einwanderern aus der Landschaft Zips finden sich ebenso wie typisch ungarische Bauten und eine römisch-katholische Kirche. Am Ortseingang, linkerhand auf einem von Bäumen bewachsenen Hügel, steht ein Kirchlein aus dem Jahre 1842. Aus der Ferne strahlt dieser liebliche Berg eine eigenartige, beinahe verwunschene Atmosphäre aus; in dieser Umgebung fremdartig, aber doch irgendwie anheimelnd und vertraut.

Nach diesem Seitensprung in die Salzgeschichte der Maramureş führen wir Sie weiter auf der DN 18 durch ein wunderschönes, mittelgebirgiges Hügelland. Auf den nächsten 16 km nach dem Ortsausgang Rona de Sus durchfahren wir herrliche Buchenwälder; die Berggipfel liegen hier fast tausend Meter höher als die Theiß. Inmittten dieser Waldlandschaft laden an der Straße zwei Grillstände zum Essen ein. Gebratene frische "mitschen", Koteletts und Würstchen schmecken hier selbst an der Landstraße. Kurz nach dem Scheitel-

punkt der "Hera" kommen wir aus dem schattigen Grün heraus, und vor uns breitet sich das fantastische Panorama hinunter ins Wischautal und auf die Gipfel der umliegenden Berge. Im Norden sieht man die beeindruckenden Höhenzüge Richtung ukrainische Grenze, im Süden das Ţibleş-Gebirge mit seinen über 1800 m hohen Erhebungen. Beide Gebirge gehören zu den Ostkarpaten, obwohl sie keine alpinen Hochgebirge im eigentlichen Sinn darstellen.

Das einzig wirkliche Hochgebirge dieser Region, das Rodna und seine Ausläufer, erkennt man bei guter Sicht im Südosten. Märchenhaft präsentiert sich auch das nähere Hügelland. Die vielen verstreuten Bauernhäuser, die Felder, Obstbäume und Wiesen wirken wohltuend auf die gestreßte Seele. Nach wenigen, aber zum Teil sehr engen Serpentinen erreichen wir die Ortschaft **Petrova** im Wischautal. Beim Überqueren des Bahnüberganges bietet sich entlang des Schienenstranges in nördlicher Richtung eine nostalgische, stimmungsvolle Szenerie: schnurgerade verlieren sich die

Geleise in der Ferne, flankiert von museal anmutenden hölzernen Telegrafenmasten; bedrohlich schieben sich die bewaldeten, steilen Berge an das sich im Hintergrund verengende Tal. Kommt einem auf der parallel zur Bahnstrecke führenden Naturstraße noch ein Pferdefuhrwerk entgegen, scheint dieses irgendwie direkt aus einer poetischen Vergangenheit aufzutauchen... Folgen Sie an dieser Stelle dem Wegweiser Richtung "*Valea Vişeului*", erreichen Sie auf holpriger Straße einen kaum besuchten Abschnitt des Wischautales, wo unmittelbar an der Landesgrenze der Wischaufluß sich mit der aus den ukrainischen Waldkarpaten kommenden Theiß vereinigt.

Valea Vişeului – am Ende der Welt

Etwa vier Kilometer nach Verlassen der Hauptstraße erreichen Sie auf einem leidlichen Schotterweg die kleine Ortschaft **Bistra**. Falls der beschrankte Bahnübergang mit Wärterhäuschen noch nicht den Sparplänen der rumänischen Eisenbahngesellschaft zum Opfer gefallen ist, wird der Schienenwärter Sie bestimmt freundlich grüßen. Bistra ist ein gemütliches Dörfchen, wo sich die Bauern das fruchtbare Schwemmland des sich hier etwas öffnenden Tales zunutze machen.

Nach diesem Ort führt der Fahrweg durch eine richtiggehende Waldschlucht – der knappe Raum reicht gerade für Fluß, Schienenstrang und unsere löcherige Straße, nur selten ist Platz für eine Stück Wiese, wo man rasten kann. Aber auch in diesem wildromantischen Tal findet sich ein ebenes Fleckchen, wo man sein Zelt aufschlagen kann. Allfällige Kontrollen durch Grenzpatrouillen stellen sicher kein ernsthaftes Problem dar, solange man sich nicht ausgerechnet auf ein Schmuggelabenteuer eingelassen hat.

Die ukrainische Grenze erreichen wir bereits in der nächsten Ortschaft, in **Valea Vişeului**. Die augenfälligste Besonderheit in diesem mehrheitlich von "Ruthenen" bewohnten Ort ist der sowohl in russischer Breit- wie europäischer Normalspur angelegte Bahnhof. Trotz seiner ausgedehnten Gleisanlagen ist er abstruserweise für alle hier durchfahrenden rumänischen Züge ein Kopfbahnhof, will heißen: sowohl aus Richtung Sighet wie auch Salva/Bukarest muß die Lok jeweils in Valea Vişeului ans andere Ende des Zuges umsetzen, was die Aufenthaltsdauer in diesem gottverlassenen Bahnhof am Ende der Welt mühelos auf 15 bis 20 Minuten verlängert.

Die Gründe für diese verkehrstechnische Situation liegen weit zurück; veränderte Grenzen und Hoheitsgebiete haben einer Gebirgsstrecke ein unrühmliches Ende bereitet. Wir stehen an der legendären Karpatenbahn von Sighet nach Kolomea (Galizien).

Bevor wir uns aber mit diesem faszinierenden Kapitel Eisenbahngeschichte näher beschäftigen, empfehlen wir jedem Besucher den Spaziergang zur mitten im Dorf auf einem Hügel gelegenen Kirche von Valea Vişeului. Der Bau ist zwar nicht unbedingt sehenswert, denn die Gemeinde hat sich ein neues Gotteshaus geleistet und bei dieser Gelegenheit leider die alte Holzkirche abgerissen. Der phantastische Rundblick entschädigt für den kleinen Aufstieg allemal. An Santa Rosalia, einem lokalen Feiertag fünf Wochen nach dem orthodoxen Ostern, findet hier ein traditionelles Folkloretreffen der "ruthenischen" Bevölkerung statt. Mit viel Musik und Tanz, gekleidet in liebevoll gepflegten, typischen Trachten, feiert die ukrainisch sprechende Minderheit bei diesem Spektakel ihre ureigene Kultur.

Wieder unten am Bahnhof, setzen wir uns nun am besten in die kleine Bar gegenüber dem Stationsgebäude. Eine betagte Ukrainerin führt das ansprechende Lokal; im Sommer hilft der englisch sprechende Enkel mit, der hier seine Ferien verbringt. Bei einem kühlen Bier, im Sommer am gemütlichen Holztisch im Freien sitzend, läßt sich gut über die ruhmreiche Vergangenheit der Bahnverbindung hinüber nach dem längst von jeder Landkarte verschwundenen Galizien berichten und philosophieren.

Die legendäre Karpatenbahn

Im letzten Jahrhundert – die Donaumonarchie hatte ihr territoriales Maximum vom österreichischen Bregenz bis zum galizischen Brody erreicht – galt der Eisenbahnbau für Österreich als wichtige strategische und wirtschaftliche Herausforderung. Bereits im Jahre 1887 gab es zwischen Munkácz in der Karpatenukraine und dem galizischen Lawoczne eine Eisenbahnbergstrecke, welche Ungarn mit dem österreichischen Kronland Galizien per Schiene verband. Pläne, eine Eisenbahnverbindung zwischen dem Komitat Máramaros und dem Kronland Bukowina zu schaffen, existierten seit 1862. Aus finanziellen Gründen scheiterte das Vorhaben; man beschloß als Alternative eine Strecke von Sighet nach Kolomea. Dieser galizische Ort hatte bereits vor 1880 eine Eisenbahnverbindung mit Czernowitz, der Hauptstadt der Bukowina.

Mit Hilfe erfahrener italienischer Fachleute wurde dieses Eisenbahnprojekt, bei dem zahlreiche ingenieurtechnische Meisterleistungen in Form von Brücken und Tunnel nötig waren, im Jahre 1894 in Betrieb genommen. Die Bewohner dieser Gegend sahen sich damals nicht am Rande des österreichisch-ungarischen Imperiums, sondern im Zentrum Europas. Noch heute findet sich im ukrainischen Dilove, dem nördlichen Nachbarort von Valea Vişeului, ein kleiner Obelisk mit einem metallischen Meßpunkt. Auf diesem steht in verstümmelten lateinischen Worten "Hier ist das Zentrum Europas". Bis 1914 rollten die von schweren Gebirgslokomotiven geführten Züge fahrplanmäßig auf der Karpatenstrecke.

Der 1. Weltkrieg brachte das k.u.k. Imperium ins Wanken, die Karpaten wurden Frontgebiet und die Eisenbahn hatte nun vorrangig militärische Aufgaben zu übernehmen. Das Ende des Krieges bedeutete die teilweise Zerstörung der gebirgigen

Dampfsonderzug auf der ukrainischen Karpatenbahn (Foto Christian Ammann)

Strecke und völlig neue Landesgrenzen: Sighet gehörte nun zu Rumänien, die Gegend nördlich von Valea Vișeului wurde der jungen Tschechoslowakei zugeschlagen und das alte österreichische Galizien Polen angegliedert. Die neue politische Ordnung zerstückelte eine Region, die über Jahrhunderte in der Habsburger Monarchie zusammengewachsen war und auf die das Eisenbahnnetz einst projektiert wurde.

Der Bahnverkehr auf der Karpatenstrecke wurde in den zwanziger und dreissiger Jahren nun innerhalb der einzelnen Staaten als "Inselbetrieb" fortgesetzt. Jedes Land hatte eine eigene Eisenbahngesellschaft, welche ihren Abschnitt auf dieser Strecke betrieb. Die Folge waren einige beispiellose verkehrstechnische Kuriositäten, vergleichbar mit der österreischisch-schweizerisch-deutschen Eisenbahnsituation am Bodensee. Das rumänische Eisenbahnnetz wurde durch tschechoslowakisches Territorium unterbrochen und umgekehrt hatte die tschechoslowakische Eisenbahnverwaltung dasselbe Problem. Ein Péage-Abkommen zwischen den Staaten ermöglichte einen komplizierten Transitverkehr.

Im Detail sah das dann beispielsweise so aus: 1930 bestand zwischen den rumänischen Städten Satu Mare und Czernowitz für zwei Jahre eine Direktverbindung. Ein rumänischer Eisenbahnwagen fuhr von Rumänien aus durch tschechoslowakisches, wieder rumänisches, wieder tschechoslowakisches und dann polnisches Territorium, bevor er schließlich wieder rumänischen Boden erreichte. Die Passagiere konnten in den Transitländern weder aus- noch zusteigen. Ende der dreißiger Jahre komplizierte sich die Lage noch mehr, denn Ungarn bekam durch den Ersten Wiener Schiedsspruch 1938 Teile der Karpatenukraine zurück und besetzte 1939 den restlichen Teil dieses Landes. Damit übernahm die ungarische Eisenbahngesellschaft die tschechoslowakische Strecke. Ostgalizien

wurde im gleichen Jahr von der Sowjetunion besetzt. Diese baute sofort die nördliche Karpatenstrecke auf die in Rußland übliche Breitspur um. Im beginnenden 2. Weltkrieg sorgten dann die deutschen Truppen wieder für ein Normalspurnetz. Die rote Armee ihrerseits nagelte nach ihrem Vormarsch in die Karpaten 1944 die Schienen – damit zum drittenmal! – wieder auf Breitspur um, während die sich zurückziehenden ungarischen Truppen alle Brücken sprengten.

Mit dem Ende des 2. Weltkrieges hatte die traditionsreiche Karpatenbahn ihre Bedeutung als Ost-West-Verbindung endgültig eingebüßt. Auf sowjetischer (neuerdings ukrainischer) Seite rollten die Züge wie auf rumänischer Seite nur innerhalb des eigenen Landes, Valea Vișeului hatte als Grenzbahnhof ausgedient. Aber es geschehen noch Zeichen und Wunder, laut aktuellem Kursbuch zumindest jeden Mittwoch: An diesem Werktag rumpelt genau ein ukrainischer Dieseltriebwagen durch die verträumte Station. Er verkehrt von Rahov (Ukraine) nach Sighet und gleichentags zurück, exakt am Tag des großen Marktes in der „Hauptstadt der Maramureș". Wer allerdings weder rumänischer noch ukrainischer Staatsbürger ist, hat in dem wöchentlichen Grenzlandexpress schlechte Karten...

Wir verlassen nun das "Ende der Welt", fahren nach diesem Abstecher zurück auf die Hauptstraße und erreichen als nächste Ortschaft **Petrova**.

Pop Ivan – ein Hochgebirgsgipfel an der ukrainischen Grenze

Von **Petrova** aus möchten wir Sie zu einer lohnenden Bergtour an die ukrainische Grenze einladen. Das Gebirge der Maramureș bildet nördlich von Petrova einen knapp zweitausend Meter hohen Kamm, welcher exakt die Landesgrenze bildet. Dieser Gebirgsabschnitt mit stellenweise alpinem Charakter bietet eine phantastische Fernsicht auf die Gipfel der ukrainischen Waldkarpaten. Die von uns beschriebene Tour läßt sich bequem an einem Tag gehen, was allerdings für die ersten zehn Kilometer bis zum Ende des Tales ein Transportfahrzeug voraussetzt.

Wer zu Fuß mit einem Zelt unterwegs ist, dem können wir eine Übernachtung im schönen Frumoșeana-Tal oder an dessen Ende, am Fuße des Hochgebirges, empfehlen. Von Sighet kommend, führt etwa in der Mitte von Petrova eine ausgeschilderte "Straße" nach **Crasna**. Diese kleine Ortschaft schließt sich direkt an Petrova an. Lediglich die hier in zwei Flußläufe geteilte Wischau trennt beide Ortschaften voneinander. Die ersten drei Kilometer ist das kleine Seitental noch ziemlich besiedelt. Danach werden die Gehöfte spärlicher, mit wilden Blumen bewachsene Wiesen laden zum Verweilen. Nach reichlich fünf Kilometern sieht man auf der rechten Seite ein kleines wassergetriebenes Sägewerk. Wir fahren die kleine Straße immer weiter, passieren ein Waldstück mit einer unbewohnten, langgestreckten Lichtung und erreichen nach ca. 10 Kilometern ein einsames Forsthaus (rum. *Canton silvic*). Dieses liegt malerisch als letztes Gebäude auf der rechten Seite des Fahrweges, inmitten von herrlichen Wiesen, direkt am Waldrand.

Hier kann man gut das Auto abstellen; wenn Forstleute zugegen sind, öffnen sie bereitwillig das Gatter für einen "geschützten" Parkplatz auf ihrem Grundstück. (Stellen Sie sich vor, die selben Waldheger besuchten mit ihrem alten Dacia einen deutschen Alpenort. Ihr schönes Deutschlandbild zerbräche schon bei der Suche nach einem kostenfreien Parkplatz). Vor dem nun folgenden Aufstieg läßt sich an einer natürlichen Jausestation nochmals auftanken: etwa 200 Meter südöstlich des Forsthauses finden wir einen kleinen *Borcut*, dessen Mineralwasser zwar nicht unbedingt wohl-

Alm unterhalb des Pop Ivan

5

schmeckend, dafür aber umso gehaltvoller ist. Direkt am Weg fabriziert ein Hirte in einem robinsonmäßig improvisierten Sommerlager schmackhaften Schafskäse. Wer Interesse zeigt, bekommt bestimmt etwas angeboten.

Gerüstet mit frischem Käse und Mineralwasser sollte der kommende Aufstieg eigentlich kein Problem mehr sein. Wir folgen nun der holprigen Naturstraße zwischen "Käserei" und Forsthaus immer dem Bach entlang (aber nicht mit dem Auto !). Schon nach wenigen Schritten verliert sich der Weg im steinigen Flußbett, erkennbar höchstens noch an weggebrochenen Brücken und unterspülten Stützmauern. Links und rechts säumt steiler, urwüchsiger Bergwald diesen für Wanderer etwas mühseligen Abschnitt, bei dem jeder selbst seinen Pfad finden muß. Am besten folgen Sie wohl den Spuren der Hirten und ihren Herden; aber auch dann bleibt ihnen kaum erspart, mehrmals den Bach überqueren zu müssen. Je nach Kondition und mitgetragenem Gepäck dauert die Kraxelei entlang

„Ukrainischer" Blick auf den Pop Ivan

des ungezähmten Gebirgsbaches zwischen 45 Minuten und anderthalb Stunden.

Irgendwann passieren Sie einen von rechts einmündenden, größeren Wasserlauf, und kurz danach eine auffällige, große Schneise für gefälltes Holz. Wenige hundert Meter nach dieser Stelle finden Sie auf der linken Seite sicherlich den ausgetretenen Hirtenpfad, der das Flußbett verläßt und steil den Wald hinaufführt. Von hier bis zur Baumgrenze auf der Höhe benötigen sie etwa eine Stunde; der Weg führt in Serpentinen einen schroffen, durch die Tannen aber schattigen Hang hinauf. Wenn sich der Wald lichtet, befinden Sie sich knapp unterhalb einer Hirtenbehausung. Von der Alm aus ist der Hochgebirgskamm dann gut zu erkennen; eindrücklich auch der erodierte Quellkessel rechts davon. Laufen Sie nun direkt an der Schafhirtenhütte vorbei bergauf und halten Sie sich rechts des kleinen Bachlaufes. Nördlich ragen einige markante, weiße Felsen aus der Bergwiese; in dieser Richtung erreichen Sie über mehrere Hirtenpfade einen Höhenrücken, von dem es noch eine knappe Stunde bis auf den nun direkt vor Ihnen aufragenden Gebirgskamm ist. Der 1937 m hohe **Pop Ivan** ist der Gipfel mit dem deutlich erkennbaren Steinpfahl. Haben Sie auch diese letzte Hürde geschafft, entschädigt eine einzigartige Fernsicht hinüber in die Ukraine für die Strapazen des Aufstiegs.

Die Waldkarpaten werden bei diesem phantastischen Panorama ihrem Namen

wahrlich gerecht; bis in 2000 Meter Höhe sind die Berge tatsächlich größtenteils bewaldet. In nordöstlicher Richtung erkennt man die höchsten Erhebungen der Karpatenukraine: der 2061 Meter hohe Hoverla und das Massiv der "Schwarzen Berge" sind keine 20 Kilometer entfernt. So lieblich, abgeschieden und doch majestätisch wirken die Gipfel – am liebsten möchte man hinüberlaufen. Doch das ist zur Zeit schwieriger als beispielsweise eine Reise nach Kuba. Nachdem die Ukraine mit Erlangung ihrer Unabhängigkeit die bis dahin bestandenen strengen sowjetischen Einreisebestimmungen lockerte, gelten seit Oktober 1992 wieder die alten Reisebeschränkungen. Das bedeutet für EU-Bürger im Klartext, Visa nur über offizielle Reisebürobuchung inklusive horrenden Übernachtungspreisen oder für Privatpersonen nur mit schriftlicher Einladung des zu besuchenden Bekannten. Individualreisende gelangen zu vernünftigen Konditionen nur über letztere Möglichkeit ins Land, was reichlich Vorbereitungszeit und persönliche Kontakte voraussetzt.

Hier oben einfach über die Berge zu wandern, zöge mit Sicherheit eine Inhaftierung und mühsame Verhandlungen nach sich. Auch wenn man mit Dollar oder Deutschmark vielleicht einige Probleme mit Uniformierten lösen könnte – riskieren Sie es nicht! Wer unbedingt weiter durch diese Gebirgswelt trecken möchte, kann in östlicher Richtung immer der Grenze entlang bis ins zirka 50 Kilometer entfernte Wassertal gelangen. Wir haben diese Route nicht recherchiert; laut neuerer Literatur soll eine tschechische Gruppe sie aber in mehreren Tagen gelaufen sein.

Wenn wir uns aber schon einmal so direkt an der Grenze zur Karpatenukraine befinden, so möchten wir Sie doch über einige geschichtliche Hintergründe dieses bei uns kaum bekannten, geheimnisvoll klingenden Landstriches informieren.

Die Karpatenukraine
– ein ruthenischer Traum

*"Mein Großvater hat viele Länder gesehen. Geboren wurde er in Österreich-Ungarn, verbrachte seine Jugend in der Tschechoslowakei und lebte später in Ungarn. Seine letzten Tage durfte er noch in der Sowjetunion verbringen und sein Grab befindet sich in der Ukraine; genauer: In seiner Heimatstadt Munkacz/Mukacevo/ Muhacevo, **die er Zeit seines Lebens nie verlassen hat.**"* (aus der multikulturellen Biographie eines Osteuropäers)

Die Geschichte der Karpatenukraine hängt eng mit der gemischten Bevölkerung und den häufig wechselnden Machtstrukturen in diesem Gebiet Osteuropas zusammen. Der gebirgige Teil ist hauptsächlich von Ruthenen, im Ethnologen-Englisch exakt als "Carpatho-Rusyns" bezeichnet, besiedelt; einem Volk, das pauschal den Ukrainern zugerechnet wird. Im westlichen, eher flachen Teil gegen die ungarische Tiefebene (mit den größeren Städten Vinogradiv, Muhacevo und Ushgorod) überwiegen die Ungarn und Slowaken, mehr nördlich – trotz großer Umsiedlungen nach dem 2. Weltkrieg – leben viele Polen.

Daneben existieren noch viele kleine Völkerschaften als Minderheiten: Roma - Zigeuner, Armenier, Deutsche, Juden u.a. Die Ruthenen, nochmals unterteilt in die vier Untergruppen der Lemken, Bojken, Transkarpatier und Huzulen, besiedelten seit Menschengedenken den östlichen Karpatenbogen von den Beskiden im Norden (heute Polen) bis hinunter an die Grenze zur Nordmoldau. Ein nicht nur wegen seines gebirgigen Charakters ungemütliches Stammland, als Zankapfel im Laufe der Jahrhunderte ständig neuen Herren unterworfen. Grenzen verschoben in diesem Teil Europas schon gewohnheitsmäßig zwischen Polen, Ungarn, Österreich, Rußland,

Rumänien und der Tschechoslowakei, um nur die wichtigsten Mächte zu nennen. Da die Gebietsansprüche der jeweiligen Kontrahenten meist militärisch entschieden wurden, konnte sich eine vernünftige Ökonomie ob all der Kriegsfolgen beim besten Willen nicht entwickeln. Und schon gar kein ruthenischer Staat, den dieses Volk – Ironie des Schicksals – in seiner ganzen Geschichte exakt zwei (!) Tage erleben durfte. Wir beschränken uns im folgenden Abschnitt auf das Gebiet der **Karpatenukraine**, auch Transkarpatien genannt.

In der Gegend um Ushgorod siedelten bereits im 9. Jh. unter Führung des Fürsten Laborets Ruthener. Sie wurden von Arpad, einem magyarischen Regenten, in die Berge vertrieben; das expandierende Ungarn drängte von Westen her in das fruchtbare Karpatenvorland östlich der Theiß. Die Arpad-Dynastie behielt bis 1301 die Oberhand über diesen Landstrich, respektierte aber eine gewisse Autonomie der slawischstämmigen Bergbewohner. Die nächsten Jahrzehnte waren von blutigen Machtkämpfen beider Völker geprägt; zunächst behielten die Ruthenen bis 1361 unter Fürst Fedir Koriatowitsch das Land unter Kontrolle, aber 1370 hatte Ludwig der Große die Machtfrage wieder zu Gunsten Ungarns geklärt.

In der darauf folgenden Zeit der abendländisch-türkischen Konflikte – das Osmanische Reich hatte seinen Machtbereich bis nach Siebenbürgen und Ungarn ausgedehnt – gibt es aus der Karpatenukraine kaum historische Überlieferungen. Erst mit dem Ende des dreißigjährigen Krieges, besiegelt durch den Frieden von Westfalen, konnte das christliche Abendland unter deutscher Führung die Türken aus Ungarn vertreiben. Der Preis dafür war hoch: auf dem verwüsteten ungarischen Territorium lebten um 1720 gerade noch 2,5 Millionen Menschen! Im Zuge der Wiederbesiedelungspläne der

5

Habsburger Monarchie kamen nun, ähnlich wie in der Bukowina und dem Banat, auch deutsche Siedler ins Land. Für die Karpatenukraine war diese Migration aber von untergeordneter Bedeutung. Ungarn errichtete die Komitate Ung, Bereg, Ugocsa und Máramaros auf dem Territorium der heutigen Karpatenukraine und behielt seinen Machteinfluß bis 1918.

Die Ruthenen, welche unstrittig in diesem Gebiet die Bevölkerungsmehrheit bildeten, kamen während der ungarischen Herrschaft nie in den Genuß einer Autonomie. Als eine Art Bürger 2. (oder gar 3.) Klasse wohnten sie in über 1000 kleinen Dörfern, welche im Schnitt zwischen sechs- und achthundert Einwohner zählten. Praktisch jeder Ort hatte einen prozentual kleinen Anteil an Juden und Zigeunern, die Obrigkeit wie Gendarmen und Richter waren je nach territorialer Zugehörigkeit Ungarn, Tschechoslowaken oder Polen. Armut prägte damals das Leben der ruthenischen Bewohner der gebirgigen Waldkarpaten – und daran hat sich bis heute wenig geändert.

Immerhin: in den Jahren nach der bürgerlichen Revolution von 1848 wurde die ruthenische Sprache an den Schulen gelehrt und in der Verwaltung eingeführt.

Den Rückschlag brachte 1867 das Jahr des "österreichisch-ungarischen Kompromisses", als die ungarischen Nationalisten gestärkt aus den Verhandlungen über die Minderheitenpolitik hervorgingen. Eine kompromißlose Magyarisierung war die Folge. In den Schulen wurde die ungarische Sprache zum Pflichtfach, sogar in Bergregionen, wo bis dahin dieses Idiom nicht mal als Fremdsprache unterrichtet worden war. Im großen und ganzen ergaben sich die Ruthenen dieser Politik; die Elite suchte ihr Glück in einer vermehrten Auswanderung, die verarmte breite Masse plagte andere Sorgen als eine politische Autonomie oder gar eine eigene Staatsmacht. Nur wenige ukrainische Intellektuelle, zudem meist im Exil lebend, traten für eine Selbständigkeit ein.

Nach dem 1. Weltkrieg änderte sich die Lage. Österreich-Ungarn hatte den Krieg verloren, und die verschiedenen Nationen auf dem Gebiet des habsburgischen Vielvölkerstaates machten nun ihre lang unterdrückten Rechte geltend. Auf Grund der großen Rückständigkeit in der Karpatenukraine und der damit verbundenen wirtschaftlich hoffnungslosen Lage waren viele Ruthenen vor und nach der Jahrhundertwende in die USA emigriert, wo sie sich zum Teil mit Erfolg etablieren konnten. Pläne für die weitere Zukunft des kleinen Landes diskutierten deshalb vor allem Exilkreise in Amerika.

In Homstead/Pennsylvania konstituierte sich am 23. Juli 1918 der "Amerikanische Nationalrat der ungarischen Ruthenen". Dieser beschloß drei Möglichkeiten für die Zukunft des Landes: 1. Ein selbständiger Staat auf dem Territorium der Karpatenukraine. 2. Eine Vereinigung mit den Ruthenen Galiziens und der Bukowina unter Gründung eines größeren Staates. 3. Autonomie innerhalb eines anderen Staates. Die letztere Variante sollte Realität werden. Der tschechische Politiker und spätere Präsident Masaryk signalisierte aus taktisch-diplomatischen Gründen großes Interesse für das ruthenische Volk. Er reiste eigens in die USA und hatte insofern Erfolg, als dort 67% der ruthenischen Emigranten für eine Angliederung an die Tschechoslowakei eintraten.

In den Waldkarpaten selbst kam es zu keiner Abstimmung, dafür aber zu komplizierten Machtstreitigkeiten zwischen Befürwortern eines eigenen Staates, kommunistischen Sympathisanten des ungarischen Leninschülers Bela Kun und vielen anderen Strömungen. Der tschechische Außenminister Benesch überzeugte die Alliierten mit seiner Zusage für eine gewisse Autonomie, und am 6. August 1919 gaben die Siegermächte grünes Licht für den tschechischen Einmarsch in die Karpatenukraine.

Die neue Obrigkeit stellte in der Folge die Ordnung im Land wieder her, die zugesagten freien Wahlen und eine wirkliche Autonomie blieben aber leere Versprechungen. Fairerweise muß gesagt werden, daß in dieser Zeit zumindest wirtschaftlich einiges in diesem rückständigen Landstrich von den Tschechoslowaken angekurbelt wurde. Davon profitierte die verarmte Landbevölkerung allerdings kaum bis gar nicht, denn ähnlich wie bei heutigen Investoren flossen die Gewinne schlußendlich wieder dahin zurück, wo das Geld auch hergekommen war, in die Zentren. Immerhin: vor Ort etablierte sich in bescheidenem Maße eine mehrheitlich jüdisch-ungarisch-tschechische Mittelschicht von Händlern und Kleingewerblern, welche aufgrund der Besitzverhältnisse vor dem Krieg in einer besseren Ausgangslage als die ruthenischen Kleinbauern waren.

1938 schuf das Münchner Abkommen neue Tatsachen. Die Ungarn besetzten den ihnen zugesprochenen, landwirtschaftlich wertvollen südwestlichen Teil der Karpatenukraine. Im gebirgigen Rest des Landes wurden am 12. Februar 1939 die ersten und letzten freien Wahlen innerhalb der tschechoslowakischen Förderation durchgeführt. Da Hitler die Existenz der "Rest-Tschechei" mit Erfolg immer weiter demontierte, versuchten die Ruthenen nun mit deutscher Hilfe die Selbständigkeit zu erreichen.

Die Gelegenheit schien günstig, als am 14. März 1939 das Nachbarland Slowakei seine Unabhängigkeit proklamierte. Am Abend des selben Tages verkündete die Rundfunkstation in Hust die Gründung eines eigenen ruthenischen Staates in der restlichen Karpatenukraine. Dieser Staat bestand de facto nur zwei Tage. Deutschland signalisierte – was wunder, schließlich war es mit Horthy-Ungarn verbündet – kei-

Ruthenischer Bauer

ne Rückendeckung für den frischgebackenen Staatenwinzling, und bereits am 16. März besetzten ungarische Truppen das kleine Land. Die Karpatenukraine war wieder einmal bei Ungarn angekommen, letztmalig für fünf Jahre, bis zum Zusammenbruch von 1945.

Nach dem 2. Weltkrieg betrachtete sich die Sowjetunion als ruthenischer Schutzherr – völkerrechtlich gesehen nicht ganz einwandfrei, wurde doch die tschechoslowakische Konföderation wiederhergestellt. Diesmal aber ohne Karpatenukraine, welche samt der strittigen ehemals ungarischen und polnischen Gebiete ohne großes Federlesen dem Staatenmoloch der Sowjetunion einverleibt wurde. Seit deren Ende und der Geburt der unabhängigen Ukraine wird der gebirgige Landstrich von Kiew aus regiert. Damit ist zumindest der ukrainischen Frage – die Ruthenen gelten in groben Kategorien als ukrainischer Volksstamm – Genüge getan. Der Traum vom eigenen Staat und Unabhängigkeit lebt allerdings weiter, und nicht bloß in Exilkreisen in Übersee: So stimmten in Transkarpatien bei einer konsultativen Umfrage im Jahre 1991 tatsächlich 78 Prozent der Bevölkerung für eine weitgehende Autonomie innerhalb der Ukraine, ein überraschend deutliches Resultat.

Durch die westliche Lage und die vielen Nachbarländer hätte der kleine Landstrich innerhalb der Ukraine eine günstige Ausgangsposition, sollte ein wirtschaftlicher Aufschwung einsetzten. Davon ist aber bis heute nichts zu spüren, wie fast überall in Osteuropa. Hochfliegende Projekte, in diesem Teil der Ukraine eine Freihandelszone einzurichten (wie sie auch im russischen Kaliningrad geplant ist), scheitern wohl in absehbarer Zukunft an fehlenden finanzstarken Investoren. Wir möchten ja niemandem zu nahe treten: aber die markigen Sprüche, mit denen euphorisch allenthalben "blühende Landschaften" versprochen werden, scheinen nicht mal mehr in den Waldkarpaten ihre gutgläubigen Zuhörer zu finden...

Auf der Hauptstraße erreichen wir sieben Kilometer nach Petrova die nächste Ortschaft des Wischautales, das mehrheitlich von Ukrainern bewohnte **Leordina**. Dieses Dorf ist von einem unübersehbaren, direkt an der Straße gelegenen Sägewerk geprägt, welches zum Holzkombinat "IF" in Vișeu de Sus gehört. Kurz danach überqueren wir den Wischaufluß; gleich hinter der Brücke folgt links ein mit "*Ruscova*" ausgeschilderter Abzweig, der – nomen est omen – in das praktisch ausschließlich von "Russen" besiedelte Hinterland an der ukrainischen Grenze führt. Begleiten Sie uns in diese abgelegene, wirtschaftlich arme Bergregion; dort erwarten uns zwar keine touristischen Höhepunkte, aber mit etwas Glück lernt der Besucher hier am Ende der Welt die mystische Seele der Karpaten kennen.

Rusnaken, Hexerei und Aberglaube

Wer mit dem Auto kurz hinter Leordina das Wischautal verläßt und auf der asphaltierten Straße, immer dem Ruscova-Fluß folgend, weiterfährt, wird enttäuscht sein: die ruthenischen Dörfer Ruscova, Repedea und Poienile de sub Munte unterscheiden sich kaum von anderen Straßendörfern in Rumänien, die Landschaft bietet keine erwähnenswerten Besonderheiten. Auffallend ist die hohe Besiedlungsdichte entlang dieser Strecke. Die Orte gehen nahtlos ineinander über, der Talgrund besteht praktisch aus einer endlosen Reihe von kleinen Häusern und ärmlichen Gehöften.

Den berüchtigten Kinderreichtum der ruthenischen Bevölkerung erlebt der Besucher hautnah jeweils sonntags, wenn wahre Völkerscharen auf der Dorfstraße promenieren und für die seltenen Autos kaum noch ein Durchkommen ist. Dem aufmerksamen Beobachter wird nicht entgehen, daß der Alkoholkonsum hier oben sogar für rumänische Verhältnisse extreme Formen annehmen kann. Wir befinden uns in einem Landstrich, wo für viele Bewohner die Armut sichtlich die Grenze zum Elend überschritten hat. Wie in anderen Bergregionen der Waldkarpaten ermöglichen die wenigen kargen, landwirtschaftlich nutzbaren Flächen nur einer begrenzten Anzahl Familien eine bescheidene Existenz.

Schon im letzten Jahrhundert mußten deshalb viele verarmte Waldbauern außerhalb ihrer heimatlichen Täler Arbeit suchen. Die Ruthener des Ruscova-Tales hatten unter dem Sozialismus die Wahl, entweder in der Forstwirtschaft oder im Bergbau eine Stelle anzunehmen. Die meisten entschieden sich für letzteres, da die Arbeit in den Minen von Baia Borșa oder anderen entfernten Gruben relativ gut bezahlt wurde. Die ganze Woche von ihren Familien getrennt, lebten die Bergleute in tristen

Arbeiterunterkünften, wo für viele nach Schichtende einzig der Griff zur Flasche für Abwechslung sorgte. Nach der Wende erfaßte der wirtschaftliche Niedergang auch die Minen. Es gab keine Arbeit mehr, die Männer kehrten zurück in ihre Dörfer. Arbeitslos und ohne vernünftige Perspektiven ertränkt manch einer sein Elend schon gewohnheitsmäßig im Alkohol.

Sind die Gründe auch verständlich, ändert dies aber nichts an den verheerenden Folgen der Sucht, unter der vor allem Frauen und Kinder zu leiden haben. Die sowohl in wirtschaftlicher wie auch soziologischer Beziehung dramatische Situation wiegt umso schwerer, weil diese Minderheit – zumindest bis zur Wende von 1989 – völlig isoliert von ihren Volksgenossen auf der ukrainischen Seite der Grenze leben mußte. Streng wissenschaftlich gehören sie zu den "transcarpathians" (englisch); wie die Huzulen und Rusnaken (heute Lemken genannt) eine Art "Mikro-Ethnie" der pauschal als *Ruthenen* bezeichneten Karpatenbewohner russisch-slawischen Ursprungs. Wie bereits im Abschnitt über die Karpatenukraine beschrieben, hat die Politik dieser über mehrere Länder verteilten Minderheit durchwegs übel mitgespielt, ungeachtet dessen sie als eigentliche Urbevölkerung der Waldkarpaten angesehen werden darf. Ihre "Rückständigkeit" (sprich: Armut) wird nicht zuletzt mit einem Reizwort in Zusammenhang gebracht, welches in unseren Breitengraden schon seit vielen Jahren gruselig und wohlig-schaudernd mit den Karpaten assoziiert wird: Aberglaube.

"Ich las, daß jeder nur erdenkliche Aberglaube dort unten in dem hufeisenförmigen Zuge der Karpaten zu Hause sei, als sei dort das Zentrum eines Wirbels abergläubischer Vorstellungen. In dieser Beziehung wird mein Aufenthalt wohl viel des Interessanten bieten" Jonathan Harkers Tagebuch, aus Bram Stokers "Dracula", der 1897 erschie-

Schutz vor dem Bösen

nen literarischen Vorlage unzähliger Vampirfilme.

Die Legende von Graf Dracula, der Verkörperung des Bösen schlechthin, verrät uns wenig über die Vorstellungswelt der Karpatenbewohner und ihren Glauben an Übersinnliches, im Gegenteil. Der sprichwörtliche, in der Figur Draculas dramatisch symbolisierte Aberglaube in Rumänien wird leider bis heute unkritisch mit Rückständigkeit und Primitivität gleichgesetzt. Dieses Denkmuster ist die Frucht jahrhundertelanger, christlich-imperialistischer Polemik. Bevor wir uns nun diesem hochsensiblen, faszinierenden Thema zu nähern versuchen, scheint uns die geschichtliche und begriffliche Klärung des eindeutig negativ belegten Ausdrucks "Aberglaube" angebracht.

Auf der ganzen Welt äußert sich das religiöse Empfinden der Menschen in den unterschiedlichsten Formen; so verschieden diese auch sind, ist doch allen gemeinsam das offenbar grundlegende menschliche Bedürfnis nach einem Glauben. Der europäischen christlichen Kirche gebührt die zweifelhafte Ehre, dieses eigentlich philosophische Bedürfnis aller Erdbewohner für ihre Zwecke benutzt und mißbraucht zu haben. Die Bekehrung der sogenannten "Heiden" verkörperte in erster Linie den abendländischen Drang nach Macht und Reichtum. Agierten (und profitierten) zu Beginn direkt Rom und Konstantinopel allein, mußten sich die untereinander konkurrierenden Kirchen bald weltlichen Herrschern unterordnen und bildeten quasi die religiöse Vorhut bei der Eroberung und Unterwerfung ganzer Völker. Voraussetzung der Christianisierung bildete die dogmatische Unterscheidung zwischen "gutem" christlichen Glauben und "bösem" Heidentum, um den von Leichen gepflasterten Weg der Missionare mit dem Segen Gottes zu legitimieren. Dieses Christentum war nicht idealistisch im naiven Wortsinn, sondern die gezielte Politik einer organisierten Staatsgewalt, welche Europa beherrschte.

Als "Aberglaube" werden bis heute abschätzig die letzten Reste vorchristlicher Religionskulturen bezeichnet, ohne daß man sich die Mühe einer differenzierteren Betrachtungsweise machen würde. Die Dämonologie mit Hölle und Teufel, die Deutung von Gut und Böse als Licht und Finsternis ist bis heute ein chaotischer Wust in der "Philosophie" des Evangeliums geblieben. Die penetrante kirchliche Beschwörung des Bösen widerspiegelt deutlich den propagandistischen Hintergrund, mit dem die Gegner des christlichen Abendlandes ideologisch bekämpft wurden. Zu Unmenschen stigmatisiert, konnten die renitenten "Ungläubigen" als Kirchen- und damit gleichzeitig Staatsfeinde pauschal verfolgt und liquidiert werden. Jedes Mittel und jede Grausamkeit war rechtens; im Namen Gottes und seiner von der Kirche verkörperten heiligen Wahrheit, Amen.

Die zum Christentum bekehrten Karpatenbewohner konnten der von oben verordneten, neuen Religion durchaus ihre positiven Seiten abgewinnen. Nicht zuletzt, weil die orthodoxe Kirche rumänischer Prägung viele Elemente des ursprünglichen Volksglaubens geschickt in ihre Glaubenslehre integrierte. Man denke nur an Feiertage wie Ostern oder Weihnachten, welche bekannterweise schon in vorchristlicher Zeit ihren Platz im Wechsel der Jahreszeiten hatten. Die rumänisch-orthodoxe Kirche zeigte sich, im Vergleich mit "aufgeklärten" westeuropäischen Staatskirchen, erstaunlich flexibel: uralte heidnische Kulthandlungen gingen praktisch unverändert in orthodoxen Ritualen auf, ähnlich wie bei einigen katholisierten Indianervölkern Südamerikas, welche der Jungfrau Maria auf dieselbe Weise huldigen wie früher ihren Göttern.

Davon kann sich jeder Besucher selbst überzeugen; beispielsweise an einem orthodoxen Begräbnis oder der nächtlichen "Exorzismus-Messe" in Valea Scradei (Wassertal). Trotz aller Bemühungen konnte die Kirche ein entscheidendes Bedürfnis ihrer Gläubigen nie so recht befriedigen: Rat und Hilfe für die Ärmsten, wenn in ausweglosen Lebenssituationen nur noch ihr Glaube an Zauberkräfte letzte Hoffnung verspricht. Hexen und Zauberer, Wahrsager und Kaffeesatzleserinnen erfreuen sich einer ständig wachsenden Kundschaft aus allen gesellschaftlichen Schichten. Der orthodoxe Klerus muß mit dieser mächtigen "Konkurrenz" leben und hat sich damit abgefunden. Es scheint, als könnten die unzimperlich bekehrten Völker nicht vergessen, welche gewalttätige und machtpolitische Vergangenheit an der Kirche haftet und ihre Glaubwürdigkeit bis in unsere Zeit belastet.

Nicht ohne Grund ist der Aberglaube vor allem bei der ruthenischen Bevölkerung außerordentlich verbreitet; das Leben dieser

Nächtliche Messe in Valea Scradei ▶

5

Minderheit ist in Rumänien von Armut und ethnischer Isolation geprägt. Wir erfuhren eher zufällig, daß "dort hinten bei Leordina, oben in den Bergen" Ukrainer leben. Von unseren rumänischen Bekannten hatte niemand näheren Kontakt mit den Bewohnern dieser abgeschiedenen Grenzregion. Kreiste das Gespräch aber um das heikle Thema Aberglauben, wurde uns mehr als einmal versichert, bei den "Rusnaken" gäbe es Hexen – "richtige" Hexen. Furchtbar, wenn ein übel gesinnter Nachbar die Hilfe solcher "Rusnatschkas" in Anspruch nimmt: gegen deren böse Macht helfe nur noch "guter" Gegenzauber, welcher notabene der Pope oder – besser noch – eine andere Hexe besorgen muß. Es versteht sich von selbst, daß die jeweiligen Kontrahenten aus ihrer subjektiven Interessenlage zwischen gutem und bösem Zauber unterscheiden. Schwarze und weiße Magie wird strikt, dialektisch allerdings nicht ganz einwandfrei, getrennt.

Einmal kam eine aufgebrachte Bäuerin spätabends zum Popen von Valea Scradei: ein niederträchtiger Unbekannter – der Blitz soll ihn treffen – hätte bei Nacht und Nebel ihr aufgeschichtetes Heu von der Wiese gestohlen! Von der Polizei abgewiesen, blieb der guten Frau nur noch der Gang zur Kirche. Als wir Pfarrer Luţaj darauf ansprechen, daß sein – von der Frau bezahltes – mitternächtliches Gebet um Bestrafung des Schuldigen ganz unchristlich den Tod des Diebes zur Folge haben könnte, meinte er: das sei gut möglich; aber dann sei es Gottes Gericht – er hätte als Geistlicher nur die von ihm verlangte Pflicht getan und einer gläubigen Seele in Not geholfen. Höflicherweise verkniffen wir uns die Bemerkung, daß diese argumentative Logik genausogut von einer Hexe stammen könnte, wie folgende Begebenheit zeigt:

"Als junges Mädchen war ich die heimliche Geliebte eines verheirateten Mannes, der seiner Frau überdrüssig war. Er gab mir

eines Tages sehr viel Geld; damit sollte ich zu einer ihm bekannten Hexe gehen, welche unser Problem lösen würde. Ich besuchte wie geheißen die "Rusnatschka". Sie führte mich in den nächtlichen Wald, wo sie mir nach allerlei Hexenzauber plötzlich einen Stock in die Hand drückte und erklärte, sie hätte nun alles getan, jetzt sei es an mir, das Werk zu vollenden. Wenn ich die Kröte vor unseren Füßen erschlage, könne ich nach Hause gehen, ich würde schon von weitem die Totenglocken hören, denn meine Rivalin werde nicht mehr leben. Wie ich nun die Kröte anschaute, erblickte ich bei ihr in der Pfütze noch ein Junges, welches ängstlich an ihr hochsprang; mir kam vor, es weinte in Todesangst. Die Frau meines Geliebten hatte ein kleines Kind. Schlagartig wurde mir bewußt, daß ich dabei war, zur Mörderin zu werden. Ich brachte es nicht übers Herz. Die Hexe gab mir ihren Lohn zurück, und zuhause habe ich mich am nächsten Tag von diesem Mann getrennt."

Dieses Erlebnis beschäftigt die mittlerweile alt gewordene Erzählerin bis heute; wir mußten ihr versprechen, ihren Namen für uns zu behalten.

Hört man auch die unheimlichsten und wildesten Geschichten über Zauberei und Hexentum, sind die meisten Formen des Aberglaubens doch relativ harmlos. Rote Bänder und "Löschwasser" gegen den "bösen Blick", Kreuze an Stalltüren und Brunnen zum Schutz vor Krankheiten, das "Befragen" von Karten oder Kaffeesatz über die Zukunft (oder die richtige Partnerwahl), um nur die wichtigsten oder häufigsten Erscheinungen zu nennen. Sie zu beschreiben und zu erklären, würde Bände füllen. Dahinter verbirgt sich eine Lebensauffassung, wo das Übersinnliche ganz selbstverständlich seinen Platz hat.

Ähnlich wie beim "Voodoo" in Haiti kann dieser Glaube erstaunliche Phänomene her-

5

Der Wald der Feen, Hexen und Zauberer

vorbringen; erstaunlich notabene nur für den Außenstehenden, der eben nicht glaubt und deshalb nicht fassen kann, was er erlebt. Ein sich mit "Ethno-Pharmazeutik" beschäftigender Wissenschaftler kam nach langjährigen Untersuchungen afrikanischer Heilmethoden zu einem Ergebnis, welches auch die Hexenkünste in den Karpaten verstehen hilft: der tiefsitzende Glaube eines Kollektivs einerseits, kombiniert mit dem profunden naturkundlichen und psychologischen Wissen des "Zauberers" andererseits, erkläre viele rätselhafte Phänomene, deren Existenz von der Wissenschaft nicht länger geleugnet werden kann. Wir für unseren Teil empfehlen jedem Besucher, den sogenannten Aberglauben mit all seinen Erscheinungen einfach als das zu sehen, was er für die Menschen in den Waldkarpaten ist: ein Teil ihrer Welt wie Wälder, Flüsse, Berge und Täler. Ein Volksglaube, weder gut noch böse.

"Ich hab keine Schule besucht. Von einer alten Rusnatschka hab ich etwas gelernt,
was andere Leute nicht können: die Wahrheit aus den Bohnen sagen.

Sie hat mir eines Tages einundvierzig schwarze Bohnen gegeben; die halt ich in einem Sackerl unterm Bettstroh versteckt. Diese Bohnen leg ich, wenn der erste Stern am Himmel aufgeht, in einen Kreis, und dann sag ich einen Spruch. Sorok bobikiw i odyn, skazit prawdu jak odyn – vierzig Bohnen und eine, sagt die Wahrheit wie eine. Dann schließ ich die Augen und seh über die Berge hinweg, ganz weit, und ich seh das, was wird sein. Kommt jemand zu mir und will wissen, was wird noch in seinem Leben sein, muß er warten, bis der erste Stern am Himmel sichtbar wird, dann leg ich die Bohnen aus und sag ihm die Wahrheit....

Weil ich das kann, heißt es, bin ich eine Hex.

Ich glaub nicht an einen Gott, aber ich glaub an die gute Waldfee, die uns beschützt, die hinter den Bäumen steht und uns zusieht, wie wir Schwammerl und Malina (Beeren) suchen; die ist immer da, die hab ich manchmal auch gesehen. An etwas anderes glaub ich nicht, weil ich es nicht gesehen hab. Die gute Waldfee ist nicht wie ein Mensch, es ist ein helles Licht, ein Leuchten, das hinter den Bäumen hervorkommt, wenn die Sonne von oben scheint. Das ist die Waldfee – ein warmer, heller Schein. Dort wo es leuchtet, darf man nicht hingehen, man muß sich aber verneigen und sich stillhalten, sonst verschwindet das Leuchten und auch die Fee, und dann hat man kein Glück mehr, denn die Fee ist dann böse, weil sie laute und neugierige Menschen nicht leiden kann." Marie Bohnyirsky-Prad, "Hexe vom Schlangenberg" (Stephani, "Frauen im Wassertal")

Die mystische Welt des Aberglaubens bleibt dem ausländischen Touristen verschlossen; auch uns, obwohl wir seit Jahren regelmäßig in Rumänien unterwegs sind, öffnete sich die Tür nur einen kleinen Spalt. Ein einziges Mal haben die Verfasser einen "guten" ruthenischen Zauberer in Poienile de sub Munte besucht, der mit Hilfe eines uralten "heiligen" Buches in unsere Vergangenheit und Zukunft blicken konnte. Seine Fähigkeiten und Orakel waren verblüffend. Fasziniert und überrascht zugleich waren wir von der andächtigen Ernsthaftigkeit, mit der dieser "Seher" unsere Sitzung zelebrierte. Tief beeindruckt verließen wir seine Stube mit der Erkenntnis, daß hinter dem Aberglauben der Karpatenbewohner eindeutig mehr steckt als Hokuspokus und Bauernfängerei.

Es wäre völlig verfehlt und absolut geschmacklos, über die Bewohner von Poienile (oder anderswo) Hexen oder Zauberer ausfindig machen zu wollen. Wir hüten uns davor, diesbezüglich mit Adressen aufzuwarten! Nichts liegt uns ferner, als einem fragwürdigen Tourismus den Weg zu bereiten, bei dem es in rücksichtsloser Sinnsuche nur darum geht, bei den Ärmsten ein Stück Lebensgefühl zu schnorren. Wer

die Karpatenbewohner auf den Aberglauben anspricht, darf sich über die ausweichenden Antworten nicht wundern: in der Regel wird ihm freundlich beschieden, sowas hätte es vielleicht früher gegeben, heute aber bestimmt nicht mehr. Die Menschen in den Karpaten fühlen instinktiv, daß sich bei den Fremden hinter der Maske der Anbiederung Arroganz und Vorurteile verbergen. Als chronische Verlierer hat die Geschichte sie vorsichtig werden lassen. Weise behalten sie ihre tiefsten seelisch-religiösen Vorstellungen für sich, bewahren ihren ureigenen Glauben wie einen kostbaren Schatz. Wir respektieren diese Zurückhaltung und hoffen, der Leser dieser Zeilen hält es genauso. Wenn das Schicksal es so will, führt es den Reisenden ganz von alleine an die Schwelle der Magie; erzwingen läßt sich nichts.

Wer nach *Poienile de sub Munte* kommt, lernt hoffentlich ein paar Bewohner dieses von Armut gezeichneten Ortes kennen. Sie zeigen dem Besucher gerne den sehenswerten Judenfriedhof, laden ihn vielleicht auf einen freundschaftlichen Umtrunk ein, erzählen von ihrem harten Leben. Solche Begegnungen bringen uns Fremden ungleich mehr, als wenn wir auf-Teufel-komm-raus das religiöse und mystische Empfinden der Karpatenbewohner durchleuchten wollen. Einmal abgesehen davon, daß sich diese gastfreundlichen Menschen dadurch zu Recht verletzt und beleidigt fühlen, sollten wir eins nie vergessen: der sogenannte "Aberglaube" ist eine Erfindung von uns Mitteleuropäern, mit der wir pseudowissenschaftlich die vermeintliche Rückständigkeit und Minderwertigkeit Andersdenkender zu beweisen suchten.

"Manchmal wird ein Professor in die Karpaten geschickt, um nachzusehen, was es mit den Wesen der Nacht auf sich hat. Er soll sie erforschen, sich erkundigen und schließlich Holzpflöcke anspitzen, um die Brut zu

bändigen. Aber wir wissen, daß einer dabei auch immer der Schönen verfällt, die sich in der beglückenden Nacht über ihn beugt und ihre Zähne in ihn schlägt, so daß er, ohne zu ahnen, wie ihm geschieht, den Keim Transsylvaniens zurück in seine, in unsere Welt trägt. Damit ist die Verbindung zwischen der hellen und dunklen Seite wieder hergestellt." Aus "Karpaten – die dunkle Seite Europas" von R. Wischenbarth, Verlag Kremayer & Scheriau.

Etwa sieben Kilometer hinter Leordina erreichen Sie **Vişeu de Jos**, zu deutsch Unterwischau. Dieser kleine Ort liegt an der Eisenbahnlinie Bukarest-Sighet, die Schnellzüge halten hier. Bis vor einem Jahr konnten Reisende nach Vişeu de Sus oder Borşa hier auf den Lokalzug umsteigen; leider wurde der Personenverkehr mangels Rentabilität eingestellt, muß man heute mit dem Klapperbus vorliebnehmen. Unergründlich sind die Wege der rumänischen Staatswirtschaftsbetriebe an diesem ehemaligen Bahnknotenpunkt auch in anderer Hinsicht:

im Frühjahr 1997 wurde urplötzlich kein Aufwand gescheut, die seit mindestens zwanzig Jahren hier als strategische Reserve abgestellten über 60 Dampflokomotiven rollfähig herzurichten und abzufahren. Schade, denn der Eisenbahnfriedhof von Unterwischau war mit seinen von Rost zerfressenen, gigantischen Veteranen für Besucher eine Attraktion der skurrilsten Art.

Von Unterwischau fahren Sie noch einige Kilometer und kommen nach **Vişeu de Mijloc** (Mittelwischau), das verwaltungsmäßig bereits zu Vişeu de Sus (Oberwischau) gehört. Mitten im Ort führt ein Abzweig links ab. Sie passieren eine Brücke über die Wischau und gelangen nach wenigen Kilometern ins *Valea Vinului* (Weintal). Mit dem Fahrzeug lohnt sich ein Abstecher in dieses malerische Seitental mit seinen sprudelnden Mineralquellen. Die weitaus bessere Variante bietet sich von der Zipserei in Vişeu de Sus an, von wo man zu Fuß durch traumhafte Landschaft in knapp einer Stunde ebenfalls das Weintal erreicht.

5

Opferkerzen

6. VIŞEU DE SUS

Vişeu de Sus, am Zusammenfluß der Wischau (*Vişeu*) und des Wassers (*Vaser*) gelegen, hat an die 23 000 Einwohner, ein riesiger Komplex zur Holzverarbeitung (das "IF" = *Industrie Forestal*), eine auf Sparflamme funktionierende Möbelfabrik, diverse kleinere Betriebe, Kirchen, Geschäfte, die Stadtverwaltung und was alles noch zu einer rumänischen Kleinstadt in der Provinz dazugehört.

Der Ort ist Ausgangspunkt einer schmalspurigen, dampfbetriebenen Waldbahn, welche bis heute als einziges Verkehrsmittel das wildromantische Wassertal für Forstwirtschaft (und Touristen) erschließt. Äußerlich besehen ist die Stadt – dies sei gleich vorausgeschickt – keine Schönheit; weder ist ein mittelalterlicher Stadtkern noch sind kulturhistorisch wertvolle Baudenkmäler zu bewundern, ganz zu Schweigen von einer westlichen Ansprüchen genügenden touristischen Infrastruktur ...

Vişeu de Sus oder *Felsö Visó* oder *Oberwischau* oder *Ojberwischo*: Vier Namen in vier Sprachen für ein und dieselbe Stadt, in der Rumänen, Ungarn, Deutsche und Juden leben oder lebten; Menschen unterschiedlichster Herkunft und Kultur, die nicht mehr und nicht weniger verband als die harte Arbeit für's tägliche Brot. Sie sind miteinander ausgekommen; und alle haben sie ihre jeweils spezifische Kultur im wesentlichen behalten und gelebt, tolerant gegenüber dem "Anderen". Dieses pragmatische, vor allem aber friedliche Zusammenleben der Bewohner von Vişeu de Sus hat diese Stadt geprägt bis auf den heutigen Tag. Und genau darin liegt der Reiz, gar die Faszination von diesem eigenwilligen, einmaligen Vişeu de Sus, dem sich wohl kein Besucher entziehen kann. Einmal abgesehen davon, das sich Oberwischau als Ausgangspunkt für Exkursionen in die Maramureş, Wassertal und Rodnagebirge ideal eignet, empfehlen wir jedem ein paar Tage Aufenthalt in dieser Stadt – sofern er bereit ist, über etwas unschöne Äußerlichkeiten großzügig hinwegzusehen. Und Sie werden die alte Zipser Redewendung bestätigt finden, *"wer einmal Wischauer Wasser getrunken hat, kehrt immer wieder nach Oberwischau zurück"*.

In Kürze...

Information : Es gibt kein offizielles Tourismusbüro im Ort. Für Auskünfte empfehlen wir das "Xerox"-Büro von Anastasia Bota–Schiesser an der kleinen, von der Hauptstrasse abgehenden Sackgasse links neben der katholischen Kirche, direkt im Zentrum. Frau Schiesser spricht deutsch; sie vermittelt Privatunterkünfte und steht auch sonst den Besuchern gerne mit Rat und Tat zur Seite. Telefon (besser abends): Vorwahl 062, lokal 354 233, auch Faxanschluß.

Unterkunft: Das einzige Hotel (*Cerbul*) vermietet zur Zeit keine Zimmer; bei Drucklegung dieses Buches standen zwei Motels aber kurz vor ihrer Eröffnung (fragen). Am besten logiert man privat (siehe oben), was auch fürs Zelten gilt (auf öffentlichem Grund und ohne Absprache problematisch). *Gastronomie:* Auch hierbei gilt: preiswert und auf jeden Fall besser läßt man sich bei einer Familie verköstigen. In letzter Zeit entstanden ein paar Restaurants, wovon wir das *"Schulligulli"* in der Zipserei (gegenüber dem ehemaligen Freibad) empfehlen können. Ansonsten sind die meisten "Gaststätten" für Touristen etwas gewöhnungsbedürftig; ihr Angebot beschränkt sich auf (alkoholische) Getränke, die Einrichtung ist spartanisch.

Einkauf : Die meisten Geschäfte befinden sich an der Hauptstraße; normale Öffnungszeiten. Kleine, private Shops (mit "westlichem" Angebot) können auch abends geöffnet sein. Spezielles wie Kunsthandwerk, gewobene Decken, einheimischer "Horinka" (Schnaps) oder Honig etc. sind nur privat erhältlich (Frau Bota fragen...).

Märkte : An der Hauptstraße, links neben dem ehemaligen Schloß (heute Stadtverwaltung) ist täglich außer sonntags ein kleiner Markt mit Frischprodukten. Am Eingang der Zipserei, gleich bei der Brücke, ist dienstags ein kleiner, am Freitag aber der größte Markt in Oberwischau mit Lebensmittel, Kleidern, Schuhen und allerlei Nützlichem (wenig Handwerk, aber es können diesbezüglich Kontakte vermittelt werden).

Geldwechsel: Die Bank ist an der Straße "Libertatii" (vor der Kirche rechts), im Notfall geht's auch privat. Am besten Bargeld wie DM, Schweizerfranken, Dollars; bei Schecks und Kreditkarten wird's abenteuerlich.

Tankstelle: "Peco" am Ortsausgang in Richtung Borşa. Vorsicht: Bleifrei ist eher ausnahmsweise zu haben, in Sighet oder Borşa sollte es aber aufzutreiben sein.

Bahn: Seit kurzem kein Personenverkehr mehr auf der Nebenbahn Richtung Borşa und Vişeu de Jos! Die Schmalspurbahn ins Wassertal fährt am Ende des großen Sägewerks (IF) ab, Montag bis Freitag normalerweise ein Zug frühmorgens; wer sicher gehen will, frage am Vortag.

Bus: Zentrale Haltestelle beim Bahnhof, aber auch an der Brücke in Richtung Sighet. Gute Verbindungen, außer über den Prisloppaß in die Bukowina (nur 1-2 Mal täglich).

Taxi: Muß privat organisiert werden, was aber kein Problem darstellt (oder Frau Bota fragen..).

Feiertage: Lohnend sind auf jeden Fall Ostern (Weiheritual) und Weihnachten (Herodesspiel); katholische und orthodoxe kirchliche Daten sind verschieden. Die Zipser zelebrieren den jährlichen "Ablaß" (katholisch) mit einer Messe Ende August bei der Elisabethenkapelle in *Fâina* (Wassertal); es fährt jeweils ein Sonderzug. Die rumänisch-orthodoxen Gläubigen pilgern zu "Maria Geburt", dem 8. September, nach *Valea Scradei*, etwa 6 Kilometer von Vişeu de Sus in einem Seitental des "Wassers" gelegen.

Arzt: Zur Zeit gibt es (noch) keine privat praktizierenden Ärzte. Im Spital arbeitet u. a. Doktor Sfirlea Ovidiu, welcher auch privat unter der Telefonnummer 354 502 erreichbar ist. Notfälle (rum. *Urgenţă*): Telefon Nr. 352 961.

6

In der Wildnis entsteht eine Stadt

Auch wenn sowohl Österreich-Ungarn wie die *"teitschen"* Kolonisten die Gründung der Stadt für sich reklamieren, siedelten selbstverständlich schon viele Jahrhunderte früher Menschen am Wischaufluß. (Eine eigentliche Stadtgründung hat nie stattgefunden; Vişeu de Sus wuchs im 19. Jh. infolge wirtschaftlicher Erschließung durch Österreich-Ungarn und damit verbundenen Bevölkerungsbewegungen zu "Stadtgrö-ße"). Vişeu de Sus wird erstmals in einem Dokument aus dem Jahre 1365 erwähnt, bewohnt und im Besitz der sogenannten Knesen, welche als eine Art Ureinwohner der Maramureş gelten und in dieser Zeit dem ungarischen König unterstellt waren. Die Gegend zwischen Unterwischau, Borşa und dem Prislop-Paß müssen wir uns im Mittelalter als größtenteils bewaldete Wildnis vorstellen, wo die Menschen in den fruchtbaren, aber auch sumpfigen Talebenen mühsam ihre Felder durch Rodung und Trockenlegung erschließen mußten.

Der Alltag war bestimmt vom schier aussichtslosen, harten Kampf gegen die übermächtige Natur; diese ursprünglichsten Karpatenbewohner hatten wohl andere Sorgen und Ängste als sich mit der Frage zu beschäftigen, welchem weit entfernten Fürsten oder König sie nun eigentlich Untertan waren. Die Wege – so es welche gab – waren beschwerlich und gefährlich, das Gebiet dünn besiedelt, Selbstversorgung die einzig mögliche Existenzgrundlage, Krankheiten und Hungersnöte ständige Begleiter. In der zweiten Hälfte des 18. Jh. besann man sich in Wien und Budapest aber auch dieser, bis dahin zentralwirtschaftlich vernachlässigten Ländereien in den Grenzgebieten des Österreichisch-Ungarischen Imperiums. Die riesigen Wälder versprachen zwar nicht gerade das große Geld, aber bei entsprechender Ausbeutung doch immerhin relevante Gewinne für Kaiser, Staat und seine stellvertretenden gnädigen Herren vor Ort.

Offensichtlich spielte die einheimische rumänische Bevölkerung bei dieser wirtschaftlichen, von außen eingeleiteten Entwicklung nicht die gewünschte Rolle (wahrscheinlich hatten sie einfach keine Lust, für so etwas Abstraktes wie "Lohn" ihre Äcker aufzugeben und Knechte fremder Menschen zu werden). Jedenfalls wurden von Anfang an Arbeitskräfte aus deutschen Gefilden in die Maramureş importiert. Es waren vorzugsweise verarmte Kleinbauern und Holzarbeiter aus Oberösterreich oder der damals deutsch besiedelten Landschaft Zips (in der heutigen Slowakei, südlich der Hohen Tatra); ihre Arbeitsbedingungen beim gnädigen Herrn Ärar (so hieß der Verwalter – meist adliger Herkunft – für die staatlichen Wälder und Ländereien) würden aus heutiger Sicht zutreffender als Sklavenhaltung bezeichnet, und zurück in ihre Heimat durften und konnten sie nicht.

"Die deutsch sprechenden Holzarbeiter kamen auf Grund eines Vertrags mit dem Ärar, der damaligen österreichisch-ungarischen Verwaltung, nach Oberwischau. In diesem Vertrag wurde ihnen eine Belohnung (Lohn), Boden (drei Joch Land das sie selber roden mußten) und Holz zum Bau eines Hauses zugesichert – dafür mußten sie im staatlichen Holzschlag arbeiten. Das gerodete Feld blieb im Besitz des Staates, durfte aber von der Familie bearbeitet und abgeerntet werden. Ebenso blieb das Grundstück, auf dem das Haus stand, Staatseigentum. Das Holzhaus allein gehörte dem Zipser; wenn er aber nicht mehr arbeiten konnte und keinen Sohn hatte, der seine Stelle übernehmen konnte, so mußte er das Haus abreißen und das Grundstück wieder freigeben. Die ärarischen Arbeiter erhielten keine Pension; wenn sie nicht mehr arbeiten konnten, mußten sie von den eventuellen Ersparnissen und dem Ertrag von ihrem Garten leben. Dieser "gesicherte" Lebensabend war aber nur denkbar, wenn ein Sohn die vertraglichen Verpflichtungen des Vaters gegenüber dem Ärar übernahm und arbeiten ging." Dr. Desiderius Hagel, 1968 (Stephani, "Oben im Wassertal")

Unter der Kaiserin Maria Theresia wurden 1773 die ersten "teitschen" Holzarbeiter im Wassertal angesiedelt, zwei Jahre später kamen weitere Familien aus Tirol und dem Salzburger Land. Die ersten verbürgten Namen sind noch heute im römisch-katholischen Kirchenbuch von Oberwischau nachzulesen: Joseph Reiss (Zimmermann), Franz Pfifferling (Holzarbeiter), Johann Königsberger (Zimmermann), Johann Leitner (Geselle), Johann Schmied (Zimmermann), Joseph Grenzer und Johann Reissenbichler (beide Holzarbeiter). Zusammen mit anderen Familien waren sie (oder ihre Eltern) erst 36 Jahre früher von Gmunden (Oberösterreich) nach Deutsch Mokra in der heutigen Slowakei gekommen; es bleibe dahingestellt, wie "freiwillig" diese besitzlosen Handwerker eine neue Heimat in der Wildnis der Waldkarpaten zu

▲6 ▲7   ▲8   ▼9

▲ ⑩ ▼ ⑪   ▶

▲13   ▼14   ▼15 ▼▼16   ▶

▲▲ 57　▲ 58　　　　　　　▲ 59　　　　　　　　　▼

Der Wasserfluß kurz vor Vișeu des Sus

finden hatten. Zwei Jahre später folgten mit 25 Familien aus Gmunden weitere "Siedler", die man im heutigen Sprachgebrauch wohl als "Wirtschaftsflüchtlinge deutscher Muttersprache" bezeichnen würde.

Gezwungenermaßen wurden sie zu Pionieren, die mit nichts als ihrer Hände Arbeit eine neue Existenz aufbauen mußten – dabei entstand Oberwischau. Auf dem ihnen zugewiesenen Stück Wildnis, auf dem Schwemmland der Flüsse Wischau und Wasser, mußten sie erstmal mühsam roden und das Land gegen die unberechenbaren Fluten schützen. Aus den gefällten Bäumen entstanden einfache Blockhäuser, oftmals wurden die Rundhölzer nicht einmal abgeschält. Die Lücken stopfte man mit Moos und Lehm, als Küche diente eine offene Feuerstelle mitten im Raum. Ein roh gezimmerter Tisch, für die ganze Familie ein Bett, als Matratze ein mit getrocknetem Gras gefüllter Sack – fertig war die Behausung. Der Vater arbeitete und lebte als Holzfäller die meiste Zeit oben im Wald, seine Frau und

der Nachwuchs mußten mit ihrer Selbstversorgung irgendwie über die Runden kommen.

Obwohl also diese ersten Einwanderer ähnlich wie die Siedler im "Wilden Westen" vollkommen auf sich selbst gestellt waren, galten sie streng juristisch als Angestellte des Ärars, dem österreichisch-ungarischen Verwalter. War ihr Lohn auch äußerst bescheiden, so verfügten sie doch über etwas, was den ursprünglichen rumänischen Bergbauern praktisch unbekannt war: Geld. So erstaunt es nicht weiter, daß sich bereits im Jahre 1780 die ersten zwei Kaufleute in Oberwischau niederließen und Geschäfte eröffneten. Diese Händler waren übrigens nicht etwa Juden, sondern deutschsprechende Armenier aus Siebenbürgen. Langsam aber stetig entwickelten sich die wirtschaftlichen Strukturen so, wie man es sich im fernen Wien und Budapest vorgestellt hatte. Bis zur Jahrhundertwende entstanden eine Mühle mit angeschlossenem Sägewerk, und mit Hilfe italienischer

Fachleute errichtete man oben im Wassertal die "Klaus" (Talsperre) bei Makerlau und einen kleineren Damm bei Fāina, der die Holzflößerei im großen Stil ermöglichte.

Der Ärar versuchte sich zwischenzeitlich sogar im Goldgeschäft: 1785 holte er sich sechs Goldwäscherfamilien vermutlich aus Bayern, da der Sand des Wischauflusses goldhaltig war. Allerdings gab man bereits 1848 diese Bemühungen wieder auf; offensichtlich waren die Vorkommen doch zu gering.

1801 wurde die erste Holzbrücke über den Wasserfluß kurz vor der Einmündung in die Wischau gebaut, womit endlich die auf beiden Uferseiten in einer Art Straßensiedlung lebenden deutschsprachigen Einwanderer miteinander verbunden waren.

Ausgerechnet die erste, bescheidene kleine Holzkirche entstand aber nicht durch die römisch-katholischen Hände der Immigranten: Praktiker die sie waren, demontierten die "Teitschen" kurzerhand das entweihte Holzkirchlein des verlassenen orthodoxen Klosters von Valea Scradei, einem Seitental im "Wasser", um es in ihrer Siedlung an der Hauptgasse als "katholisch" wieder auferstehen zu lassen (1929 übrigens, als die jetzige Kirche schon 20 Jahre stand, ging die Reise dieses "Bausatzkirchleins" noch weiter: heute steht es in einem Frauenkloster am schwarzen Meer).

Im Jahre 1808 – laut Kirchenstatistik betrug damals die deutschsprachige Bevölkerung bereits 1138 Seelen – wurde die erste rumänische Schule eröffnet, welche auch deutsche Kinder besuchen konnten. Eine deutsche Schule entstand erst 66 Jahre später, denn Schulbildung hielten viele Deutsche (und wohl auch der Ärar) für etwas entbehrliches; man arbeitete von klein an, die Mädchen zuhause, die Buben im Wald – zum "schtudieren" blieb da keine Zeit.

Der erste Oberwischauer Zipser mit Universitätsabschluß, Dr. Desiderius Hagel, wußte noch zu erzählen, wie seine Großmutter einmal den Pfarrer um Rat fragte,

weil ihr Bub Forstbeamter werden wollte. Der Geistliche sprach Klartext mit der besorgten Frau: sie soll ihren Sohn bloß nicht länger in die Schule schicken, denn jeder soll bleiben, als was er geboren sei. So kam der Vater von Doktor Hagel eben in den Holzschlag, und erst seinem Sohn war es vergönnt, an der Universität von Czernowitz zu studieren.

Im Jahre 1812 und nochmals acht Jahre später kamen weitere Siedler nach Oberwischau, alle aus der Landschaft Zips (heute Slowakei), wo wirtschaftliche Rezession und veränderte politische Strukturen den deutschen Gemeinden arg zusetzten. Nach diesen letzten Siedlern, die sich auf der rechten Seite des Wasserflusses niederließen, nennt man dieses Viertel von Vişeu de Sus bis heute "Zipserei" d.h. Zipser Reihe, Zipser Reihensiedlung (nach Anordnung ihrer Häuschen). Die ersten Einwanderer, die "Teitschen", lebten ihrerseits auf der anderen Flußseite in der "Teitschi Reih". Heute bezeichnen sich alle verbliebenen deutschsprachigen Bewohner von Vişeu de Sus als Zipser ("deutsch" war nach dem 2. Weltkrieg wohl ein zu belasteter Begriff geworden), aber bis in unser Jahrhundert wurde in Oberwischau klar unterschieden, was allerdings weniger eine "ethnische" denn eine klassenkämpferische Ursache hatte: die später gekommenen, anspruchsloseren Emigranten aus der Zips gaben sich bei Arbeitskonflikten mit dem Ärar auch mit weniger Lohn oder härteren Bedingungen zufrieden, waren deshalb bei den alteingesessenen Deutschen schnell als unsolidarische Streikbrecher verhaßt. Der lachende Dritte dürfte bei diesen Streitigkeiten der Arbeitgeber gewesen sein, was einem doch irgendwie bekannt vorkommt.

Etwa ab 1840 ließen sich in Oberwischau und den benachbarten Orten vermehrt Einwanderer anderer Provenienz nieder: die Juden. Als Handwerker, Fuhrleute und Händler aus der Bukowina und dem dama-

Blick vom jüdischen Friedhof auf die Stadt

ligen Galizien gekommen, erkannten sie
schnell die vielfältigen Möglichkeiten in der
damit endgültig aufstrebenden Stadt und
ihrer Umgebung. Schon bald gab es kaum
einen wirtschaftlichen Bereich, wo nicht
auch Juden so tüchtig arbeiten konnten wie
ihre zipserischen, deutschen oder rumänischen Nachbarn.

Durch ihre Geschichte ein anpassungsfä-
higes Dasein gewohnt, fanden auch diese
letzten Immigranten noch ihren bescheidenen Platz in einer Gesellschaft, wo jeder zufrieden war, wenn er seine Familie ernähren
konnte. Etwas allgemein kann gesagt werden: Während die Deutschen in erster Linie
Holzfäller und Flößer waren, verdiente sich
die Mehrheit der Juden ihr Brot durch
Kleinhandel und vor allem Handwerk (die
rumänische Bevölkerung wohnte außerhalb
der Stadt und betrieb wie ihre Vorfahren
Ackerbau und Viehzucht). In den größeren
Betrieben wie Mühlen oder Sägewerken arbeiteten jüdische und deutsche Angestellte
Seite an Seite; man hatte keine Probleme

miteinander, man war gleich. Beide Volksgruppen sprachen *"Wischauer Teitsch"*, die
Juden unter sich auch jiddisch, was bekanntlich dem Deutschen sehr ähnlich ist.
*"Die Juden waren so wie wir: arm, haben
gearbeitet, haben gelebt, haben Leid gehabt, haben Freud gehabt, na, wie das so ist
im Leben. Der Jud war ein Mensch wie die
Zipser auch. Ja, er hat sich anders kleidet,
er hat gehabt Peikles (Schläfenlöckchen),
er ist am Samstag in den Tempel gegangen.
Aber sonst waren die genau wie wir, das
könnt ihr mir glauben".* Joseph Nyak, 1988
(Stephani, "War einer Hersch...").

Ab 1859 wurden in Oberwischau Synagogen errichtet, und in den siebziger Jahren
besuchten ca. 600 Kinder den *"Cheder"*,
wie die jüdische Schule neben der großen
Synagoge genannt wurde. Im Unterschied
zu den Zipsern legten die Juden großen
Wert auf die geistige Erziehung ihrer Kinder: *"Sehen Sie, das war so: die jüdischen
Kinder sind schon mit drei Jahren in die
Schule gegangen; auch das ärmste Kind*

115

*ging in die Chederschule, lernte lesen und
schreiben, lernte Sprachen, lernte aus der
Bibel lesen... die Deutschen hatten da eine
ganz andere Einstellung. Die Rumänen und
die Ruthener (Ukrainer) waren fast alle An-
alphabeten, von den Deutschen ein großer
Teil, von den Juden niemand".* Paul Lahner,
1988 (Stephani, "War einer Hersch,..."). So
erstaunt es nicht, daß ab dem Jahre 1896 in
Oberwischau eine jüdische Druckerei existierte, welche ab 1922 sogar eine religiöse
Zeitung herausgab (bis heute das einzige
Presseerzeugnis, das je in Vişeu de Sus erschienen ist).

Der wohl entscheidende Unterschied
zwischen den Juden und ihren deutschen,
rumänischen oder ukrainischen Nachbarn
war aber weder kulturell noch konfessionell
begründet; er lag in einer Art Wissensvor-
sprung und "Weltverbundenheit", die den
Zipsern völlig fehlte. Oberwischaus jüdische
Gemeinde war durch ihre fahrenden Händler, Kaufleute, Heiratsvermittler und nicht
zuletzt auch Fuhrleute mit ihren Volksgenossen in ganz Osteuropa verbunden, mit
Zentren wie Sighet oder der "heimlichen"
jüdischen Hauptstadt Czernowitz. Die deutsche Minderheit ihrerseits hatte praktisch
keinen Kontakt zu ihren Landsleuten im
weitesten Sinn; nicht einmal zu den Siebenbürger Sachsen, oder den Sathmarer
Schwaben, welche nun wirklich nicht am
anderen Ende der Welt lebten.

Nach einer Volkszählung im Jahre 1910
lebten im Marktflecken Oberwischau und in
den dazugehörigen Weilern und Holz-
fällersiedlungen exakt 5268 deutsche und
5120 jüdische Untertanen der k.u.k. Monarchie. Um die Jahrhundertwende bot sich
also in Vişeu de Sus/Oberwischau/Ojber-
wischo ein Bild der relativen Harmonie:
eine halb jüdische, halb deutsche Kleinstadt
auf rumänischem Boden im bröckelnden
Reich von Österreich-Ungarn. Verlassen wir
damit die Geschichte und schauen wir im
Vişeu de Sus von heute, was davon übrigge-

blieben ist, was in den letzten 90 Jahren da-
zugekommen ist – im Guten wie im
Schlechten. *"Es war immer irgendwie, es
wird immer irgendwie sein":* Großmutter
"Rosa-Nenni" Schiesser bringt das schwierige Leben der Bewohner in dieser vergessenen Kleinstadt der rumänischen Waldkarpaten unfreiwillig philosophisch auf den
Punkt.

Eine Art Stadtrundgang

Der von Sighet kommende Besucher durch-
fährt nach dem gesichtslosen Ort Vişeu de
Jos (Unterwischau) das Straßendorf
Mittelwischau, bis ein großes, quer über die
Straße errichtetes Maramureş-Holztor ihm
auf rumänisch verkündet: Willkommen in
Vişeu de Sus, Partnerstadt von Zug
(Schweiz) und Fürstenfeld (Österreich). Zu
den beiden "Bruderstädten" kam Wischau
selbstverständlich erst nach dem Sturz von
Ceauşescu; sie helfen sowohl im sozialen
wie auch wirtschaftlichen Bereich die
schlimmsten Folgen des Zusammenbruchs
des sozialistischen Systems zu mildern –
mit unterschiedlichem Erfolg.

Versickert beispielsweise die an das Spital gelieferte Hilfe meist, bevor sie die wirklich bedauernswerten Patienten zu spüren
bekommen, wurde das abgebrannte Sägewerk andererseits – dank ausländischer
Hilfe – in Rekordfrist wieder aufgebaut, und
droben im Wassertal ist bald jeder Waldarbeiter glücklicher Besitzer von robusten
Schuhen, Rucksäcken und Filzjacken aus
Beständen der Schweizer Armee, erkennbar
an den Messingknöpfen mit Schweizer-
kreuz. So wild und chaotisch in den ersten
Jahren nach dem Umsturz die "wohltätigen"
Spenden in Form von ausgedienten Kleidern, verfallenen Medikamenten und son-
stigem Plunder unter die Leute gebracht
wurden, versuchen die meisten Hilfsorgani-
sationen heute doch etwas sinnvoller und
auch zielgerichteter vorzugehen.

6

Leider aber ist die "Entwicklungshilfe" in Vişeu de Sus wie auch andernorts ein Tummelplatz sehr unterschiedlicher Gesinnungen und Ansichten. Und daß auch noch so viele Lastwagen mit sogenannter "Aushilfe" nie genug Güter für alle herschaffen können, haben die Menschen – die sozialistische Mangelwirtschaft läßt grüßen – sehr schnell begriffen: die logische Folge war ein bis heute anhaltender Kampf um die besten Plätze bei der Verteilung der heißbegehrten "Geschenke aus dem Westen". Jeder ist auf seinen Vorteil bedacht, es wird gestritten und geneidet, daß es dem Teufel eine Freude ist. Hoch die internationale Solidarität – auch wenn die gutnachbarliche dabei in die Binsen geht. Da es so nicht weitergehen kann, hat die rumänische Regierung per Gesetz das Verschenken großer Mengen von Hilfsgütern an Privatpersonen eingeschränkt; gebrauchte Kleider etc. müssen heute zu einem Preis verkauft werden, der zu ca. 10 % dem Ladenpreis des vergleichbaren Produkts in Rumänien entspricht.

Oberwischau, im Vordergrund die Zipserei

Vorbei am Schlachthof und der großen Möbelfabrik linkerhand, immer der zunehmend dichter bebauten Hauptstraße folgend, erreichen wir nach einer großzügigen Linkskurve die breite, auf beiden Seiten mit Schranken gesicherte Straßenbrücke über den Wischaufluß. Zwei Eisenbahngeleise kreuzen hier die Straße: vor der Brücke die Linie von Unterwischau (Vişeu de Jos) nach Borşa mit einem mittlerweile aufgelassenen Haltepunkt unmittelbar beim Bahnübergang, und auf der anderen Flußseite das Dreischienengleis, welches das "IF" (Sägewerk) und damit auch die schmalspurige Wassertalbahn (CFF) mit dem "Hauptbahnhof" von Vişeu de Sus verbindet – allerdings nur für den Güterverkehr. Fluß und Geleise glücklich überquert, biegen wir in einem Rechtsbogen unweigerlich auf die "Prachtstraße" im Zentrum von Oberwischau ein, die Straße *22 Decembrie*. Vor dem städtischen Spital links springt dem

müden Reisenden vielleicht der Wegweiser mit "Hotel" ins Auge. Wenn auch die Richtungsangabe stimmt, muß vor besagtem Etablissement am Ende des Sträßchens gewarnt werden. Zur Zeit werden aus "Hygienegründen" sowieso keine Zimmer vermietet; die Verfasser haben aber genug durchfrorene Nächte ohne Wasser unter diesem Hoteldach verbracht, um guten Gewissens von einem krassen Preis-Leistungsverhältnisses zu sprechen.

Zurück an der Hauptstraße passieren wir links das unübersehbare Spital, von dem böse Zungen behaupten, *"wer noch nicht krank sei, werde es dorten schon noch werden..."*. Hier findet man zwar gute Ärzte, aber von einem längeren Aufenthalt ist zarten westeuropäischen Gemütern abzuraten (Siehe unter "Arzt" am Anfang dieses Kapitels). Immer noch linkerhand folgt das *"Lyzeum"* (höhere Schule) und gleich nebenan das ehemalige Kulturhaus (*Casă de cul-*

tur**ă**), wo sich an Wochenenden die Jugend von Vişeu de Sus bei Discomusik vergnügte. Tip: die kleinen Kioskhäuschen vor dem Kulturhaus haben die längsten Öffnungszeiten bei gleichzeitig günstigsten Zigarettenpreisen...

Blickrichtung Rodnagebirge zeigt sich uns Oberwischaus Zentrum von seiner schönsten Seite: gesäumt von großzügigen, promenadenähnlichen Trottoirs reiht sich Geschäft an Geschäft, die städtischen Häuserzeilen stammen größtenteils aus der Jahrhundertwende; links erhebt sich die erst kürzlich erbaute, imposante griechisch-katholische Holzkirche, rechts direkt an der Hauptstraße die katholische und gleich dahinter noch die rumänisch-orthodoxe Kirche mit ihren charakteristischen Kuppeldächern. An der zentralen Kreuzung steht das frühere Hotel "Cerbul", es beherbergt heute eine Bank und ein Restaurant. Im Hinterhof dieses Gebäudes finden im Sommer gut besuchte Rockkonzerte statt, unmittelbar neben der 1997 eröffneten Disco-Bar "Viva".

Die Stadtverwaltung ist an der Hauptstraße, im ehemaligen Schloß des von den Kommunisten vertriebenen gnädigen Herrn Ärar. Die bereits eingangs zitierte Großmutter "Rosa-Nenni" Schiesser hat als junges Mädchen noch bei der gnädigen Frau "Pop Simoni" als Zofe gedient. Sie erinnert sich noch gut an die Zeiten bei den Herrschaften und erzählt davon, als sei dies erst gestern gewesen: *"Die reichste Frau in Wischau war sicher die Pop Simoni. Sie wohnte damals im Schloß ganz allein, nachdem ihr Mann schon vor meiner Zeit gestorben war. Soviel Porzellan, Silberbesteck und teure Wäsche dort in ihrem Haus war, soviel ward nicht im größten Gewölb* (Geschäft) *der Stadt zu finden. Die Gräfin selbst war so eine Geizige, die trug immer dasselbige abgetragene Gewand, diesselbigen alten Schuhe. Wissens, ich war als junges Maderl eine Freche, und einmal hab ich zu ihr ge-*

sagt: Verzeihens, gnädige Frau, Sie habens doch so viele schöne Kleider in ihren Schränken, warum tragens immer dasselbige geflickte alte Gwand? Hat sie mir geantwortet: Kind, das mußt Du noch lernen, daß wer nicht sparen kann, es im Leben nie zu etwas bringt. Na, und was ist der Gräfin geblieben, wo die Kommunisten kamen, nach dem Krieg? Nichts, nur a Koffer durft sie mitnehmen, alles andere mußt sie lassen".

Dem per Auto angereisten Besucher empfehlen wir, seine edle Karosse abzustellen: zum Beispiel unmittelbar hinter der katholischen Kirche rechts einzubiegen und vor Frau Botas "Xerox"-Büro zu parken. Übernachtungswünsche können drinnen bei Frau Bota-Schiesser bei einer Tasse Kaffee auch gleich angebracht und organisiert werden; sie spricht perfekt deutsch und ist die gute Seele für ortsfremde Besucher. Begeben wir uns danach wieder auf die Straße: das pulsierende Kleinstadtleben muß man – wie die einheimische Bevölkerung – zu Fuß erleben. Das rege Treiben auf der Hauptstraße ist durch die zahlreichen Geschäfte allein nicht zu erklären (ganz abgesehen davon, daß die für rumänische Geldbeutel horrenden Preise die Einheimischen keinesfalls zu einem lustvollen "Einkaufsbummel" verführen); man kommt in die Stadt, um etwas zu erledigen, fragt herum, grüßt Bekannte und tauscht Neuigkeiten aus, hört hier etwas und erzählt es dort weiter, nichts klappt auf Anhieb, aber alles ist machbar. Es gibt keine lokale Zeitung, kein Radio; die Kommunikation läuft von Mund zu Mund, und dazu braucht der vom Berg heruntergekomme Waldbauer viel Zeit und eine für uns Westeuropäer unfaßbare Geduld.

Nehmen auch wir uns die Zeit und schlendern etwas durch Oberwischaus Zentrum, es lohnt sich. Richtung Borşa linkerhand, nach dem unvermeidlichen Glücksspiel-Lokal "Bingo", finden wir an der Ecke

6

Mosche Friedmann vor seinem Haus in der ehemaligen Judengasse

zur "*Carpaţilor*"-Straße einen unschönen sozialistischen Bau mit einem Kinderwarengeschäft. Exakt an dieser Stelle stand bis in die siebziger Jahre Wischaus größte Synagoge. Sie wurde ein frühes Opfer der sogenannten "Systematisierung der Ortschaften", wie das hirnrissige Programm der geplanten Zerstörung ganzer Dörfer unter Ceauşescu offiziell genannt wurde.

Folgen wir der links einmündenden *Stradă Carpaţilora*, befinden wir uns auf dem Pflaster der ehemaligen Judengasse, sind im Schtetl. Vorbei – nichts deutet noch auf diese Vergangenheit hin; wer sich aber die Mühe macht, diese äußerlich besehen gewöhnliche Straße entlangzugehen, stößt nach etwa 150 Metern linkerhand (von der Hauptstraße her) auf ein altes Holzhaus mit vorspringenden Fenstereinfassungen, welches sich auffallend von den Nachbarhäusern unterscheidet. Hier wohnt der letzte Jude von "*Ojberwischo*", der ehemalige Schafhirte Mosche Friedmann, mit seiner Lebensgefährtin Baila Rosenberg. Begleitet von einer mit ihnen bekannten Zipserin ha-

ben wir dem Ehepaar Friedmann einen Besuch abgestattet; und obwohl seine Frau schwer krank war, hat Mosche uns doch in seine Stube gebeten, geduldig unsere Fragen beantwortet, über Unfaßbares gesprochen. Nie werden wir diese Begegnung vergessen: leise und bedächtig, ohne Anklage oder Groll erzählte er von seinem Schicksal; unterbrochen von Minuten des vielsagenden Schweigens, in denen seine gütigen Augen wie durch uns hindurch blickten, in eine andere, vergangene Welt.

Mosche Friedmann hat mit viel Glück Arbeitslager und KZ überlebt; erst als er nach Oberwischau zurückkehrte, erfuhr er von der Ermordung seiner Frau und seines einzigen Kindes in Auschwitz. Baila Rosenberg wurde zusammen mit ihrem Vater und ihren fünf Geschwistern nach Auschwitz deportiert; sie kam als einzige ihrer ganzen Familie mit dem Leben davon. Mosche und Baila haben dann später geheiratet; die Ehe blieb aber kinderlos.

Was in jenen schrecklichen Jahren nach dem "Wiener Schiedsspruch" vom 30. August 1940 geschah, als Nordsiebenbürgen und die Maramureş (somit auch Oberwischau) dem mit Hitlerdeutschland verbündeten Horthy-Ungarn zugesprochen wurde, hat Dr. Claus Stephani in seinem Buch "War einer Hersch, Fuhrmann" in Form von Erinnerungsgesprächen (heute hieße das wohl "oral history") recherchiert. Wir empfehlen allen Interessierten dieses bemerkenswerte Buch, aus dem wir die folgenden Zitate übernommen haben:

"Im Jahre 1942 hat man (die ungarischen Gendarmen und Horthysoldaten) begonnen, die Juden zu verhaften. Die Gegend Berggasse, Judengasse, Flußgasse...wurden abgesperrt und zum Ghetto erklärt, niemand durfte heraus und niemand hinein (auf diesem engen Raum wurden bis zum 30. April 1944 nicht nur die jüdischen Bewohner Oberwischaus, sondern auch aus anderen Gemeinden zusammengepfercht, zeitweilig waren das 13000 bis 17000 Menschen...)". Paul Lahner, Oberwischau.

"Im Frühling 1944, die Bäume haben schon blüht, da sind die ungarischen Polizisten an einem Morgen ins Ghetto gegangen und sind auch gangen durch den ganzen Ort, haben alle Juden, Kinder, Frauen, alte Leut, aus den Häusern holt, sie mit Füßen treten und schlagen und abführt. Manche haben nicht wollen herauskommen aus den Häusern, hatten sie Angst, dann haben die Kinder geweint, die Frauen haben geweint, manche alten Leut waren krank, waren gelegen im Bett, konnten nicht gehen, dann mußten die andern sie stützen oder tragen. Also die, was geweint haben, haben noch kriegt Prügel, die hat man noch treten mit die Stiefel, damit sie ruhig sind. Beim Bahnhof Oberwischau mußten die armen Leut sitzen auf der Erd, manche mehrere Täg, bis man sie hat einwaggoniert und auf Sighet geführt. Es war damals eine große Hitzen, und die Polizisten haben nicht erlaubt, daß man soll den Juden Wasser geben zu trinken. Wir sind hingegangen und

haben von weitem geschaut, wie die Juden sind gesessen mit ihren Kindern auf der nackten Erd in der Sonne, sie haben immer gerufen: Wossr! Wossr! Aber die Polizisten haben gelacht, haben Spott getrieben mit den Juden, haben in Flaschen hineinbrunzt und dann Wasser zuschüttet und das geben für die Juden zu trinken, oder haben ihnen geben Salzwasser." Elisabeth Jurtschuk, Oberwischau.

"Wir habn nix machn kinnen. Wir habn fragt die Soldatn, was sein kommen in die jiedischen Heiser, was macht's mit die Judn? Die habn sagt, sie machn nix mit die Judn, sollent sie fiehrn auf Arbeit..." Anna Jakobowitsch. Oberwischau.

In Zahlen: 33 987 Maramurescher Juden sind in Auschwitz ermordet worden; von den über 9000 aus Wischau deportierten Juden haben nur etwa 700 den Holocaust überlebt. Nach 1948 begann die Auswanderung der letzten Wischauer Juden nach Israel – heute lebt nur noch Mosche Friedmann in der ehemaligen Judengasse.

"Glauben' s mir, manchmal im Schlaf seh ich die jüdischen Leut aus meiner Kindheit, und ich wein, aber nicht wirklich, nur im Schlaf, weil es ist so ein großer Schmerz in mir. Alle sind tot, alle sind weg, und ich bin hier, ein alter Mann. Ich hab mein Leben gelebt, neunundsiebzig Jahr sind eine scheene Zeit, aber die Tilli, die kleine, die hat vierzehn Jahre gelebt, und die vielen andern Kinder, was sind da herumgesprungen, die Judenkinder, wie lang haben die gelebt? Ein Jahr, drei Jahr, fünf oder zehn... Dann hat man sie geführt nach Auschwitz, und dort sind sie geblieben..." Adolf Sedlak, Oberwischau.

Beschließen wir mit diesem traurigen Thema unseren kleinen Stadtrundgang, denken wir darüber nach, was hier vor nicht mal einem Menschenleben geschehen ist... verlassen wir die Judengasse links hinunter, an der monumentalen deutschen Schule vorbei, zum Wasserfluß, über die Brücke in die Zipserei, dem ehemals deutschen (und auch jüdischen) Viertel von Oberwischau. Und bevor wir uns in diesen Gassen mit den verbliebenen *"teitschen Leit"* und ihrem bewegten Schicksal der letzten sechzig Jahre bekannt machen, empfehlen wir noch einen kleinen Spaziergang: gleich nach der Brücke links, vorbei am zerfallenen Schwimmbad, das aus glücklicheren sozialistischen Zeiten stammt, steigen wir den Berg hoch auf die erste *"Podori"* (Plateau) oberhalb der Stadt, lassen die katholischen und orthodoxen Friedhöfe vorerst mal unbeachtet und besuchen am Hang zur zweiten Podori den schon von weitem sichtbaren jüdischen Friedhof.

Um seine Erhaltung sind jüdische Emigranten aus Amerika und Israel besorgt; ein massiver Zaun schützt die letzte Ruhestätte der jüdischen Bewohner Oberwischaus. Und wenn uns auch der nicht sonderlich sympathische, notabene aber offiziell mit diesem Amt beauftragte rumänische Friedhofswächter ein erkleckliches Eintrittsgeld abverlangt (unbedingt eine Quittung verlangen!) treten wir doch ein; es gibt wohl kaum einen passenderen Ort, um in Ruhe der Opfer von Nazideutschland zu gedenken, in sich zu gehen und ganz persönlich wieder einmal darüber nachzudenken, warum Menschen einander derart unfaßbares Leid zufügen können.

In der "Zipserei"

In Vişeu de Sus den Weg zur *"Zipserei"*, dem ehemaligen deutschen Stadtteil zu beschreiben, können wir uns sparen: offiziell längst aus allen Ortsbezeichnungen gestrichen, ist dieser Name trotzdem nun wirklich jedem Bewohner der Maramureş ein Begriff, egal ob Rumäne, Ungar, Ruthene oder eben Deutscher; man mache die Probe und frage sich durch. Durch den Wasserfluß vom "Rest der Stadt" getrennt,

In der deutschen Schule

ist das Viertel (und der besiedelte untere Teil des Wassertales) bis heute einzig über die *"Elefantenbruckn"* auf Rädern mit einem PS oder mehr erreichbar.

Den Besucher empfängt als erstes eine schnurgerade gepflasterte Straße, gesäumt von kleinen, geduckten Häuschen, deren Eingänge und Gärten sich hinter brusthohen Bretterzäunen verstecken. An der Hauptstraße springt einem linkerhand das große *"Autoservire"*-Lebensmittelgeschäft inklusive Kneipe förmlich ins Auge; nicht zuletzt, weil der Besitzer die Glastüre – wohl in der Hoffnung auf BRD-gewöhnte Kundschaft – mit einem riesigen "ALDI" verziert hat. Als Malvorlage diente vermutlich eine Plastiktüte besagter Ladenkette aus dem Westen, kurz nach der Wende in Rumänien ein prestigeträchtiges, begehrtes Sammlerobjekt. Immer geradeaus, befindet sich nach ca. 100 Metern auf der linken Seite das deutsche Forum, der "Zipser Verein Edelweiß".

Äußerst dezent angeschrieben, wird dieses Haus von Ortsunkundigen leicht übersehen. Es ist in vielerlei Hinsicht eine gute Adresse: man spricht deutsch, vermittelt Privatzimmer und ist generell gegenüber Besuchern sehr hilfsbereit. Und – keine Selbstverständlichkeit in der lokalen Gastronomie – es gibt immer wirklich kühles Flaschenbier, und zwar vom Besten, was in Rumänien gebraut wird. Wer seine Unter-

6

Typische Gasse in der „Zipser´Reih"

kunft bereits bezogen, das Auto sicher im zugehörigen Hof verwahrt hat, dem empfehlen wir nun guten Gewissens in der "Bar" des Forums etwas hängenzubleiben. Die einheimischen Gäste sind immer für einen kleinen Schwatz zu haben, und ihre verständliche Neugier gegenüber dem "Fremden" stößt hoffentlich auf Gegenseitigkeit. Hier ist man offen, ehrlich und direkt; Angeberei und Arroganz ist den Zipsern fremd. Zum Wohl und Prost!

An dieser Stelle ein paar generelle Informationen zur "Kneipenszene" in Vişeu de Sus, nicht nur für potentielle Nachtschwärmer gedacht: In Oberwischau und seinen Vororten existieren mehr als 250 kleine und kleinste, privat betriebene "Café-Bars"; die meisten bestehen aus einem einzigen Raum, welcher mit einem einfachem Tresen und ein paar Stühlen zwar knapp, aber durchaus zweckmäßig möbliert ist. Das Angebot für die Gäste beschränkt sich in der Hauptsache auf alkoholische Getränke, Limonade, manchmal Kaffee (und selbstverständlich Zigaretten). Liköre, Schnäpse und

Bier sind nicht unbedingt vom Feinsten, aber für die einheimische Kundschaft noch teuer genug. Eine relativ frühe "Polizeistunde" versöhnt den vielleicht etwas schokkierten Besucher mit der augenfälligen Tatsache, daß in Rumänien schon tagsüber kräftig (von Einzelnen auch maßlos...) getrunken wird.

Legendär ist das *"Am Pergl"* in der Zipserei; in sozialistischen Zeiten die Holzfällerkneipe schlechthin, kippten hier die heimkehrenden Waldarbeiter am Samstag Abend ihre *"Stamperl"*, noch mit dem Rucksack am Buckel, im Stehen hinunter. Durchaus empfehlenswert ist die *"Bar Paradies"* in der ersten Straße rechts nach der Zipserbrücke stadteinwärts; im weiteren das *"Schulligulli"* (Zipserei, am Wasserfluß), der *"Hanul Poartă"* am Ortsausgang Richtung Sighet oder das Restaurant bei der "Peco" Tankstelle – in allen drei Lokalen kann man auch essen. Laue Sommerabende, wo Wischaus Jugend die gleißend beleuchtete Hauptgasse hoch und runter flaniert, genießen Einheimische wie auch

Fremde bevorzugt auf den öffentlichen Sitz-
bänken zum Nulltarif.

Wieviele "Zipser", d.h. deutschsprechende Bewohner Vişeu de Sus heute noch hat,
kann niemand genau sagen. Die Grenzen
zwischen den verschiedenen Volksgruppen
haben sich verwischt, und hört man in der
Zipserei auch häufig noch ein "Servus" oder
"Grüß Gott", ist das Viertel schon lange
kein deutsches Viertel mehr. Dazu muß
man sich vergegenwärtigen, daß die deutsche Minderheit von Vişeu de Sus einen
völlig anderen Status hatte als beispielsweise die deutschsprachigen Bewohner Sie-
benbürgens. Die Zipser waren aufgrund ihrer kleinen Bevölkerungszahl bereits im vorigen Jahrhundert zu einer weitgehenden
Assimilierung gezwungen; ein übriges tat
die politische Entwicklung in den letzten
sechzig Jahren.

Bis zum Ende des 1. Weltkrieges gehörte
die Maramureş zu Ungarn, das in dieser
Zeit ziemlich rigide eine "Magyarisierung"
seiner rumänischen Komitate durchführte.
Zeitweise galt nur noch Ungarisch als offizielle Sprache; sogar Familiennamen mußten
geändert werden, wie auf den Grabsteinen
aus dieser Epoche nachzulesen ist (aus
Schiesser wurde ein ungarisches *Süszer*
oder *Siszer* etc.).

Als 1940 das nördliche Rumänien erneut
dem mit Deutschland verbündeten Ungarn
zugesprochen wurde, erfaßte der lange Arm
von Hitlerdeutschland die bis dahin vergessene deutsche Minderheit der Zipser in den
Waldkarpaten. Plötzlich gab es nicht nur
ungarische Polizisten und einen ungarischen Bürgermeister, sondern auch einen
"Ortsgruppenleiter" namens Funkenhauser,
der zusammen mit dem deutschen Pfarrer
den "Volksgenossen" die richtige Gesin-
nung beibrachte. Was das für die Juden bedeutete, haben wir eingangs beschrieben;
bei den Zipsern zeigte die antisemitische
Hetze zwar nicht die erhoffte Wirkung, aber
die Mehrheit der männlichen Jugend erlag

– wen wundert's – der nationalsozialisti-
schen Propaganda. Wer das zwanzigste Le-
bensjahr erreicht hatte, konnte sich freiwillig zur SS melden – und viele, zu viele junge
Zipser ließen sich von den schmucken Uni-
formen, den schneidigen schwarzen Stiefeln
und den großmäuligen Versprechungen der
reichsdeutschen Werber blenden und gingen zur SS.

"...und haben die Zipser beredet, sie sollen zur SS gehen, sie sollen für Deutschland
kämpfen, die haben auch den Leuten gesagt, sie sollen ihren Kindern reichs-
deutsche Namen geben, zum Beispiel
Adolf, der Name vom Führer..."* Adolf
Zirbus, Oberwischau
(Stephani, "War einer Hersch,..")

6

"Die SS-Leit vun Wischau waren bleede
Puben, dumm, nix im Kopf, was sie haben
kinnen war saufen, schießen, schlagen.
Darieber zu reden, es bringt nix, ist a
verloreni Zeit.."* Moses Pollak, Jude,
Oberwischau
(Stephani, "War einer Hersch,..")

Für die meisten der "bleeden Puben" endete der Traum von der großen weiten Welt in
einem namenlosen Soldatengrab irgendwo
an der Ostfront, wo sie – nach einer kurzen
militärischen Ausbildung – als "Kanonen-
futter" für das zusammenbrechende Deutsche Reich ihr junges Leben verloren. Die
Überlebenden wurden nach dem Krieg zur
"Aufbauarbeit" in die Sowjetunion ver-
schleppt, wie alle anderen deutschstämmigen "arbeitsfähigen" Männer und Frauen
zwischen 16 und 40 Jahren, derer die neue
Obrigkeit in den chaotischen Nachkriegsjahren habhaft werden konnte. Aus
dieser Gefangenschaft kehrten nur etwa
zwei Drittel nach einigen Jahren in ihre
Oberwischauer Heimat zurück.

Über diese dunkle Epoche sprechen die
Zipser bis heute nur ungern; um so erstaun-
ter waren wir, als uns ein ehemaliger SS-

Mann auf Fragen nach seiner Vergangenheit mit verblüffender Ehrlichkeit erklärte: er bereue es nicht, sich freiwillig bei der Wehrmacht gemeldet zu haben. Er hätte in drei Jahren Krieg und sechs Jahren Gefangenschaft (!) doch viel, sehr viel gesehen. Und mit den Juden hätte er keine Probleme gehabt, im Gegenteil: er hätte viele Juden gut gekannt...

Wir können mit ihm nur hoffen, daß er mit der Naivität eines hinterwäldlerischen Zipser-Bubs tatsächlich nicht erkannt hat, welcher menschenverachtenden Idee er seine Jugendjahre geopfert hat.

Vişeu de Sus blieb vom eigentlichen Kriegsgeschehen verschont, bis im Sommer 1944 mit dem Einmarsch der Sowjettruppen in Rumänien (die Maramureş gehörte noch zu Ungarn) die politische Landkarte abrupt verändert wurde: Rumänien, bis zu diesem Zeitpunkt mit Hitlerdeutschland verbündet, wechselte auf die Seite der Anti-Hitler-Koalition, die dadurch über Nacht an der damaligen ungarischen Südgrenze stand. Auf Befehl des Ortskommandos der Wehrmacht mußte die deutsche Bevölkerung Oberwischaus (und der gesamten Maramureş) am 10. Oktober vor den heranrückenden Sowjettruppen ihre Häuser verlassen.

Die tragische Flucht der Zipser führte über Schlesien bis Böhmen und Mitteldeutschland, wo sie von der sowjetischen Militärverwaltung aufgehalten und zurück in ihre jetzt wieder rumänische Heimat geschickt wurden. Die heute 79jährige "Rosa-Nenni" Schiesser erinnert sich an diese dramatische Zeit noch sehr gut: *"In Wagoner (Güterwagen) verladen wie Vieh waren wir unterwegs, niemand wußte genau wohin, unsere mitgebrachten Vorräte reichten nicht lange. An jeder Station mußten wir betteln gehen, überall waren Soldaten, Russen, wir haben nur rumänisch gsprochen, weil sie immer die Deutschen gsucht haben."*

Mit einem offiziellen Papier der sowjetischen Militärverwaltung war die Rückkehr der Zipser nach Oberwischau zwar amtlich angeordnet, aber deshalb keineswegs ungefährlich: *"Bei Sighet – wir waren da mit Pferdewagen unterwegs – hat gestanden a Jud mit russischen Soldatn, hat gsagt, wir seien alles "Hitleristen". Unsre Männer wurden dann alle in einem Zimmer eingsperrt und geschlagen, die Wände waren bis oben vollgspritzt mit Blut. Ich habe keine Ängsten ghabt, hab ich auf den russischen Offizier eingschrien, ob er nicht amol lesen könnt unseren Schein, der sei russisch gschriebn und richtig mit Stempel; hab ihm gsagt das wir sind arme Leut, hätten niemand awas getan, daß ich nicht sei die Hitler... dann ließen sie uns ziehn"*

Zuhause angekommen, fanden sie ihre Häuser leergeräumt; Mobiliar, Vieh, ja selbst Türen, Fußböden und Fenster, alles war weg. Die zurückgebliebene rumänische Bevölkerung hatte die Gunst der obrigkeitslosen Stunden genutzt, das verlaßene Städtchen Oberwischau geplündert und sich auf diese Weise für das durch die ungarische Verwaltung erlittene Unrecht entschädigt. Die zurückgekehrten Zipser mußten einmal mehr wieder von vorne beginnen; und da die meisten Männer noch in russische Gefangenschaft gerieten, waren es vor allem die Frauen, welche diese unglaubliche Aufbauarbeit zu bewältigen hatten. In der Erinnerung von "Rosa-Nenni" brachen mit dem Kommunismus unter Gheorghe Dej in den frühen fünfziger Jahren dann endlich bessere Zeiten an: *"Es gab wieder viel Arbeit für unsere Männer, (Eisenbahn-)Strecken wurden gebaut, der Lohn war gut, wir konnten uns wieder a Schwein kaufen, Möbel, Fenster ... wir warn uns ja gewohnt zu arbeitn, die Frauen mit der Wirtschaft (Landwirtschaft), dem Vieh und den Kindern, die Männer als Zimmersleut, Maurer, im Holzschlag, wo's eben Arbeit gab".*

Das Städtchen veränderte sich: Schulen

Zipserhochzeit: Der Bräutigam wird abgeholt

6

und Ausbildungsmöglichkeiten für alle entstanden, immer mehr Rumänen zogen in die Stadt, Fabriken und Wohnblöcke wurden hochgezogen, Straßen asphaltiert, die Haushalte an die Stromversorgung angeschlossen. Unter den Kommunisten fand Vișeu de Sus den Anschluß an die Neuzeit; eine euphorische Aufbaustimmung weckte nicht nur den vergessenen Marktflecken Oberwischau aus dem Dornröschenschlaf – ganz Rumänien war im Aufbruch.

Zwischen 1960 und 1970 erreichte diese Entwicklung ihren Höhepunkt; hatte der Kommunismus rumänischer Prägung auch schon in dieser Zeit seine Schattenseiten, überwog – gerade für die Generation, welche noch den Krieg miterlebt hatte – das Positive. Es gab Arbeit und genug zu Essen, die Verhältnisse waren stabil und friedlich, es ließ sich leben. Halten wir zeitlich etwas inne, verweilen wir in diesen relativ glücklichen Jahren, wo auch im "Wischauer Land" die Welt für einmal wieder in Ordnung war.

Die Zipserei war damals praktisch nur von deutschsprachigen Familien bewohnt,

nach Schätzungen von mehr als 4000 Menschen. Obwohl in der Stadt gelegen, war das Viertel eigentlich ein großes Dorf. Jeder Haushalt (die Zipser sagen dazu "Wirtschaft") besaß einen großen Garten und außerhalb noch etwas Land, man hielt Schweine, Kaninchen, Federvieh und manchmal sogar eine Kuh. Während die Männer gegen Lohn im Wald oder in der Fabrik arbeiteten, führten die Frauen zusammen mit den Kindern die "Wirtschaft", was quasi einer Selbstversorgung gleichkam. Was man zum Leben brauchte, machte man selbst, allein oder zusammen mit den Nachbarn – nicht zu Unrecht sind die Zipser bis heute stolz auf ihr handwerkliches Geschick und ihren Fleiß.

Heiratete ein junger Bursche (meist nach dem Militärdienst), war es Ehrensache, daß er sein "Zimmer" (Haus) selbst baute; daß seine junge Frau trotz Kindersegen mit anpackte, Freunde und Verwandte mithalfen. Die Gründung einer Familie war das zentrale Ereignis im Leben der Zipser; nicht selten war die Braut knapp sechzehn Jahre, unverheiratete Mädchen mit über zwanzig Jahren galten schon als "alte Jungfern". Noch heute wird eine Hochzeit über Wochen vorbereitet, das Fest selbst dauert mindestens zwei Tage: nach festgeschriebenen Regeln muß zuerst der Bräutigam zuhause abgeholt und zum Elternhaus seiner Zukünftigen eskortiert werden. Dort hat er zu warten, bis die Braut – kniend um Entschuldigung bittend – von Mutter und Vater Abschied genommen hat. Nach der kirchlichen Trauung geht es, begleitet von einer Kapelle, im Triumphzug durchs Städtchen, nicht ohne noch beim Fotografen im Atelier klassisch gestellte Gruppenbilder machen zu lassen.

Zu der anschließenden Feier ist prinzipiell jeder eingeladen, der eine bestimmte Summe für das junge Glück zu spenden bereit ist (diese Geschenke werden vor der gesamten Hochzeitsgesellschaft marktschreierisch eingesammelt und kommentiert, was für geizige Spender sehr blamabel sein kann); so kommt die notwendige finanzielle Starthilfe für die Frischvermählten zusammen. Aber auch die Hochzeitsgäste kommen wahrlich auf ihre Kosten: die Tische biegen sich unter der Last der aufgetragenen Speisen und Getränke, die ganze Nacht durch wird geschlemmt und gezecht, getanzt und gelacht; und wenn es hell wird, schließen sich alle auf der Gasse zum traditionellen Kreis und tanzen weiter.

Bis heute haben sich auch die Bräuche erhalten, mit denen die Zipser das Weihnachtsfest zelebrieren: im Zentrum steht das "Herodesspiel", eine Mischung von Krippentheater und dem uralten rumänischen Königsspiel. Maria und Josef samt Jesuskind kommen darin zwar vor, aber das von jungen Burschen auf der Gasse aufgeführte Theater ist doch eher als Parabel von Gut und Böse, Macht und Tod zu verstehen. Bezeichnenderweise wird das "Herodesspiel" nicht in, sondern vor der Kirche aufgeführt, und erst nach der Weihnachtsmesse.

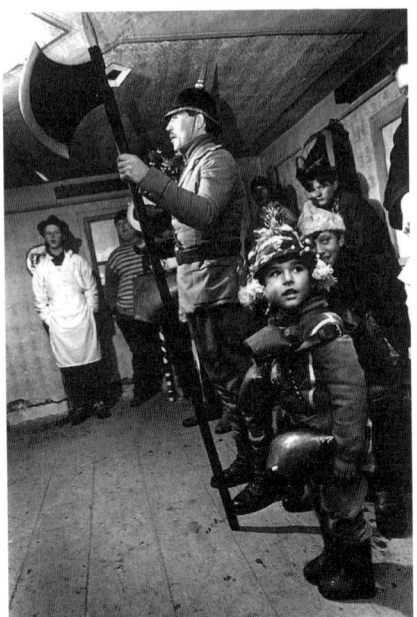

Das „Herodesspiel" wird geprobt

Wiederholt haben die katholischen Geistlichen reklamiert, bei diesem Brauch würde statt Jesus doch mehr der Herodes geehrt?! Vergeblich; denn was die Zipser von ihren Vorfahren übernommen haben, kann nicht schlecht sein und wird auch nicht verändert. Säbelrasselnde Gestalten, Könige, der Tod und mit Glocken lärmende Teufel beherrschen die Szenen des Spiels; und wenn der Gehörnte persönlich ein *"dein ist der Leib, aber mein ist die Seele!"* dem mächtigen Herodes ins Gesicht schleudert, begreift jeder, daß die verhaßte Obrigkeit ihrer Verdammnis eben nie entgehen kann, die wahre Gerechtigkeit siegt. Bei soviel kämpferischem Inhalt konnte es schon mal passieren, daß die Darsteller am Weihnachtsabend vor der Kirche "zufällig" mit dem rumänischen Königsspiel aneinandergerieten und die Begegnung ganz unchristlich in eine Prügelei ausartete.

Für die Zipser ist die Mitternachtsmesse eine Art "masochistischer" Geduldsprobe:

der Brauch will es, daß die Fastenzeit vor Weihnachten erst nach diesem Gottesdienst beendet werden kann, die traditionelle *"Mettenwurst"* aber aus einsichtigen Gründen schon vor dem Kirchgang in den Ofen muß. Ist das Schlußgebet verklungen, rennt Groß und Klein mit Heißhunger auf dem schnellsten Weg nach Hause, um "das beste Essen des Jahres" zu verschlingen – die köstlich riechende, dampfende Mettwurst.

Ähnlich wie die orthodoxen rumänischen Gläubigen begehen auch die Zipser Ostern mit einem Weihegottesdienst (*"Paşterweihe"*), bei dem jede Familie einen mit Brot und anderen Lebensmitteln gefüllten Korb mit zur Kirche bringt. Die Fastenzeit vor Ostern beginnt mit dem Ende des Faschings; danach darf weder Fleisch gegessen noch Alkohol getrunken oder getanzt werden. Am Ostermontag ziehen die Burschen durch die Zipserei, um vorzugsweise bei Adressen mit hübschen Töchtern *"anzuschitten"*. Bei diesem Brauch wird mit einem fröhlichen *"Christ ist auferstanden"* die Angebetete mit mitgebrachtem Parfüm bespritzt (angeschüttet); am Tag darauf hat sie hat dann die Möglichkeit, beim *"Zuruckanschitten"* diese duftende Symphatiebekundung in gleicher Weise zu erwidern – oder eben nicht. Schließlich ist ja Frühling.

Länger als anderswo in Europa hat sich bei den Zipsern ein reiches, authentisches Volksgut an Märchen und Sagen (zipserisch Mära, Kschichtn und Kasskern) erhalten; von Generation zu Generation weitererzählt, abgewandelt und mit persönlichen Erlebnissen angereichert, haben diese "Märchen für Erwachsene" bis heute einen ganz besonderen Reiz. Anton-Joseph Ilk und Claus Stephani gebührt Dank dafür, daß sie in mühevoller Arbeit diese Geschichten gesammelt, aufgeschrieben und herausgegeben haben, bevor die letzten zipserischen Erzählkünstler ihre Schätze mit ins Grab genommen haben. Pfarrer Anton-

Joseph Ilk, selbst in der Zipserei aufgewachsen, erklärt das Besondere an diesen "Märchen" so: *"Im Lebenskreis der Zipser stehen sich zwei charakteristische Aspekte gegenüber: einerseits der reale Rahmen, in dem diese kleine Bevölkerungsgruppe lebte (die harte Arbeit im Holzschlag etc.), andererseits die phantastische Welt, die diesen Alltag einkleidet, mit märchenhaften Wesen, welche in der Phantasie lebendig sind. Realität und Phantasie greifen also oft so ineinander, daß eine genaue Unterscheidung manchmal unmöglich ist: Wo endet die Wirklichkeit, wo beginnt die Phantastik, die Überlieferung? Die Mära und Kasska der Zipser sind zum Teil in der Wirklichkeit, im Alltag verankert, und die Wirklichkeit ist ein Bestandteil dieser von Phantasie geprägten Welt".*

Ähnlich wie bei außereuropäischen Naturvölkern hört bei den Zipsern (wie auch bei den ursprünglichen rumänischen und ruthenischen Bewohnern der Maramureş) die Realität nicht bei logisch-abstrakten, "gegenständlichen" Erscheinungen auf; durchaus real werden auch unerklärliche, mit der Phantasie verknüpfte Vorstellungen aufgefaßt und weitererzählt. Wenn der Zipser Thomas beispielsweise uns oben im Holzfällerlager rät, die Türe des Nachts abzuschließen, hat dies aus unserer Sicht keinen vernünftigen, plausiblen Grund; denn bestehlen würde uns sicher niemand, und wilde Tiere öffnen keine Türen. *"Wisst's, am Tag sind die Lebendigen unterwegs, des Nachts aber die Toten; deshalb sperrt's ab die Tür"* war seine völlig ernstgemeinte Erklärung für diese uns überraschende Maßnahme... Und als ob die Zipser ahnten, daß ihre unglaublichen Geschichten von Fremden nicht so recht geglaubt werden, hört man bis heute häufig den Nachsatz *"...s'ist auch richtig wahr, I terzähl Ihnen ka Lugn nit!"* Und wir haben tatsächlich die unheimlichsten, phantastischsten Erlebnisse erzählt bekommen – warum sollen sie nicht wahr sein? Es gibt vielleicht wirklich mehr Dinge zwischen Himmel und Erde, als unsere Schulweisheit sich träumen läßt.

"Einmal wie der Johann Sawatzky oben im Wasser(-tal) war, in der Hütten saß und kein' schlechten Gedanken im Kopf nit hatte, ist ihm was passiert. Sagen wir: er war müd' und hat 'gessen, weil nach zwölf Stunden Arbeit im Holz darf der Mensch a bissl müd' auch sein. Wie der Sawatzky so sitzt und müd ist, geht die Tür auf, und in die Hütten kommt ein Waldweibl, fingernackig und hat g'habt langi Haar bis runter zu die Fiess. Und dieses Waldweibl hat den armen Mensch mit'nommen und geführt durch das Gestrüpp von die Malinas (Himbeeren), durch den Wald – die ganzi Nacht ist das so 'gangen. Und der Sawatzky hat sich nit losmachen können. Am Morgen ist er zurück'kommen und war zerrissen und zerkratzt. Das alles hat er mir selbst erzählt". Therese Atzberger, Hausfrau, Oberwischau (Stephani, "Oben im Wassertal").

Die Figur des "Waldweibleins" beispielsweise ist nicht nur in den Geschichten der Zipser lebendig. Ältere Holzarbeiter können im Gespräch schon mal beschwören, "Waldweiblein" auch wirklich gesehen (oder zumindest singen gehört) zu haben. Man braucht kein Diplompsychologe zu sein, um die Symbolik dieser Figur im Zusammenhang mit den Lebensumständen der Waldarbeiter, welche oft über Wochen von ihren Frauen getrennt leben mußten, als Sexualphantasie zu erkennen. Vermutlich ließen sich auch die meisten anderen phantastischen Gestalten und Erscheinungen wissenschaftlich deuten und erklären. Ein Zipser würde jetzt zu Recht sagen *"fier awas?"*, denn noch die gescheiteste Analyse der "Mära und Kasska" erklärt nicht die erstaunliche Tatsache, daß märchenhafte Figuren für die meisten Bewohner der Maramureş durchaus real sind. Wir in unserer aufgeklärten, technischen Welt stoßen ja trotz Computer und Wissenschaft auch im-

mer wieder auf Fragen und Phänomene, worauf wir keine Antwort wissen – ein ursprünglicher Karpatenbewohner nimmt das Unerklärliche an, weil in seinem Weltbild sich die Realität nicht auf die von menschlicher Logik begrenzte Wahrnehmung beschränkt.

Leider ist heute festzustellen, *"daß die Stimme der rumäniendeutschen Märchenerzähler verstummt ist"*, wie Claus Stephani in einem Nachwort einer von ihm herausgebenen Sammlung von Märchen schreibt. Das archaische, bildhafte Denken und Glauben hat sich bei den verbliebenen Zipsern – und viel mehr noch bei ihren rumänischen und ruthenischen Nachbarn – aber bis in unsere Tage erhalten; wer den Menschen der Maramureş aufmerksam zuhört, stößt immer wieder auf dieses Phänomen. Wie sagte doch unsere zipserische Gastgeberin, nachdem wir um Stunden zu spät endlich bei ihr angekommen sind: *"Sie hätte schon gwusst, daß wir jetzt kommen werden – eine Elster sei vor paar Minuten im Garten gewesen und hätte laut gschrien; da hätt sie gewußt, gleich kommen die Gäst"*...

Mitte der siebziger Jahre begann in Rumänien die Zeit des wirtschaftlichen Niederganges, was für die deutsche Minderheit in Vişeu de Sus eine dramatische Entwicklung einläutete. Bekanntlich hatte sich zur Genugtuung des Westens die kommunistische Regierung Rumäniens unter Nicolae Ceauşescu 1968 (als einziges Land des Warschauer Pakts) geweigert, an der Niederschlagung des "Prager Frühlings" aktiv teilzunehmen.

In der Folge honorierte die "freie Welt" diesen politischen Alleingang Rumäniens mit Krediten und Investitionshilfe bis zum geht-nicht-mehr. Die Parteibürokraten in Bukarest übertrafen sich gegenseitig in einem wahren Geldrausch mit abwitzigen Industrialisierungsprojekten und größenwahnsinnigen Bauvorhaben. Vielleicht gut

6

Letztes Familienbild vor der Ausreise nach „Teitschland"

gemeint, geriet dieser Aufbruch in die Moderne zwangsläufig zu einem katastrophalen wirtschaftlichen Flop. Das *"goldene Zeitalter Rumäniens"* (Ceauşescu-Losung) ließ auf sich warten, die fälligen Zinsen für die westlichen Kredite aber nicht. Getreu den Grundsätzen der Weltbank und des internationalen Währungsfonds ließ Ceauşescu deshalb die rumänische Bevölkerung den Gürtel enger schnallen, *"hat uns aus-preßt wie eine Zitrone"*: Wochenendarbeit und Lebensmittelkarten wurden eingeführt, Benzin und Strom rationiert, die Raumtemperatur per Gesetz auf höchstens 14 Grad Celsius beschränkt, pro Wohnung nur eine Glühbirne erlaubt. Diese drastischen Maßnahmen waren begleitet von einem immer enger gewobenen Überwachungssystem, um das Volk unter Kontrolle zu halten.

Bei aller Dämonisierung von Ceauşescus Politik sollte aber eins nicht vergessen werden: für die westlichen Geldgeber war Rumänien ein "Musterschuldner"; zum Zeitpunkt der Ermordung des "großen Führers in eine goldene Zukunft" war die Volksre-

publik Rumänien schuldenfrei, sämtliche Kredite zurückbezahlt. Das Nachsehen hatte selbstverständlich der kleine Mann, und manch einer wollte nur noch eins: Raus aus diesem Arbeitslager "Rumänien"! Aber die Grenzen waren zu, einzig für die deutschsprachigen Minderheiten bestand eine, wenn auch minimale Chance zur Ausreise.

Während des kalten Krieges hatte die Bundesrepublik Deutschland allen "Brüdern und Schwestern" aus Osteuropa das Recht auf Einwanderung zugesagt; für viele Zipser damals der rettende Ausweg aus einer hoffnungslos erscheinenden Existenz in Oberwischau. Aber so einfach war die Emigration nicht: wer sich schweren Herzens zur Ausreise entschlossen und mutig seinen Antrag eingereicht hatte, wurde sämtlicher leitender Funktionen beraubt und mußte als Hilfsarbeiter erst einmal lange warten ... Ceauşescu verlangte von der so einreisefreundlichen BRD ein Kopfgeld für jeden abtrünnigen Deutschstämmigen, und – stur nach Plan – wurden jährliche Kontingente festgelegt, wieviele Menschen das Land verlassen durften. Leopold Schiesser beispielsweise, der einzige Sohn von "Rosa-Nenni", wartete über drei Jahre auf seine Ausreise; unzähligen Schikanen ausgesetzt, mußte der ehemalige Fachlehrer in dieser Zeit oben im Wassertal als Holzfäller arbeiten.

Als es endlich soweit war, übernahm die Stadt sein selbstgebautes Haus, und mit nichts als ein paar Koffern trat er mit Frau und Kindern die Reise nach Deutschland an; ein ihm völlig fremdes Land, das nun seine neue Heimat werden mußte. Langsam aber stetig lichteten sich die "teitschen" Reihen in der Zipserei; in die leergewordenen Häuser zogen rumänische Familien ein, und je mehr die Zipsergemeinde schrumpfte, desto mehr trugen sich auch die verbliebenen Zipser mit dem Gedanken zur Ausreise – es war wie ein Fieber, von dem zu guter Letzt alle infiziert waren. Als Ende 1989 das Ceauşescu-Regime endlich gestürzt wurde, wirkte diese Befreiung wie ein Startschuß für das große Rennen nach Westeuropa, nach Deutschland: innerhalb weniger Monate war die Zipserei wie leergefegt; gingen zuallererst nur die Jungen, folgten bald ganze Familien, sogar Menschen im Rentenalter; bei jedem unserer Besuche war es Gesprächsthema Nummer Eins, wer mittlerweile wieder alles "in Teitschland abgeblieben" ist.

Heute hat sich die Situation beruhigt; wer jetzt noch in Oberwischau lebt, wird vermutlich auch hier bleiben – einige Hundert Zipser sind das auf jeden Fall. Es soll sogar schon vorgekommen sein, daß Zipser wieder aus Deutschland zurückgekommen sind.

In den Sommerferien, zu Weihnachten oder Ostern sind die Gassen der Zipserei auch heute noch vom heimeligen Wischauer-Dialekt erfüllt: austaffiert mit modisch-schicken Kleidern, den Kofferraum ihrer blitzenden teutonischen Karossen bis oben prall mit Geschenken gefüllt, kehren die ausgewanderten Zipser alljährlich wieder in ihre Heimat zurück. Selbstverständlich nur "auf Besuch", denn es geht ihnen ja sooo gut in Deutschland, sieht man's nicht? Nur beim Abschied fällt dann meist die Fassade, kullern schon mal bei gestandenen, frischgebackenen "Deutschländern" unaufhaltsam die Tränen unter den westlichen Sonnenbrillen hervor... Im nächsten Jahr kommen sie wieder, auf Heimaturlaub, nach Hause.

"War da a Jud, was hat gwohnt neben uns, war a sehr a gscheiter Mann, a Lehrer an die Schul. Na, amol hat er sagt zu mir: Anna, mir Judn missen pazahln fier alli Sind, was mir habn gmacht. Es wird kimmen der Tag, wann man wird uns alli teten, I sag tes fier Eich, weil Ihr seid's Teitsche... Hab ich ihn gfragt, wuher weißt's, das man wird teten die Juden? Tes kann I nit sagn, aber wird kimmen der Tag!

Tas hat er sagt in Jahr 39; und bevor er is gstorbn, er is schon glegn im Pett, hat er mich noamol grufn, hat er gsagt: Anna, I muß pald zurickgebn, was I hab porgt – tas Lebn. Vergeßt nit, was I Eich jetzt mecht sogn: tie Judn werdn sterbn, abr es werdn aa sterbn tie Teitschn, und wann es wird gebn keine Judn in Wischo, es wird kimmen tie Zeit, wann es wird aa keine Teitsche nit mehr gebn in Wischo! I hab gsagt: is nit meglich, wann es wird keine Teitsche mehr gebn und keine Judn, wer wird sein in Wischo, wird sein das Dorf leer?

Hat er sagt: Nein, werdn kimmen tie Romäner, tie werdn sein in Wischo, und ihr werdet weggehn vun Wischo!" Anna Jakobowitsch, Oberwischau 1986 (Stephani,"War einer Hersch...")

Und sollten eines – hoffentlich noch fernen – Tages vielleicht tatsächlich keine "Teitschen" mehr in Vişeu de Sus leben, wollen die Verfasser hiermit etwas von der zipserischen Kultur der Nachwelt erhalten, das ihnen ganz persönlich am Herzen liegt:

Grossmutter "Rosa-Nenni" Schiessers
Rezept für "Goldhaluschken" !

> Man braucht folgende Zutaten: 500 Gramm
> gemahlene Baumnüsse (Walnüsse)
> ca. 750 Gramm Mehl
> 500 Gramm Zucker
> 2 Eier
> Milch
> 250 Gramm Butter
> Hefe, Salz, Öl und Vanillezucker

In einer Tasse lauwarmer Milch wird unter
Zugabe eines Eßlöffels Zucker die Hefe
aufgelöst. Das Eiweiß wird vom Dotter
getrennt und leicht geschlagen; danach
wird alles zu einer Flüssigkeit verrührt, eine
Prise Salz zugegeben und mit dem Mehl
und zusätzlicher Milch zu einem Hefeteig
geknetet. Diese Masse läßt man mit einem
Tuch zugedeckt etwa eine Stunde an einem
warmen Ort aufgehen. In der Zwischenzeit
wird in ein wenig Öl die Butter zerlassen, in
einem großen Teller Baumnüsse, Zucker
und Vanillepulver vermischt und eine me-
tallene Tortenbackform mit Öl eingefettet.
Mit einem zwischendurch in die flüssige
Butter getauchten Eßlöffel entnimmt man
dem mittlerweile aufgegangenen Hefeteig
kleine "Klopse", zieht sie durch die Butter
und wälzt sie in der Zucker-Nußmischung.
Die so entstandenen, quasi "panierten"
Teigklümpchen legt man vom Rand her
locker Schicht um Schicht in die Backform,
bis die ganze Masse aufgebraucht ist.
Nochmals etwas stehen und aufgehen
lassen! Bei mittlerer Hitze etwa eine Stunde
in der vorgeheizten Bratröhre ausbacken.
Die "Goldhaluschken" werden danach aus
ihrer Backform gekippt und – am besten
noch warm – mit bloßen Händen aus dem
Kuchen gebrochen und gegessen. Besten
Appetit!

Kurze Touren aus der Stadt

Von der Zipserei aus erreicht man in etwa
zwei Stunden auf verschiedenen Feldwegen
durch eine märchenhafte, von Bauernhäuschen durchsetzten Hügellandschaft das
Weintal (rumänisch *Valea Vinului*) mit
seinen Mineralquellen. Eine andere schöne
Wanderung führt uns zuerst auf die erste
Podori (Plateau) oberhalb der Zipserei. Auf
dem dortigen katholischen Friedhof finden
wir unter der Woche immer die Zipser-
Familie Marika und Georg Sedlak, welche
mit ihren zwei Eseln dafür sorgen, daß die
letzte Ruhestätte der deutschen Bewohner
von Vişeu de Sus *"gut aus'schaut"*.

Sie zeigen uns sicher den Weg, auf dem
wir – am Judenfriedhof vorbei und über die
zweite Podori den Berg hoch – in weniger
als drei Stunden bis ins **Valea Peştilor**
(deutsch Fischtal) gelangen. Von dort kehren wir der Naturstraße entlang durch das
Wassertal nach Oberwischau zurück.

Der morgendliche Zug der Schmalspurbahn bringt uns bequem die ersten zehn
oder zwölf Kilometer (bis Novăţ, Cozia oder
Novicior) hinauf ins **Wassertal**; uns bleibt
dann bis zum Abend genug Zeit, auf der Eisenbahnstrecke gemütlich den Fluß entlang
zurück nach Oberwischau zu wandern.

6

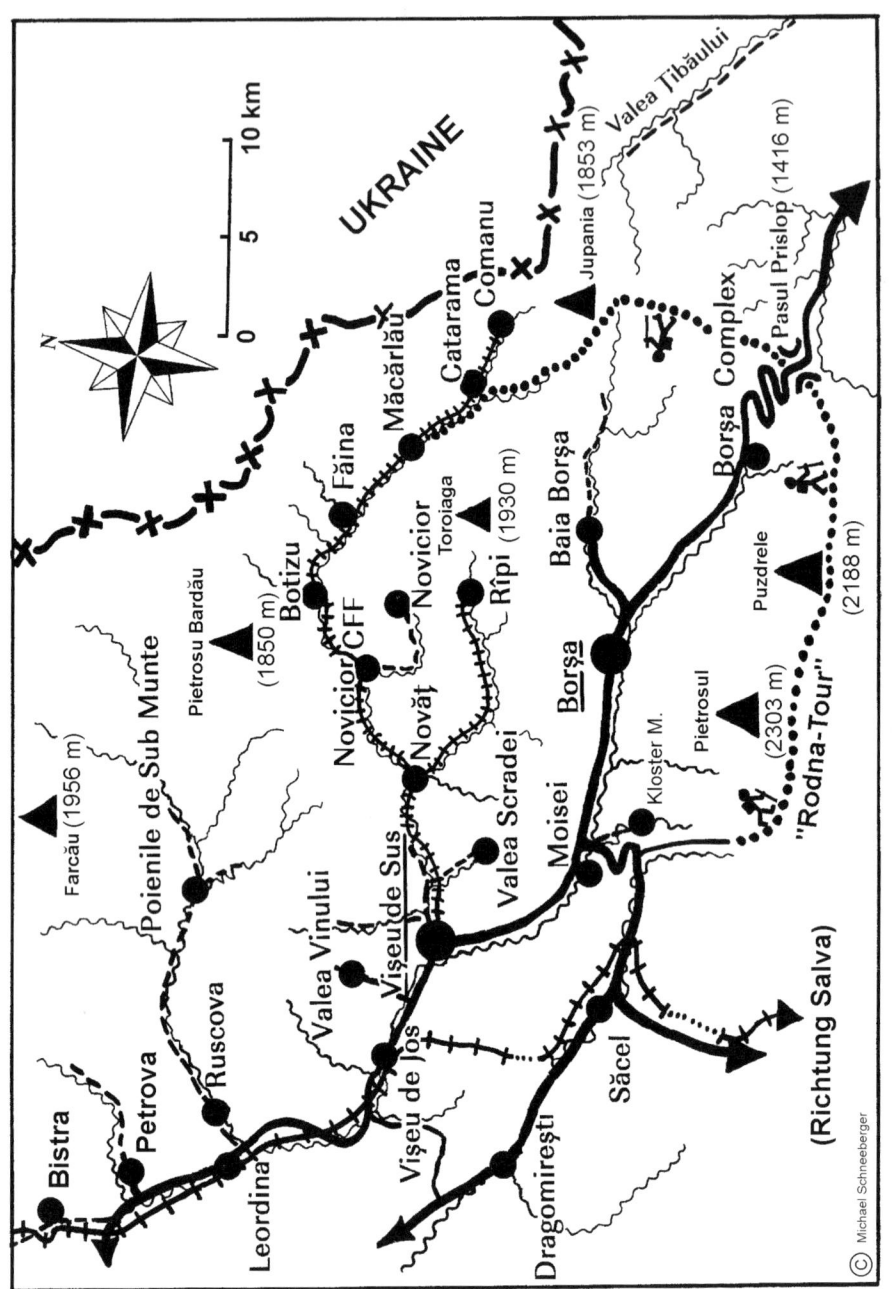

7. IM WASSERTAL

Unberührte, wildromantische Karpatentäler gibt es in Rumänien viele; aber im Wassertal, auf rumänisch kurz *Vaser* genannt, erwartet uns zusätzlich eine verkehrstechnische Besonderheit: es gibt keine Straße im Tal; bis heute führen einzig die Schienen der schmalspurigen, mit bulligen Dampflokomotiven betriebenen Waldbahn die knapp fünfzig Kilometer von Vișeu de Sus – immer dem Wasserfluß entlang – bis an die ukrainische Grenze. Das riesige Waldgebiet ist kaum besiedelt; die Zivilisation beschränkt sich auf eine Handvoll Holzfällerlager und Forststationen, nicht mal der elektrische Strom hat bis jetzt den Weg "hinauf in's Wasser" gefunden.

Dem Besucher erschließt sich in der reinen Luft, in diesen von einer unglaublichen Stille geprägten Schluchten, Wäldern und auf sonnenüberfluteten Höhen eine andere, verwunschene Welt; oder um es in den Worten des Schriftstellers Ivan Olbracht zu sagen:

"Hier lebt Gott noch – der alte Gott der Erde, der die Berge und Täler umarmt, der im Dickicht mit dem Bären spielt. Er atmet in den Kronen der alten Bäume, er schöpft sich mit den hohlen Händen einen Trunk aus der Quelle, er schläft im Moos, im Schatten der Zweige – der uralte heidnische Gott, der Gott der Erde, der Herr der Wälder und der Herden".

7

In Kürze...

Klima: Immer eine Jacke kühler als in Vișeu de Sus; für's Zelten eignen sich nur die Monate Juni, Juli und August. Durch die riesigen Wälder entsteht ein sehr feuchtes Mikro-Klima; Sonnenschein und gewittrige, sturzbachartige Regengüsse können sich täglich mehrmals abwechseln.

Unterkunft: Camping ist nach Absprache eigentlich überall erlaubt, außer in unmittelbarer Nähe der Grenze. In Făina werden für Touristen auch Zimmer und kleine Häuschen ("*Cabană*") vermietet; in anderen Waldarbeiterstationen wie in Novicior etc. findet man, wenn man sich umhört, meist auch ein einfaches Dach überm Kopf.

Versorgung: Bei den meisten Holzfäller-Camps sind an bestimmten Tagen kleine Läden (*"Magazine"*) für ein paar Stunden geöffnet, wo das Allernotwendigste wie Brot und Konserven zu kaufen sind; wir empfehlen jedem Besucher ausdrücklich, selbst genug Proviant für die Dauer seines Aufenthaltes im Wassertal mitzunehmen.

Ausrüstung: Warme Kleider, Regenjacke und gute Schuhe sind das Wichtigste. Wer

ohne Zelt unterwegs ist, sollte einen vernünftigen Schlafsack dabei haben. Proviant!

Eisenbahn: Laut Plan fährt Montag–Freitag ein Zug morgens hinauf und kehrt abends nach Vișeu de Sus zurück. Züge können aber auch über mehrere Tage ausfallen; am besten fragt man an den Stationen, wann sich die nächste Mitfahrmöglichkeit bietet.

Landschaft: Wunderschön und abwechslungsreich ist das Gebiet zwischen Făina, Novicior und dem Novăț-Graben; ein Erlebnis ist auch die Wanderung auf eine der Almen oberhalb der Baumgrenze, wo im Sommer die Schafhirten mit ihren Herden leben. Wer auf eigene Faust das Haupttal verläßt, sollte nach Möglichkeit Karte und Kompaß dabei haben. Man verirrt sich in diesen Wäldern schneller, als man denkt.

Wichtig: An der Endstation der Bahn, bei Comanu, ist zur Grenzsicherung das rumänische Militär stationiert. Je nach Laune des diensthabenden Offiziers sind hier Touristen unerwünscht und können schon mal barsch zurück nach Vișeu de Sus beordert werden.

Unterwegs mit der Waldbahn

Wer mit der Bahn ins Wassertal will, muß früh aus den Federn: der kleine Zug fährt am Rande des ausgedehnten Sägewerks (kurz "IF" genannt) ab, was für den in der Zipserei nächtigenden Besucher schon mal einen Fußmarsch von einer guten halben Stunde bis zum "Bahnhof" bedeutet. Einen Fahrplan gibt es nicht, gefahren wird schlicht und einfach jeweils "in der Fruh"; das heißt: irgendwann ab sechs Uhr dreißig – vielleicht auch erst gegen zehn Uhr – ertönt der Pfiff zur Abfahrt, macht sich die alte Dampflok zischend und qualmend auf den Weg hinauf in die Berge. Normalerweise hat sich der atemlos dahergehetzte Bahnkunde aber erst einmal in Geduld zu üben; was nicht heißen soll, das dies immer so ist: frei nach "Murphy's Gesetz" startet die Bimmelbahn nämlich genau an dem Tage früher als sieben Uhr, wenn man im Vertrauen auf ihre "planmäßige" Verspätung erst gegen acht Uhr (oder noch später) eintrifft.

Also, lieber zu früh als zu spät; so haben wir auch genug Zeit, uns beim kleinen Bahnhof eine Fahrkarte zu besorgen (das dauert!) und danach entlang des Schienenstranges noch 200 Meter zum Lokschuppen zu stolpern, wo in einem Chaos von Schrott und defektem Wagenmaterial, auf einem Gewirr von abenteuerlich verlegten Gelei-

Laster auf Schienen

sen eine Zugkomposition zusammengestellt wird. Dieses zeitraubende Manöver entzieht sich westlicher Eisenbahner-Logik und folgt eigenen Regeln; irgendwo dazwischen wird munter an einem zerbeulten, rauchenden Ungetüm gewerkelt, das eher einer verrosteten Teekanne auf Rädern denn einer Lokomotive gleicht. Aber die Maschine steht unter Dampf – ein sicheres Zeichen, daß unser Zug heute morgen fahren wird.

An dieser Stelle ein paar Worte zu Geschichte und Zweck der "Câile Ferate Forestiere" (kurz: CFF), wie die Waldbahnen in Rumänien offiziell genannt werden. Um das aufwendige Flößen von Holz aus unwegsamen Wäldern entbehrlich zu machen, entstanden schon vor der Jahrhundertwende die ersten Waldbahnen; sie verkörperten für die Forstwirtschaft einen echten technischen Fortschritt und waren damals hochmodern – nicht nur in Rumänien. Ausgehend vom nächstgelegenen Sägewerk legte man die schmalspurigen Strecken so an, daß die beladenen Züge immer bergabwärts rollen konnten. Wurden in den Anfängen dieser Holztransportbahnen noch Pferde als Zugtiere eingesetzt, hielten schon bald die viel leistungsfähigeren Schmalspurdampflokomotiven auf den Waldbahnen Einzug; robust, unverwüstlich und zuverlässig stehen sie in Vişeu de Sus bis heute im Einsatz.

In Mitteleuropa verschwanden die letzten Waldbahnen infolge rationellerer Transportmöglichkeiten wie Trecker und LKWs spätestens nach dem 2. Weltkrieg; im wirtschaftlich rückständigen Rumänien aber gingen die Uhren anders. Mit dem Bau der CFF Vişeu de Sus wurde erst 1932 begonnen, fertiggestellt wurde die "Wassertalbahn" Anfang der vierziger Jahre, unter den Ungarn. 1967 existierte in Rumänien noch ein Waldbahn-Streckennetz von insgesamt rund 3000 Kilometern; von den wenigen Bahnen, welche heute noch in Betrieb sind,

Wassertalbahn: Wo Schafe noch Vortritt haben...

hat wohl nur die CFF Vișeu de Sus (und eventuell ihre Schwester in Moldovița, siehe Kapitel "Bukowina") eine kleine Chance, die Jahrtausendwende zu überleben. Hoffen wir, daß man sich in Oberwischau der Einmaligkeit seiner Bimmelbahn bewußt wird, welche sich – nicht nur bei passionierten Eisenbahnfreunden – steigender Beliebtheit erfreut.

Nach letzten Informationen soll die Bahn privatisiert, d.h. verkauft werden. Im Januar wurde der Preis – inoffiziell! – mit 130 000 US-Dollar angegeben. Wir hoffen auf einen idealistischen Käufer, denn die Wassertalbahn darf nicht sterben!

Auf Schienen unterwegs sind *"im Wasser"* nicht nur vierachsige Dampflokomotiven aus der rumänischen Nachkriegsproduktion der Lokschmiede "Reșița" (der 1921 in Budapest gebaute Veteran mit der Nummer 764.313 ist leider reparaturbedürftig abgestellt): in den eigenen Werkstätten entstandene Draisinen, umgebaute

Kleinbusse, Lastwagen und sogar ein Rettungswagen lärmen knatternd und hupend durchs waldige Tal. Wer gut bei Kasse ist, kann solch ein Vehikel (oder einen Dampf-Sonderzug) privat buchen. Ein nicht ganz billiges Vergnügen, nur für größere Reisegruppen empfehlenswert.

Im Lokschuppen stehen neuerdings auch ein paar Dieselloks. Da diese für die maroden Geleise allerdings viel zu schwer sind, setzt die Verwaltung sie nur selten ein. Der Betriebsablauf der Forstbahn wird durch die Transportbedürfnisse der diversen Holzschläge bestimmt; nach einem täglich wechselnden Plan müssen die verschiedenen Verladerampen je nach der Menge des bereitliegenden Rundholzes mit leeren Holztransport-Drehgestellen angefahren und versorgt werden. Ist diese Zugleistung erbracht, sammelt die Lok auf ihrem Rückweg nach Oberwischau unterwegs alle beladenen Wagen ein; dabei entstehen schon mal Fuhren von über zwanzig Langholzwagen, deren Geschwindigkeit von über den ganzen Zug verteilten Bremsern unter Kontrolle gehalten werden muß. Das Kommando bei diesen nicht ungefährlichen Talfahrten führt der Lokführer: je nach Pfeifsignal ist die mechanische Kurbelbremse anzuziehen oder zu lösen.

Die Bremser sind bei dieser heiklen Arbeit nicht zu beneiden. Auf kleinen Plattformen stehend, eingezwängt zwischen den drohenden Stämmen, verrichten sie ihren Dienst in sausender Fahrt – draußen und ungeschützt, bei Regen, Schnee und Dunkelheit, im Sommer wie im Winter. Entgleisungen sind an der Tagesordnung, um so bewundernswerter ist das handwerkliche Geschick und die Improvisationsgabe, mit der das CFF-Personal auch in ausweglos scheinenden Situationen "seinen" Zug doch immer wieder in Fahrt bringt.

Alle Warterei hat einmal ein Ende, sogar am Bahnhof der CFF in Vişeu de Sus. Irgendwann setzt sich unser Zug in Bewegung, und zusammen mit Waldarbeitern, Forstbeamten und Grenzsoldaten lassen wir uns in gemütlichem Tempo Schienenstoß um Schienenstoß, über Brücken, durch Schluchten und Tunnels immer tiefer und tiefer in den Karpatenwald schaukeln. Es wird eine lange Fahrt; mehrmals muß die Lok unterwegs aus dem Wasserfluß ihren Durst löschen oder, wenn ihr auf anstrengenden Steigungen der Dampf ausgeht, auch mal eine Pause einlegen.

Außer hartgesottenen Eisenbahnenthusiasten empfehlen wir niemandem, an ein und demselben Tag von Oberwischau bis zur Endstation *Comanu* und wieder zurück zu fahren. Für die 28 Kilometer bis *Făina* benötigt ein normaler Zug schon mal gute vier Stunden, für eine Wegstrecke, wohlverstanden. Leicht auszurechnen, wieviele Stunden das Befahren der gesamten vierzig Streckenkilometer inklusive Rückweg in Anspruch nimmt, von den fast alltäglichen Pannen ganz abgesehen. Romantik in Ehren: aber in einem rauchigen, ungeheizten *"Waggoner"* stundenlang auf harten Holz-

Auf dem „Aussichtswagen" durchs Wassertal

bänken durchgerüttelt zu werden, läßt diese Fahrt zur Tortur werden.

Kilometer um Kilometer

Die Schmalspurbahn folgt auf ihrer gesamten Hauptstrecke dem *Riul Vaser*, wie der stattliche Fluß auf rumänisch heißt. Im untersten Teil – etwa bis Kilometer Nr. 8 – ist das Wassertal noch besiedelt; putzige, kleine Häuschen drängen sich auf knappem Raum zwischen dem Fluß und den steilen, bewaldeten Hängen.

Von Wischau aus gesehen auf der rechten Talseite liegt der Schienenstrang, während auf der gegenüberliegenden Seite des Wassers bis kurz vor dem Abzweig in den Novăţ-Graben ein grauslich holpriger, bei Regen morastiger Fahrweg entlangführt. Diese Naturstraße im Wortsinn erschließt auch das links gelegene *Valea Peştilor* (deutsch Fischtal) mit seiner Fachschule für Forstwirtschaft, hauptsächlich aber den Weiler *Valea Scradei* (deutsch Schradenthal), nachdem sie über eine abenteuerliche Holzbrücke den *Riul Vaser* kurz vor der gleichnamigen Eisenbahnstation überquert hat.

Der in Rumänien zur Zeit herrschende Boom zum Bau neuer Kirchen hat auch in diesem untersten Abschnitt des Wassertales Einzug gehalten: etwa bei Kilometer 3 wird vom berühmten Holzbaumeister Stiopei Ion Buga aus Bârsana ein orthodoxes Gotteshaus im Maramureş-Stil errichtet. Bis die mehrtürmige Kirche in ein paar Jahren fertiggestellt sein wird, ist auf dieser Baustelle tagtäglich die faszinierende, traditionelle Technik der einheimischen Zimmerleute zu erleben (zu Fuß von Vişeu de Sus eine knappe Stunde gelegen und nicht zu verfehlen). Genau gegenüber hat vor kurzem ein kleines, aber feines privates Sägewerk den Betrieb aufgenommen; der Besitzer ist ein Investor aus Israel (!), dessen Vorfahren in *"Ojberwischo"* schon mal im Holzgeschäft waren, bis sie von den Nazis enteignet und deportiert wurden.

Valea Scradei (deutsch *Schradenthal*), km 3,7: Das von Kleinbauern besiedelte, abgelegene Seitental ist zu Fuß in höchstens zwei Std. bequem von Oberwischau aus erreichbar (wer die Löcherpiste seinem Auto zumuten will, ist selber schuld). Alljährlich am 8. September, "Mariä Geburt", pilgern die Gläubigen aus den umliegenden Weilern und Vişeu de Sus das Tal hoch, um beim *"Mănăstir"* ganz am Ende des Dorfes "Ablaß zu begehen". Hier stand im Mittelalter ein kleines Kloster (rumänisch *Mănăstir*), dessen Wiederaufbau der couragierte Pfarrer der Gemeinde, *Preot* (Pope) Vasile Luţaj, noch unter Ceauşescu begonnen hat.

Er hat uns erzählt, daß ihm in drei hintereinanderfolgenden Nächten im Traum ein Engel erschienen sei; als dieser göttliche Bote ihm in der dritten Nacht ein Kreuz auf die Brust gemalt habe, sei ihm klar geworden, daß er dieses verschwundene Kloster neu zu gründen beauftragt sei. Das war alles andere als einfach: Seine Gemeinde ist sehr arm, und unter den Kommunisten eine Kirche zu bauen war schlicht unvorstellbar. Pope Vasile Luţaj hat sich dieser heiligen Aufgabe gestellt. Er sammelte Spenden, hielt nächtliche Gottesdienste, fastete und betete; nach altem orthodoxen Brauch ließ er sich die Haare wachsen, bis "seine" Kirche vollendet und vom Bischof persönlich geweiht sein würde.

Bald war er weit über Vişeu de Sus hinaus bekannt und verehrt; seinen Messen wurden sagenhafte Wirkung nachgesagt, mit Gottes Hilfe konnte er Krankheiten heilen, sein Segen vollbrachte wahre Wunder. Vasile Luţaj, der bärtige Pope mit schulterlangem Haar und durchdringendem Blick, wurde in den Augen seiner Gläubigen ein Heiliger. Vor solch göttlichen Kräften hatten sogar Miliz und Securitate Respekt; die Hüter des Gesetzes schritten selbst dann nicht

7

Künstler Nimigeanu mit seiner Frau

ein, als nach siebenjähriger Bauzeit das illegale Kirchlein im September 1989 von zahlreich herbeigereisten Geistlichen und im Beisein Tausender von Gläubigen eingeweiht wurde.

Pfarrer Luţaj legte bei seinem Lebenswerk großen Wert auf Tradition: die schmucke Holzkirche wurde exakt der im vorigen Jahrhundert demontierten Klosterkirche nachgebaut. Meister Buga aus Bârsana leitete die Konstruktion, und die in klassischer Freskotechnik aufgetragenen Wandmalereien im Innern der Kirche stammen von Kunstmaler Viorel Nimigeanu und seiner Frau. Im Pfarrhaus gegenüber der Dorfkirche – nicht mit dem "Mănăstir" zu verwechseln! – freut man sich über jeden Besuch. Vasile Luţaj spricht gut französisch und versteht "a bisserl" auch die deutsche Sprache. Ein besonderes Erlebnis sind die dienstags und samstags um 20 Uhr beginnenden Messen; gegen Mitternacht – so lange dauern orthodoxe Gottesdienste – ze-

lebriert Preot Luţaj jeweils mit bebender Stimme den Exorzismus...

Noch ein Tip für Wanderfreunde: von *Valea Scradei* führt eine herrliche Tour über den Berg ins *Novăţ*-Tal, wo man auf eine Seitenlinie der Schmalspurbahn stößt (allerdings wird diese Strecke zur Zeit kaum befahren). Man folge den Schienen nun entweder zurück ins Wassertal oder eben in die andere Richtung zur Endstation *Rîpi*, etwa sechs Kilometer vom *Torojaga* entfernt. Dieser mit 1930 Metern höchste Berg des "Wassers" ist von hier aus wohl am einfachsten zu bezwingen.

Wundern wir uns nicht, wenn bei km 8,5 die Fahrt auf freier Strecke unterbrochen wird: auf einer kleinen Brücke steht der einzige Wasserkran aller rumänischen Waldbahnen, und unsere Lok kann ihren Durst löschen. Weiter oben im Tal muß noch mehrmals "nachgetankt" werden, indem das Wasser durch einen mitgeführten Schlauch jeweils direkt aus dem Fluß in die Lok hochgepumpt wird.

Novăţ (deutsch *Neuwetz*), km 9,3: An dieser engen Stelle passiert unser Zug ein Gleisdreieck, welches den Abzweig der zehn Kilometer langen Nebenlinie durch den *Neuwetzer* Graben bis nach *Rîpi* markiert (siehe oben). Momentan wird in diesem Teil des Waldes kein Holz geschlagen; entsprechend selten befahren Züge dieses idyllische Tal, und die Endstation wird kaum noch bedient. Schade; denn auf dem letzten Abschnitt, kurz vor *Rîpi*, führt die Strecke über eine extreme Steigung. Die Bergfahrt über diese Rampe war ein Spektakel für sich: obwohl der Leerwagenzug in zwei Hälften von der Dampflok hochgedrückt wurde, mußte das kleine Maschinchen sein letztes geben; schleudernd, mit fürchterlich knallenden Kolbenschlägen, meisterte die Lok diesen Streckenabschnitt, Zentimeter um Zentimeter, in Schrittgeschwindigkeit.

Die Holzverladerampe von Novicior

Die kleine Naturstraße auf der gegenüberliegenden Seite des Flusses endet bei *Novăţ*. Wurden bereits vorher die Häuser immer spärlicher, zuckelt unser Zug nun durch ein malerisches, unberührtes Tal. Kleine Wiesen säumen das Ufer des Wasserflusses, die mit Felsen durchsetzten Hänge sind von dichtem Mischwald bedeckt. Für Campingfreunde ein Paradies. Bei km 15,5 erreichen wir die Station *Cozia* und überqueren kurz danach den Fluß.

Novicior (deutsch *Nowitschor*), km 19: vom Haltepunkt führt eine Forststraße, vorbei an der Verladerampe, ca. 6 km ein steiles Seitental hoch, wo uns auf einem reizvoll gelegenen Plateau die wohl schönste Waldarbeitersiedlung des Wassertales erwartet. Ein Ort zum Verweilen. Die überaus freundlichen Holzfäller, Jäger und Forstbeamte sind gegenüber den seltenen Besuchern ausgesprochen hilfsbereit, das Übernachten ist kein Problem. Ganz in der Nähe sprudelt eine wilde Mineralwasserquelle (auf rumänisch *"Borcut"*) aus dem Boden.

Nach ein- bis zweistündigem Aufstieg durch herrliche Wälder erreicht man die unbewaldeten Höhen, wo bei klarem Wetter eine phantastische Fernsicht zu genießen ist. Möglich ist auch eine Wandertour über den nördlichen Bergrücken hinunter nach *Făina*; die Verfasser haben dies im Sommer 1994, obwohl uns auf den ersten Kilometern ein Jäger begleitete, allerdings nicht ganz geschafft: oben auf der Alm – unser einheimischer Führer mußte wieder nach Novicior zurück – verfehlten wir leichtsinnig am Waldeingang den richtigen Pfad, was fatale Folgen hatte. Wir verirrten uns gnadenlos im Dickicht des Karpatenwaldes; schlußendlich blieb uns nichts anderes mehr übrig, als über Stock und Stein mühsam einem rauschenden Wildbach zu folgen, der nach unserer Überzeugung irgendwo in den Wasserfluß münden mußte. Zu allem Überfluß stießen wir an einer sandigen Stelle auf deutliche, frische Bärenspuren; erschöpft wie wir waren, machte sich nach dieser Entdeckung leichte Panik breit. Das rettende Wassertal erreichten wir

139

dann nach mehreren Stunden schließich doch noch; allerdings nicht bei *Făina*, sondern im sechs Kilometer weiter unten gelegenen *Botizu*.

Zwischen dem Haltepunkt *Novicior* und *Botizu* (km 23,1) zwängt sich der Fluß durch eine felsige Schlucht; das Tal ist so eng, daß für den Schienenstrang der Waldbahn drei kleinere Tunnels in den Stein gesprengt werden mußten.

Şuliguli (deutsch *Schulligulli*), km 26,2: zu ihrem eigenwilligen Namen kam diese Holzfällerstation wegen einer nahegelegenen Quelle, wo das Mineralwasser – schulligullischulligulli – geräuschvoll aus dem Boden sprudelt. Früher befand sich hier sogar ein kleines Kurhaus, denn das "Schulligulli-Wasser" war weit über Oberwischau hinaus bekannt und geschätzt. Heute beherbergt Şuliguli einen

Elisabethenkapelle in Făina

Außenposten der rumänischen Armee, welche die Grenze zur Ukraine bewacht.

Făina (deutsch *Feinen*), km 28,4: die kleine, in einem sanften Bogen des Flusses eingebettete Siedlung wird zurecht als der schönste Flecken im Wassertal bezeichnet. Auf einem bewaldeten Hügel direkt oberhalb der Station finden wir die Elisabethenkapelle, ein vom Zipser Baumeister Rudolf Hagel um die Jahrhundertwende errichtetes Holzkirchlein. Wer es auch inwendig anschauen möchte, kann beim Förster von Faina anklopfen; er zeigt interessierten Besuchern mit Vergnügen "seine" Kapelle. Drinnen erwartet uns eine Überraschung: über dem Altar prangt nicht etwa die heilige Elisabeth, sondern ein monumentales Portrait der österreichisch-ungarischen Kaiserin Elisabeth, welche in der Verkörperung von Romy Schneider als "Sissi" Filmgeschichte machte.

Alljährlich an einem Samstag, Ende des Sommermonats August chartert die katholische Gemeinde der Zipser einen Sonderzug, um bei der Elisabethenkapelle eine Messe im Freien abzuhalten, den traditionellen "Ablaß zu Feinen". Neben der Kirche stehen drei einfache Metallkreuze; hier liegen drei österreichische Soldaten begraben, gefallen im 1. Weltkrieg. Die bis vor kurzem noch vorhandenen Grabschilder, die Namen und Regimentszugehörigkeit benennen, sind leider verschwunden – sie sind wohl pietätlosen Souvenirjägern zum Opfer gefallen.

Der eigentliche Weiler Făina liegt oberhalb des Bahnhofes, auf der anderen Seite des Hügels. Die Siedlung muß einmal bessere Zeiten gesehen haben; davon zeugen die zerfallenen Reste einer ehemals großen Forellenzucht und ein defektes altes Kleinkraftwerk, welches früher die Wasserkraft zur Stromerzeugung nutzte. Beim stattlichen Forsthaus wurde in letzter Zeit einiges gebaut; kleine Häuschen ("*Cabană*") und

Ein Hindernis wird aus dem Weg geräumt

saubere Gästezimmer tragen dem zunehmenden Tourismus in den Sommermonaten Rechnung. Wer die Einsamkeit liebt, sollte deshalb Făina besser zu anderen Jahreszeiten besuchen, wenn nichts als das Rauschen des Wasserflusses die erhabene Ruhe der Wälder durchbricht.

Auch in Feinen gibt es Mineralquellen; etwas außerhalb gelegen, fragt man am besten die Einheimischen nach dem "Borcut" – und einem individuellen Kuraufenthalt steht nichts mehr im Weg.

"In Feinen, oben im Wassertal, hab ich eine Frau gekannt, die hat g'heissen Katalina Kasomir, und sie ist 'worden hundertdrei Johr' alt. Die Katalina Kasomir hat die hundertdrei Johr' nur dorten im Wald g'lebt; sie hat 'gessen Malina (Himbeeren) und Palukes (Mais) mit Brinsen (Käse), Butter und hat viel Milich g'trunken. So ist die Kasomir 'worden hundertdrei Johr' und hat g'arbeit', bis sie ist g'storben". Elisabeth Zeppelzauer, Oberwischau (Stephani, "Oben im Wassertal").

Über **Lostun**, km 30,7 und **Miraş** (deutsch *Mirasch*), km 33, fahren wir immer weiter dem Wasserfluß entlang; die Laubbäume werden spärlicher, an den Hängen macht sich zunehmend reiner Tannenwald breit. In *Miraş* befand sich ein kunstvoll angelegter Soldatenfriedhof aus dem 2. Weltkrieg; die verheerenden Hochwasser im Jahre 1970 haben ihn vollständig weggespült, nichts davon ist mehr zu sehen. Was die Fluten an sterblichen Überresten nicht mitgerissen hatten, ist von den Zipsern auf dem katholischen Friedhof in Oberwischau zur hoffentlich letzten Ruhe feierlich beigesetzt worden.

Mâcârlâu (deutsch *Makerlau*), km 34: rechts der Eisenbahnstrecke ist noch heute die mächtige "Klaus" (Talsperre) zu bewundern, wo bis zum Bau der Waldbahn die Baumstämme zum Flößen gesammelt wurden.

Mehrmals im Jahr öffnete der Klauswächter damals die Schleuse, und auf dem dadurch künstlich ausgelösten Hochwasser flößten die Zipser das Holz aus dem Wassertal hinunter nach Oberwischau oder weiter über die Wischau bis auf die Theiß.

"Einmal bin ich hinauf gangen nach Makerlau, und was glauben Sie: in der Klaus saß ein Bär und platschte dort herum. Der Kerl war 'reingefallen und konnte jetzt nicht mehr 'rauskummen. Da hab ich den Spieß genommen vom Klauswächter und hab den Alten ein bissl unter dem Bart gekitzelt. Herrgott, der hat bös geschaut und gebrummt, aber 'raus hat er nicht kummen können. Ich bin dann gelaufen und hab einen Jäger geholt, und der hat den Bären in der Klaus abgeschossen". Ludwig Kraftschik, Oberwischau (Stephani, "Oben im Wassertal").

7

Valea Babii, km 35,5: zu seinem Namen kam dieser Weiler der Legende nach durch eine hier hausende Hexe, der "wilden Baba". Sie trieb ihre derben Späße mit den ersten hier ankommenden Holzfällern, indem sie – von ihrer Hütte aus, oben auf dem Felsen – jedesmal das Feuer ausblies, wenn die Waldarbeiter unten im Talgrund ihr Essen zubereiten wollten. Da half nur noch rohe Waffengewalt: Förster Schirotzky erlegte die Hexe mit seinem Jagdgewehr, wobei er selbstverständlich mit der linken Hand den Abzug durchdrückte. Mit der Rechten würde der Schuß nicht losgehen; dies nur als gutgemeinter Ratschlag, falls Sie auch einmal eine Hexe loswerden wollen.

In der Nähe der Bahnstation befindet sich ein Ferienheim für Kinder, dessen Fassade mit bunten, naturalistischen Figuren bemalt ist.

Nach der Station *Valea Babii* hat sich das liebliche Wassertal endgültig in ein schroffes, steiniges Bergtal verwandelt. Der Schmalspurzug hat auf seinem Weg bis hier über 400 Meter an Höhe gewonnen.

Parallel zum Schienenstrang verläuft ein unschöner, breiter Fahrweg. Er dient vermutlich weniger dem Holztransport als Militär und Bergbaugesellschaft.

Catarama, km 39,2: im gleichnamigen Seitental befindet sich eine Bergarbeiterstation. Unter Ceauşescu wurde hier oben gefördert, was die Stollen hergaben – noch den geringsten Vorkommen an erzhaltigen Mineralien wurde in mühsamer Knochenarbeit nachgegangen, auch Strafgefangene mußten in die Minen. In bescheidenem Rahmen wird auch heute noch im Berg gearbeitet. Man erzählte uns, daß die Minen im hinteren Teil des Catarama-Tales über Tunnels mit dem Bergbaugebiet *Baia Borşa* verbunden seien, was bei einer Luftliniendistanz von knapp vier Kilometern durchaus möglich sein kann.

Comanu (deutsch *Koman*), km 40,5: wir sind am Ziel. Das Streckenende befindet sich noch etwas weiter oben, an der letzten Holzverladestation. Dort ist militärisches Sperrgebiet und von einem Aufenthalt ist abzuraten. An dieser Stelle möchten wir ausdrücklich darauf hinweisen, die im "Bukowina"-Kapitel beschriebene, mehrtägige Tour von Moldoviţa ins Wassertal (von Waldbahn zu Waldbahn...) unbedingt auch in Moldoviţa zu beginnen, nicht umgekehrt! Der Grund ist einfach: wer über die Berge herunter nach Comanu gelangt, hat von den Grenzsoldaten nichts zu befürchten – im schlimmsten Fall schickt einen das hiesige Militär Richtung Vişeu de Sus, also genau in die Richtung, welche man getreu der von uns beschriebenen Route ohnehin einschlagen würde.

Unter "teitschen" Holzfällern

Das Wassertal, so reizvoll und abwechslungsreich es der Besucher auch erlebt, ist kein touristischer Freizeitpark. Wer im malerischen Tal seine verdienten Urlaubstage genießt, sollte eins nicht vergessen: hier leben Menschen, die mit harter körperlicher Arbeit ihr täglich Brot verdienen müssen. Begegnen wir ihnen mit Anstand und Respekt; es sind nicht exotische Objekte, die man fotografiert und später ins Ferienalbum einklebt, es sind Menschen wie Du und Ich. Umgangsformen, die in unserer anonymen Welt schon befremdlich anmuten, sind hier noch selbstverständlich: man grüßt sich, gibt sich die Hand, schaut seinem Gegenüber in die Augen, wechselt ein paar Worte. Es liegt an uns, diese Höflichkeit offen und ehrlich zu erwidern; nicht zuletzt, weil ein unfreundliches (oder gar arrogantes) Auftreten dem fremden Besucher selbst am meisten schadet.

Wer im Wassertal unterwegs ist, wird bald feststellen, daß er sich in einer Männergesellschaft befindet. Von den paar Familien abgesehen, welche den Sommer über die wenigen Wiesen und Gärten bewirtschaften, treffen wir schon auf der Bahn wie auch oben im Wald praktisch nur Männer; Holzfäller, Traktoristen, Förster und Jäger kommen *"oben im Wasser arbeit'n"*, ihre Familien leben *"unten"* in Vişeu de Sus oder den angrenzenden Weilern. Angestellt von der staatlichen Forstverwaltung, leben die Waldarbeiter unter der Woche in sogenannten *"Cabanern"* (große Forsthäuser, Unterkünfte), kochen sich ihre Mahlzeiten selbst und schlafen – zwanzig Leute oder mehr – in einfachen Massenlagern. Übers Wochenende fahren sie mit der Bahn nach Hause zu ihren Familien, und Montag früh geht's mit vollem Rucksack wieder hoch in die Berge. Der Zipser Thomas Bigus war auch einer von ihnen; wir haben ihn vor Jahren in Novicior kennengelernt und sind Freunde geworden. *"Thomas-Batschi"* ist ein ruhiger, warmherziger Mensch; über vierzig Jahre hat er *"oben im Wald"* gearbeitet, bis er auf Wunsch seiner Familie im Rentenalter nach Deutschland emigriert ist. Seine Lebensgeschichte ist für die Zipser

Brot für die Holzfäller

seiner Generation typisch und widerspiegelt gleichzeitig die Entwicklung, welche die Waldwirtschaft nach 1945 im abgeschiedenen Wassertal durchgemacht hat.

"Nach'm Krieg, wo wir zuruckgekommen sind vun der Flucht, da war schwer. Da wart keine Arbeit nicht zu finden. Im 48'er Johr, I hab g'habt elf Johr damalst, bin I mit meinem Vater z'erschti Mol in Wald 'gangen; war I der Keimann oben in Bottisol".

Als *"Keimann"* bezeichneten die Zipser den Buben, welcher nach den Holzfällerhütten schaute. Noch kein Mann (deshalb der Name!) mußte der Minderjährige nicht hinaus in den Holzschlag, sondern drinnen die Frauenarbeit verrichten.

"Die alt'n I eit (Waldarbeiter) sind am Morgen weggegang'n zum Arbeit'n. I, der Keimann, hab' gschaut zum Feuer, hab' Wasser g'holt, das Holz bereitet. Am Mittag sind die Männer gekummen zum essen; I mußt jedem sein Töpfchen in die Aschen

143

warm halten und aufpassen, daß nit an-
prennt. Damalst hab'n die Waldarbeiter in
Kulibn g'wohnt; das war'n runde Hitten aus
Feichtenstämmen (Fichten- oder Tannen-
holz), in der Mitten ein Feuer; oben war a
Loch für den Rauch. Da war'n keine Better
nit, waren zum schlaf'n Pritsch'n, vielleicht
zehn Zentimeter hoch, rundherum um's
Feuer; auf die Bretter ham'r g'legt Tsche-
tina (frische Tannenzweige), hast g'legt dei'
Rock'l (Jacke), und so hast g'schlaft".

Die Holzfäller schliefen kreisförmig angeordnet Mann an Mann, die nackten Füße
am ständig brennenden Feuer, den Kopf gegen die Wand. Die Hitze an den bloßen Füßen erklärt vielleicht die erstaunliche Tatsache, daß trotz feuchtem Waldklima kaum
jemand im Alter ernsthafte Probleme mit
Rheuma hatte.

"War'n auch schun Rumäner dazwischen,
aber die meist'n Arbeiter war'n damalst
Teitsche. Wenn's dunkel worden ist, sind's
in die Kulib'n gekummen, so um Achte,
Neune; waren schon mied, einige hab'n
g'schlafen, andere hab'n g'sprochen bis gegen Zwölfe, hab'n terzählt G'schichten und
Lug'n, "Märchen" wie die Deutschen sagen,
hat einer was g'wußt, hat a anderer was
g'wußt."

"Mit vierzehn Johr hab I dann auf der
Klaus (Talsperre) g'arbeit. Das Holz wart
damalst mit dem Sapin (Kanthaken, mit
dem Baumstämme von Hand bewegt wer-

Ein „TAF" in Novicior

den) bis auf'n Weg gebracht, dann haben's
die Pferd zur nächsten Klaus zogen. So a
Klaus wart acht bis zehn Meter hoch, hat
g'staut das Wasser vielleicht vierzig –
fuffzig Meter hinauf. In die Mitten war a Tor
(obenliegende Schleuse), wo die Ries'n
(eine Art hölzerne Kanäle, Holzrutschen)
anbaut war. Die Ries'n war'n aus sieben
(Rund-) Hölzern, die Fugen mit Moos
ab'dicht; über a Kilometer lang, bis in die
nächste Klaus. Im Bottisol-Grab'n, wo I hab
damals g'arbeit, war'n sieben Gleis ("Riesen") und Klaus bis unten auf die Bahn
(Waldbahn). Einmal – wart eine gefährliche
Arbeit, weißt – bin I fast gschtorb'n: war zu
viel Wasser in der Klaus, und I bin g'sprun-
gen, wollt das Holz dirigier'n, da bin I hin-
eing'fallen, das wart im Winter. Das Wasser
hat mich zwischen dem Holz in die Riesen
zogen, hab mich g'halten am Rand, von
oben kam Holz mit dem Wasser, hat mich
hinausg'worfen über vier Meter hinunter in
Schnee. Wie ich bei die Hitten bin an'kommen, war ich gefroren..."

Anfang der sechziger Jahre brach "oben
im Wasser" das Maschinenzeitalter an: die
ersten holzgefeuerten Raupentraktoren russischer Produktion erschütterten das Tal,
der Fortschritt kam...

" Nach dem Militär bin I in Sighet auf die
Schul 'gangen, drei Monat hab I g'lernt mit
die Druschba (russische Motorsägen) und
die Arbeit im Wald. So Einundsechzig–
Zweiundsechzig haben's begonnen, Cabaner zu bau'n, richtig mit Betten und a Spar
(Ofen). Zuerst hat das Volk nit woll'n hinein
gehn, hab'n weiter in die Kulib'n g'wohnt;
die Cabaner standen fertig a halbes Johr
leer, sind's blieb'n in die Hitten. Dasselbigi
wart mit die Druschba's, die hab'n nit wollen annehmen, haben's g'sagt, uns schneid'
mer lieber selbst die Baumer (mit großen
Handsägen und Äxten). Aber nach a paar
Johr war's umdreht: war keine Druschba
zum Arbeit'n, gingen die Leit nach Haus,
hab'n nit g'arbeit."

144

Die kommunistische Planwirtschaft hatte es mit den dickköpfigen Waldbewohnern nicht leicht: einige gutgemeinte Neuerungen stehen bis heute als sozialistische Ruinen im Wassertal; das Badehaus in Novicior beispielsweise wurde nicht einmal zwei Jahre alt, und von den Stromgeneratoren funktioniert kein einziger mehr.

Eine typische Holzfällerstation von heute besteht aus einer großen "Cabană", einem Laden ("Magazin"), Stallungen für Pferde, einer Schmiedewerkstatt und mehreren kleineren Häusern für Jäger und Forstbeamte mit ihren Familien. In Novicior rauchte noch Anfang der neunziger Jahre ein gewaltiger Kohlemeiler; die so gewonnene Holzkohle diente als Brennstoff für die Schmiedewerkstätten im Wassertal. Die Arbeit wird wöchentlich vom "Meister" nach Plan eingeteilt; er bestimmt die Holzmenge und den Ort, wo sie geschlagen wird. Der Förster und seine Angestellten sind für die Gesundheit des Waldes verantwortlich; sie markieren die Bäume, schützen den Jungwuchs (oder forsten auf) und müssen die Bestände der verschiedenen Wildtiere im Auge behalten. Jede Station verfügt über zwei oder mehr riesige Forsttraktoren, die sogenannten "TAFs", mit denen das gefällte Holz zur nächstgelegenen Verladerampe der Waldbahn geschleift wird (kleinere Bäume werden auch heute noch mit Pferden transportiert). Dort rollen die Männer, begleitet von rhythmischen Kommandorufen, Stamm um Stamm mit dem "Sapin" auf die Eisenbahnwagen.

"Oben im Wasser" hat sich in den letzten fünfzig Jahren einiges verändert, aber entscheidend anders geworden ist das Leben

Waldarbeiter

im Wald eigentlich nicht. Der riesige Forst des Wassertales bedeckt wie vor Hunderten von Jahren diesen Teil der Ostkarpaten; Tiere wie Luchs, Bär, Hirsch und Wolf sind darin trotz Menschenwerk heimisch geblieben. Der Wald ist groß; so groß, daß "kanns't oben beginnen zu schneiden die Baumer; bist' unten ankummen wirst', stehn' oben die Baumer wieder", wie Zipser Thomas sagen würde. Gegen Ende dieses Jahrhunderts wird der Besucher allerdings kaum noch einem "teitschen" Holzfäller begegnen können, heute gehen nur noch ältere Rumänen oder Ruthenen im Wald arbeiten, die jüngere Generation sucht lieber eine Anstellung unten in der Stadt, und die Zipser im erwerbsfähigen Alter befinden sich fast ausnahmslos in Süddeutschland.

Bald erinnert nur noch das durch die Rumänen übernommene Kommando, mit im Holzschlag die Pferde zu Rückwärtsschritten angetrieben werden, an die deutschsprachigen Kolonisten: "Zuruck, ohoo, zuruckzuruck", hallen die Rufe durch die Wälder des Wassertals – als rufe die Heimat, welche die nach Deutschland ausgewanderten Zipser endgültig verloren haben.

7

8. DAS RODNA UND DIE BERGE DER MARAMUREŞ – EIN TAGEBUCH

Die Autoren wanderten im Sommer 1996 gemeinsam mit Freunden eine Woche lang durch die Ostkarpaten. Ein persönliches Tagebuch, ergänzt um geographische Fakten und hilfreiche Tips, soll Bergwanderfreunde durch den hochgebirgigen nördlichen Teil der Karpaten begleiten. Die im folgenden beschriebene Route stellt eine von verschiedenen Möglichkeiten dar, im Rodnagebirge unterwegs zu sein.

In Kürze...

Klima – Reisezeit: Die beste Zeit für Bergwanderungen im Rodna sind Juni, Juli und August. Auch in diesen Monaten muß mit überraschenden Wettereinbrüchen, ja sogar Schneestürmen (!) gerechnet werden. Auf dem Gipfel des *Pietrosul* (2303m) betragen die durchschnittlichen Temperaturwerte im Juli +8°- +10° Grad Celsius. Statistisch gibt es übers Jahr nur 45 sonnige Tage. Die Wetterbilanz ist im September am günstigsten, allerdings mit einem bereits sehr hohen Schneerisiko!

Gebirgseinstieg: Das Rodnagebirge ist prädestiniert für eine Kammwanderung. Wir wählten den westlichsten Einstieg, von Moisei vorbei an den Iza-Quellen. Empfehlenswert für die Tour in der Gegenrichtung ist *Lala*, südöstlich des Prislop-Paßes. Wer steile Aufstiege nicht scheut, kann die Kammhöhe auch über Quereinstiege erreichen.

Ausrüstung: Für eine Bergtour ist ein geeignetes Equipment zwingend. Legen Sie Wert auf gute, wetterfeste Schuhe, regensichere, windabweisende und warme Kleidung. Ein bergtaugliches Zelt ist genauso unerläßlich wie Kochgeschirr, Rucksack mit Hüftgurt, Wasserflasche, Karte, Kompaß und Taschenlampe.

Unterkunft: Im Rodnagebirge gibt es zur Zeit nur eine einzige bewirtschaftete Schutzhütte: die *Cabană Puzdrele* etwa in der Mitte des Kammes.

Proviant: Bis auf obige bewirtschaftete Hütte gibt es keine Einkaufsmöglichkeiten, planen Sie deshalb genug Proviant ein. Frische Milch und manchmal Käse kann bei den Hirten erworben werden.

Kartenmaterial: Wir empfehlen keinen mehrtägigen Gebirgsaufenthalt ohne Karte! Die vorhandenen Wegmarkierungen sind zum Teil spärlich und verwittert; Orientierungsprobleme können bei schlechter Witterung fatale Folgen haben. **Die Beschaffung einer geeigneten Wanderkarte ist leider nicht so einfach.** 1994 erschien eine Karte im Maßstab 1:50 000 bei Editura JIF in Bukarest;1995 war sie in Sighet noch erhältlich, im Jahr darauf bereits nicht mehr. Bis eine Neuauflage oder Kartennachschub gewährleistet ist, bieten wir zwei Alternativen an. Einmal werden wir bei Frau Bota in Vişeu de Sus (siehe dort) Karten zum Kopieren hinterlegen. Zum anderen können Sie sich unter folgender kartografischer Verlagsadresse über die aktuellen Bezugsmöglichkeiten informieren: Editura JIF; B-dul Regele Ferdinand 14 Tel. 6354690, Divizie a S.C. "JIF" SRL-Bucureşti, Str. Prometeu 10, Fax: 6792335

Die Ostkarpaten erreichen im Rodnagebirge ihre größte Höhe. Der *Pietrosul* bildet mit 2303 Metern den höchsten Gipfel Nordrumäniens. Das Rodna, bislang eher ein bergtouristischer Geheimtip, ist etwas für Träumer. Im Vergleich mit dem bekannteren *Făgăraş*-Gebirge dominieren hier sanfte Höhenrücken. Eiszeitliche Gletscher haben Spuren in Form von kleinen Seen in den saftiggrünen, von Blumen übersäten Bergwiesen hinterlassen. Nur in der Nähe des *Pietrosul* oder des *Ineu* (2279 m) wirkt die Landschaft hochalpin. Aus der Morphologie heraus erklärt sich auch, daß das Rodna ein Reich der Hirten ist. Abgesehen von Naturschutzgebieten um den Pietrosul und nördlich des Ineu resultiert daraus das einzige wirkliche Manko dieser Berge – Überweidung. Trotzdem werden sie genug Einsamkeit in der Höhe erleben. An manchen Tagen werden Ihnen bestimmt einige Hirten begegnen – dafür aber keine Touristen. An anderen Tagen sehen Sie vielleicht Touristen – von der Anwesenheit der Hirten zeugen dann nur fernes Hundegebell und die weithin sichtbaren abendlichen Feuer. Die meiste Zeit werden Sie gänzlich allein sein – die Seele wird es Ihnen danken.

Einige wichtige **Hinweise** gilt es bei der Planung einer Bergtour speziell in diesem Gebirge zu beachten. (Die Warnung eines deutschsprachigen Reiseführers, das Rodna wegen seiner geringen Hüttendichte zu meiden, halten wir für völlig übertrieben.) Der Bergtourismus steckt hier noch in den Kinderschuhen. Finanzkräftige Tourismusinvestoren haben sich noch nicht in dieses Hochgebirge verirrt. Was die Tourenausrüstung anbelangt, wird dem Leser das folgende "Tagebuch" eine hoffentlich unterhaltsame Auskunft geben.

Zum Thema Sicherheit etwas Klartext vorneweg. Die einzige wirklich unabhängige Übernachtungsmöglichkeit ist das **Bergzelt**!

Damit sind wir gleich bei Risikofaktor Nummer Eins, der nicht nur hier von unerfahrenen Bergwanderern oft unterschätzt wird: **Wetterstürze**. Im Sommer können Gewitter den Aufenthalt in dieser Höhe zur Hölle machen. Deshalb unsere eindringliche Warnung, den Kamm bei sich ankündigenden Gewittern so schnell wie möglich zu verlassen. Dies ist an vielen Stellen leichter gesagt als getan – vor allem wenn es eilt und die Sicht schlecht wird. Merken Sie sich Unterstellmöglichkeiten im Gelände und kehren Sie im Zweifelsfall um! Auf der Wanderkarte sollten unterwegs auch immer die nächstgelegenen Abstiegsmöglichkeiten im Auge behalten werden. Noch heikler sind gelegentliche Schneeinbrüche kombiniert mit Gewitterstürmen. Anfang September 1992 trafen wir ein junges Pärchen, das nach einem solchen Abenteuer praktisch alles verloren hatte. Nur mit größter Anstrengung konnten die beiden ihre Rucksäcke mit einem Teil der Ausrüstung durchs Schneegestöber hinunter ins Tal retten – das Zelt mitsamt Schlafsäcken ward buchstäblich vom Winde verweht und nimmermehr gesehen.

Kein Risiko sollte beim **Trinkwasser** eingegangen werden. Machen Sie sich die Mühe, kleinen Wasserläufen bis zu ihrer Quelle nachzugehen und kochen Sie zweifelhaftes Naß immer ab. Ist das vermeintlich saubere Bächlein von Schafspuren gezeichnet, muß mit entsprechender Verunreinigung gerechnet werden. Wasser ist nicht überall so leicht zu finden; wenn Sie kräftezehrende Ab- und Aufstiege vermeiden wollen, sollten Sie bei jeder Quelle ihre Flaschen für die kommende Wegstrecke auffüllen.

Von den wenigen hier oben lebenden Bären geht keine Gefahr aus (Uns ist diesbezüglich nichts Negatives von den Forstleuten berichtet worden.); eine Begegnung mit Kreuzottern oder Wildschweinen ist sehr unwahrscheinlich. Auch die zotteligen

8

Hirtenhunde greifen trotz ihres furchtein-flößenden Gebelles keine Menschen an, solange man ihnen nicht zu nahe kommt. Es gibt aber – selten! – wirklich bösartige Ausnahmen; normalerweise wissen die anwesenden Hirten um die Charaktere ihrer vierbeinigen Helfer und sorgen beim Auftauchen von Touristen entsprechend vor. Des Abends kann es schon mal vorkommen, daß sich hungrige Hirtenhunde in der Hoffnung auf leckere Essensreste um die Biwakstelle scharen. Bei zuviel vierbeiniger Penetranz gibt es ein einfaches Mittel, die ungebetenen Gäste zu vertreiben. Man hebe einen Stein auf und simuliere damit eine deutliche Wurfbewegung in Richtung der Hunde – die wohl mit schmerzlichen Erfahrungen verbundene Geste läßt sie schnell das Weite suchen.

Im Unterschied zum Rodna erreichen die Berge der Maramureş nördlich vom Prislop-Paß die 2000-m-Grenze nicht. Da man sich dort also immer mehr oder weniger unterhalb der Baumgrenze befindet, haben Wettereinbrüche weniger dramatische Folgen. Ernsthafte Orientierungsprobleme kann dicker Nebel bringen, mit welchem in diesem waldreichen Gebiet immer zu rechnen ist. In Bezug auf Hunde, Bären, Wildschweine und Wölfe gilt das bereits oben Gesagte.

Wir haben für die folgende Tourenbeschreibung durchs Rodna bis ins Wassertal

die Form eines Tagebuches gewählt. Es wurde von Katharina Hübner aus Esslingen am Neckar niedergeschrieben. Wir bedanken uns für ihre Mithilfe!

22. August 1996 / Vişeu de Sus
Am frühen Morgen des 22. August packt unsere bunt zusammengewürfelte Reisegruppe nach durchzechter Nacht und voller Erwartung auf die kommenden Tage in der einsamen Bergwelt die Rucksäcke. Eigentlich wollten wir diese Arbeit noch gestern Abend erledigen; doch der erste Abend in der Zipserei war erfüllt von Wiedersehensfreude, der unbeschreiblichen Gastfreundschaft unserer Wirtsleute, einem üppigen Abendessen und nicht zuletzt reichlich genossenem Zwetschgenschnaps, dem Ţuica. Bis in die Nacht hinein wurde erzählt, diskutiert, gelacht, getrunken – nur nicht gepackt.

Bei unserer elfköpfigen Reisegruppe traten trotz gemeinsamer Tourenplanung erhebliche Unterschiede zutage, was die Ausrüstung betraf. Genügte dem einen ein einfacher Wanderrucksack und ein paar lederne Bergschuhe, verblüffte ein anderer mit allen erdenklichen Trecking-Utensilien, die unter so klangvollen Namen wie Larca, Northface oder Jack Wolfskin den trendigen Wandersmann beglücken. Angesichts dieser unglaublich strapazierfähigen, wasserabweisenden, windundurchlässigen, entkeimenden, sturm- und feuersicheren, leichten und schnellkochenden Wunderdinge muß jede Bergwanderung vor 50 Jahren ein reines Martyrium gewesen sein. Vor allem dem weiblichen Teil unserer munteren Schar wurde nicht allzuviel Eigenverantwortung zugetraut. Gewisse Herren hegten wohl den völlig absurden Verdacht, die Weiblichkeit würde Kosmetikköfferchen und Haartrockner in die nicht-elektrifizierte Bergwelt schleppen. Ungeachtet dieser gepäcktechnischen Diskussionen nahmen unsere Rucksäcke unheimliche Dimensio-

8

nen an. *Erlaubt sei an dieser Stelle die Be-*
merkung, daß es sich bei unserem Kollektiv
keineswegs um eine Ansammlung von am-
bitionierten "Hardlinern" oder leistungs-
fixierten Gipfelstürmern handelt. Zusam-
mengefunden haben sich vielmehr normal-
bis schlechtkonditionierte Durschnitts-
menschen, vereint in ihrer Begeisterung für
die Bergwelt der Maramures.

Der Vormittag stand dann im Zeichen ei-
nes etwas aufwendigen Anfahrtweges von
Oberwischau bis zur letzten Försterhütte
unterhalb der Iza-Quelle. Unser Wischauer
Quartiervater Gheorghe chauffierte per
Auto die Reisegruppe zum "Basislager",
was nicht ohne mehrmaliges Hin- und Her-
fahren zu schaffen war.

Der von uns gewählte Ausgangspunkt
liegt unmittelbar dort, wo die Iza nach einer
unterirdischen Passage wieder aus dem
Karst quillt. Man fährt mit dem Auto von
Vișeu de Sus zunächst auf der Hauptstraße
18 nach Moisei und von dort rechts ab in
Richtung Sacel. Diese Asphaltstraße darf
nach ca. 2 Kilometern nicht links verlassen
werden, sonst gelangt man zum Kloster von
Moisei. Über Serpentinen bergauf erreicht
man auf dem Kulminationspunkt eine breite
Verzweigung mit einer ehemaligen, großen
Herberge links davon. Man biege in die
links abgehende Naturstraße ein; der Weg
ist nicht gepflastert und zum Befahren mit
"tiefergelegten" Fahrzeugen weniger geeig-
net.

Die beschriebene Anreise ist auch ohne
Auto zu schaffen, wenn man die Strecke
zwischen Vișeu de Sus und Moisei mit Bus
oder Bahn zurücklegt und dann zu Fuß unserer Beschreibung folgt. Die letzten zehn
Kilometer von Moisei bis zu den Iza-Quellen führen durch eine herrliche Landschaft,
welche ein um seine Stoßdämpfer besorg-
ter Automobilist wohl nur am Rande wahr-
nimmt. Vorbei an spärlich werdenden Gehöften erreicht man bald wunderschönen,
dunkelgrünen Bergwald. Entlang eines wild-

An der Iza-Versickerung

romantischen Gebirgsbaches zieht sich diese Forststraße bis ans Ende des Tales, wo
mehrere Forsthäuser stehen; zwischendurch lichtet sich das Tannengrün, als Weideland genutzte Wiesen säumen den Weg.
Beim hiesigen Revierförster kann man in
Cabanăs übernachten oder im Vorgarten
seine Zelte aufschlagen.

Vor unserem Aufbruch in das Gebirge
konnten wir uns mit einem guten Schluck
frischer Kuhmilch stärken, die uns der
sympathische Förster anbot. Bei dieser
Gelegenheit wagte ich auch die Frage nach
der Gefährlichkeit der Hirtenhunde. Dazu
sei kurz erwähnt, daß ich zwar kein ängstli-
cher Mensch bin, jedoch vor Hunden un-
glaublichen Respekt verspüre – um nicht
gleich von Angst oder einem Trauma zu
sprechen. Der Mann des Forstes konnte
meine Bedenken nicht gerade zerstreuen.
Er zeigte nur auf sein Gewehr und erklärte,

daß er ein einziges Mal eine vermeintliche Attacke mit Reizgas abzuwehren versuchte. Daraufhin hätten es nach dem gelösten Problem mit dem Hund ein Neues mit dem Hirten gegeben, welcher nur wenig Verständnis für das rabiate Vorgehen des Wildhüters aufbringen konnte. Und ich war mit meinem Hundeproblem nach dieser wilden Geschichte so klug wie zuvor...

In der Zwischenzeit ist es Mittag geworden, und frohgemut machen wir uns endlich auf in die nahen Berge.

An dieser Stelle noch einige Worte zur Iza-Versickerung, welche sich eine knappe Stunde Weges oberhalb des Forsthauses befindet.

Als Kuriosum verschwindet die im Rodna entspringende Iza zwischendurch für einige Kilometer wieder im Berg, um nach ihrem Austritt quasi eine zweite Quelle zu bilden. Die Gegend um die Versickerung besitzt für die Menschen der Maramureş fast mythische Bedeutung. Zahlreiche Sagen und Legenden ranken sich um diese Quellen. Wenn Sie von der Cabăna aus dem linken Weg ca. 150 Meter folgen, erblicken Sie eine überdachte kleine Brücke. Genau darunter entspringt dem Fels die kristallklare Iza. Das Wasser leuchtet grünlichblau aus einem kleinen Felstopf. Leider ist die unmittelbare Umgebung, ein gern besuchter Ausflugsort, durch Müll ziemlich "versaut". Gehen Sie mit gutem Beispiel voran!

Die Iza-Versickerung passieren wir beim kommenden Aufstieg. Wir laufen den Weg zwischen Forsthaus und Cabana ca. 2 Kilometer südlich bis zu einem Abzweig nach links. Diesem Pfad folgen Sie immer dem Bach entlang bergauf. Nach einer reichlichen halben Stunde Fußmarsch verläßt unser Weg den nach rechts weiterführenden Bach; wir laufen geradeaus, steil den Hang hoch bis zu einem auf einem Sattel gelegenen Querweg.

Im von Sturmschäden gezeichneten,

dichten Tannenwald müssen Sie an dieser entscheidenden Stelle über den Querweg hinweg ein- oder mehreren Hirtenpfaden folgen, welche als gerade Verlängerung unseres Aufstiegs nun bergab führen. Nach etwa 200 Metern stoßen Sie auf eine malerische Lichtung, die sich auch als idealer Zeltplatz anbietet. Die feuchte "Gruft" der Iza-Versickerung finden Sie direkt auf dieser kleinen Bergwiese. Ohne Höhlenausrüstung hat es wenig Zweck, dem unterirdischen Lauf der Iza folgen zu wollen.

Der Aufstieg ins Rodna führt von hier an der Höhle (Peştera de la Izvorul Izei) vorbei und zieht sich dann rechts hoch. In südlicher Richtung geht es dem Berg Bătrîna (1710 m) entgegen. Wir benutzen den gleichen Weg, wie er auch für den Viehtrieb verwendet wird; dies ist auch die Ursache für seine aufgewühlte Schlammigkeit.

Sowohl Hirte wie Kuh oder Schaf haben die Kraft, Höhenmeter auf kürzester Strecke zu überwinden. Bei unseren Füßen machen sich allerdings nach wenigen Kilometern die ersten Verschleißerscheinungen in Form von Blasenbildung bemerkbar, erste sanitätstechnische Marschhalte sind unvermeidlich. Dichter Bergwald und langersehnte Stille umgibt uns; zerrissen nur vom rasselnden Geräusch unserer Großstadtlungen, die ihrerseits den Aufstieg nur knapp verkraften. Und so stapfen wir keuchend bergauf, bis wir schließlich den weiß-rot-weiß markierten Kammweg erreicht haben. Eine Zeitangabe für die auf ca. 5 km verteilten, knapp 600 Höhenmeter zum Kamm läßt sich schwer geben. Bei guter Kondition und Gepäck unter 15 kg sind zwei Stunden wohl normal. Oben, auf der baumfreien und ebenen Höhe, läßt sich´s nun bequemer ausschreiten. Von den Strapazen dieses ersten Wandertages gezeichnet (oder sind´s noch die Nachwirkungen vom Wischauer Zwetschgenbrand?) richtet sich unser Augenmerk schon auf die

Suche nach einer geeigneten Zeltmöglichkeit. Diese finden wir an der Tarnița Bätrînei linkerhand etwas unterhalb vom Grat, direkt an einem sauberen Bächlein. Vom Bätrîna bis zu dieser Stelle waren es etwa drei Kilometer. Sich in die weichen Bergmatten legen und – endlich – die Schuhe von den Füßen zu schleudern war eins, nach einer Zigarettenpause die Zelte aufbauen und Brennholz suchen das andere. Schon brennt ein Feuerchen, worüber der gurgelnde Teetopf bald einer brutzelnden Pfanne dünstender Steinpilze Platz zu machen hat. Die praktisch am Wegrand sprießenden Delikatessen hatten wir während des Aufstiege so nebenbei eingesteckt. Wir machen es uns am wärmenden Feuer bequem und rekapitulieren mit von Spaghetti und Pilzen geblähten Bäuchen die Erfahrungen unseres ersten Tages. Da mancher von uns während des Aufstieges einen aufkeimenden Haß gegen die Rucksacklast nicht verheimlichen konnte,

Steinpilze am offenen Feuer

kreisen die Diskussionen bald unweigerlich um ein Thema: Reiner Höhs Proviantempfehlung aus dem Buch "Die Rucksack-Küche", einem Standardwerk für Survival-Freaks.

Pro Person werden darin für sieben Tage folgende rudimentären Vorräte angegeben:

Mehl	1250 g
Reis	250 g
Nudeln	500 g
Suppen	2 Beutel
Fertigeintopf	1 Beutel
Soßen	2 Beutel
Fleischbrühe	1 Würfel
Tomatenmark	3/4 Tube
Öl	250 ml
Butter	375 g
Milchpulver	250 g
Speck	200 g
Dauerwurst	350 g
Hartkäse	350 g
Marmelade	250 g
Zucker	150 g
Haferflocken	300 g
Dörrobst	375 g
Backpulver	1 Päckchen
Salz	50 g
Kaffee	50 g
Tee	30 Beutel
Gewürze	
Brot	

Zweifelsohne basiert diese Liste auf reicher Erfahrung, sie wappnet den Wanderer für alle Eventualitäten. Das Gewichtsproblem mußte also in unserer Unvernunft gesucht werden, wieweit jeder einzelne diese Liste noch um ein paar persönliche Leckereien ergänzt hatte. So stellte sich bei der anschließenden Inventur unserer Rucksackinhalte heraus, daß wir teutonischen Helden mit 6 Gläsern Nutella (Gläsern!!!), 2 Gläsern Honig, 2 Gläsern Marmelade und – um ein weiteres Beispiel zu nennen – 5 kg

8

Ein Lagerplatz im Rodna

fende Brotfladen und Kaffee. Ein Hirtenjunge kommt in wildem Galopp – selbstredend ohne Sattel – auf seinem Pferd die
Bergwiese hinaufgesprengt und wird für
diesen filmreifen Auftritt mit einem Nutella-
glas belohnt. In der Zwischenzeit teilen wir
unseren Lagerplatz mit mindestens zehn
Hunden, welche ob der verführerischen
Gerüche unseres Frühstücks ihre weiterzie-
hende Schafherde vergessen zu haben
scheinen. Ich muß an dieser Stelle zugeben,
daß Hirtenhunde sehr schöne Tiere sind –
wenn sie nicht gerade ihren Job tun und mit
wildem Gebell dem Wanderer zu Leibe
rücken.

Da ein Mitglied unserer Gruppe offensichtlich die Wischauer Küche nicht so
recht verdaut hatte und dramatisch bleich,
von Fieber geschüttelt, kaum noch sein Gepäck heben konnte, mußten die Lasten neu
verteilt werden. Gegen 11 Uhr war es
schließlich soweit, und wir stiegen wieder
auf den Kammweg hinauf. Nach wenigen
hundert Metern teilt sich der markierte
Weg. Wir begehen die nördlichere (obere),
etwas anspruchsvollere Variante.

Müsli unterwegs waren! Ein gruppendyna-
misches "outing" ergab, daß nicht ein einziger von uns besondere Neigung verspürte,
diese Körnermassen mit aufgerührtem
Trockenmilchpulver zu verspeisen. Über
die mitgeführten Mengen an Mehl, Öl,
abgepacktem Brot und hochprozentigen
Getränken deckt die Chronistin besser den
Mantel des Schweigens – schließlich profi-
lieren wir uns gerade als Bergführer. Nichts
gegen Rainer Höh und eine perfekte
Tourenplanung: Aber wir mußten doch
bekennen, daß wir früher mit einer Dauer-
wurst und etwas eingeschweißtem Käse,
ergänzt um einige Tütensuppen und Knäk-
kebrot, nicht unbedingt an Entkräftung
gestorben sind.

23. August 1996 / Tarniţa Bătrînei
Uns empfängt ein herrlicher Morgen mit
gleißendem Sonnenlicht. Wir waschen uns
im kalten Rinnsal der Quelle, und zum
Frühstück gibt´s in Öl gebacken, damp-

Diese Route ist nicht nur wegen ihrer
Schönheit empfehlenswert, sondern bietet
auch den günstigsten Ausgangspunkt für
die Besteigung des mit 2303 Metern höchsten Berges des Rodna-Gebirges, dem
Pietrosul. Nach ca. 6 Kilometern erreichen
Sie den Abzweig, an dem es links zu diesem
Gipfel weitergeht. Der Weg trägt eine blau-
weißblaue Markierung, für die Besteigung
müssen sie ab hier gut eine Stunde einpla-
nen und nochmal soviel zurück. Sie befinden sich im Naturschutzgebiet Pietrosul
Mare, welches sich über eine Gesamtfläche
von gut 3300 Hektar erstreckt. Geschützt
sind hier seltene Pflanzen wie der Rhodo-
dendron, die Glockenblume, das Edelweiß
und der Enzian.

Daneben fasziniert eine imposante Tierwelt. Im Naturschutzgebiet sind neben

wiederangesiedelten Beständen von Gemsen und Murmeltieren auch Auerhahn, Luchs, Bergadler und der mächtige Braunbär zu Hause. Es versteht sich von selbst, daß im Naturschutzgebiet strikt die markierten Wege eingehalten, sowie Zelt- und Lagerfeuerverbot befolgt werden müssen.

Angesichts unserer schmerzenden Schultern und wunden Füße verzichten wir auf den Abstecher zum Pietrosul und stapfen weiter den rotweißroten Markierungen nach. Zu unserer Linken sehen wir ein liebliches Bergseelein, gut hundert Meter tiefer gelegen als der Kamm.

Der See unterhalb des Sattels "Tarniţa la Cruze" bietet sich als romantische Zeltmöglichkeit an. Sie erreichen das idyllisch in einem Kessel liegende Gewässer auf dem zweiten Weg in Richtung Pietrosul. Über diesen Weg kann auch der Abstieg in Richtung Borsa gewählt werden. Dabei passieren Sie unterhalb des höchsten Rodna-Gipfels noch einen zweiten See: den Lacullezer. Dieser befindet sich im angeblich größten Gletscher-Kessel der rumänischen Karpaten. Von Tarniţa la Cruce bis nach Borşa nimmt der Abstieg mindestens einen Tag in Anspruch.

Unser Sinnen und Trachten steht weder nach Auf- noch Abstiegen. Wir bleiben auf dem Kammweg und erreichen nach gut sieben Stunden Wandern unseren nächsten Lagerplatz bei "La Cărti" (Zehn Kilometer in sieben Stunden – wir ersparen uns die Berechnung des Kilometerschnittes...). Hier finden wir auch eine kleine Quelle, wo eiskaltes Wasser direkt aus einem Felsen plätschert. "La Cărti" bedeutet auf deutsch soviel wie "An den Büchern", da die Gegend durch mächtige, buchartig gestapelte Kalkplatten gekennzeichnet ist.
Die Zelte sind in wenigen Minuten aufgebaut, das obligatorische Lagerfeuer wird zü-

gig entfacht. Der teutonische männliche Teil der Gruppe, unter stolzer Ignorierung dieser natürlichen Energeiquelle, bemüht sich in einer Art Kocher-Wettstreit ihre mitgeschleppten technischen Wunderwerke in Gang zu setzen: der schwedische Edelkocher "Optimus" contra dem Ex-DDR-Produkt Marke "Juwel". Top – die Wette gilt! Und wie konnte es auch anders sein, "Juwel" obsiegt unter nahezu ohrenbetäubendem Gesäusel der Vergaserdüse – 1:0 für den Osten! Die Verlierer verdauen ihre Schlappe tapfer und spendieren eine Flasche Rum aus den Tiefen ihres Gepäcks.

Die Effizienz von Campingkochern leidet in diesen baumfreien Höhen doch beträchtlich unter dem Wind, der vor allem gegen Abend auffrischen kann (Windschutz improvisieren!). Wer lieber am offenen Feuer seine warmen Mahlzeiten zubereitet, findet oben auf dem Kamm leider kaum Brennholz – ein kurzer Abstieg Richtung Baum- oder Buschgrenze ist unvermeidlich.

8

Es dauert nicht lange, bis unsere muntere Runde auch hier die Neugier der nahen Hirten weckt. Sie erweisen sich als äußerst hilfsbereit und freuen sich ungemein, daß einige von uns der rumänischen Sprache mächtig sind. Während des angeregten Gesprächs weisen die sympathischen Bergler uns darauf hin, in diesem Teil des Gebirges nie längere Zeit unbeaufsichtigt die Zelte stehen zu lassen. Es soll schon vorgekommen sein, daß allzu sorglose Touristen das Opfer von Diebstahl geworden sind. Unsere Hirten bieten sich an, am nächsten Morgen Milch und Käse zu bringen und ziehen mit einem freundlichen Gruß wieder von dannen.

24. August 1996 / La Cărti
Der Wettergott ist mit uns. Strahlender Sonnenschein auch an diesem Morgen; kein Wölkchen am Himmel soweit das

8

Hirten posieren für ein Gruppenbild

über den gepäcktechnisch bedingten Marschhalt nicht gerade unglücklich, fühlte ich doch als stolze Besitzerin von schweren, antiquierten Wanderschuhen (selbstredend mit roten Schnürsenkeln!) zwischenzeitlich meine solide verpackten Füße kaum noch. Auf dem folgenden Abschnitt unserer Tour fallen der schwächere Teil unserer Mannschaft inklusive meiner Wenigkeit hemmungslos zurück. Es kostet unsere vorauseilenden Freunde einiges an Überredungskunst, daß wir Nachzügler diese letzte Hürde noch vor dem Gărgălău-Sattel in Angriff nehmen. Aber ich muß zugeben, diese letzte Anstrengung lohnte sich. Den blauweißen Markierungen folgend erreichen wir nach einem kurzen Abstieg eines der schönsten Täler des Rodna-Gebirges. Klare Bäche durchfließen dichte Kiefernwälder. Der terassenartige Aufbau des Taleinstieges bietet immer wieder herrliche Zeltmöglichkeiten, und nahe eines malerisch in satte Bergwiesen gebetteten Sees richten wir schließlich unser Nachtlager ein. Die Wiesen direkt um den See sind allerdings feucht und bieten sich nur nach einer längeren Trockenperiode als Zeltgrund an.

Im Bereich der **Puzdrele-Hütte** gibt es verschiedene empfehlenswerte Möglichkeiten, nach Borşa oder Borşa Complex abzusteigen (oder umgekehrt). Wer vom oben beschriebenen See *Iezerul Bistriţei* den Markierungen mit einem roten Dreieck folgt, passiert dabei einen grandiosen Wasserfall. Der weißblauweiß markierte Pfad führt zur oberen Station der Seilbahn von Borşa Complex; der Betrieb dieser erfolgt aber zuweilen sehr unregelmäßig.

Der östliche Teil des Rodna, um den **Gipfel des Ineu** (2279 Meter) und beim **Lalla-See**, zeichnet sich durch relative Schroffheit aus und entspricht am ehesten den Vorstellungen von hochalpinem Gebirge. Hohe Felsen und abgrundtiefe Täler faszinieren den Bergwanderer. Wer in diesem

Auge reicht. Hoch zu Roß kommen mit den ersten Sonnenstrahlen die Hirten, begleitet von einer verspielten Schar zotteliger Welpen. Sie haben selbstgebaute Instrumente mitgebracht, eine Art blecherner Alphörner. Sie posaunen mit düsteren Tönen ihren Blues über die Gipfel der Karpaten.

Nach dem mit frischer Milch und herben Brinsen (Schafskäse) bereicherten Frühstück wandern wir über den Tarniţa-Sattel und umgehen den Negoiasa (2049 Meter) auf seiner Nordflanke. Unterwegs durchqueren wir pittoreske Latschenkiefernwälder und stopfen nebenher unsere Mäuler mit süßen Blaubeeren voll. Noch bevor wir das Puzdrele-Massiv erreichen, reißen einem von uns die Rucksackträger. Sein Schulterbereich war vordem bereits mit unzähligen kleinen Striemen überzogen, welche die soliden Trageigenschaften seiner "Kraxe" dokumentierten. Nun war improvisiertes Flicken angesagt! Ich selbst war

Schnee sogar im Hochsommer: Der Rodna-Kamm

Teil des Gebirges unterwegs ist, sollte immer genügend Trinkwasser dabei haben – zwischen dem Gârgâlâu-Sattel und dem Lalla-See gibt es in Kammnähe keine Quellen.

Am Jezerul Lalla finden Sie herrliche Plätze zum campieren und – neben dem Reservat beim Pietrosul – das zweite große Naturschutzgebiet des Rodna. Vom Gletschersee führt der mit einem blauen Punkt im weißen Kreis markierte Weg hinunter ins Tal der goldenen Bistritz an die Hauptstraße. Mineralienfreunden empfehlen wir den südlichen Abstieg, welcher Sie kurz vor dem Ineu hinunter ins Valea Vinului bringt. In den Bergwerken dieser Ortschaft werden u.a. sulfidische Kupfer-, Blei- und Zinkerze abgebaut. Die Erzmineralien kommen hier fast immer kristallisiert vor. Wählt man diesen südlichen Abstieg, hat man im Ort Rodna über eine Stichstrecke Anschluß an die Eisenbahnachse Sighet-Bukarest.

25. August 1996 / Jezerul Bistriţei
Dicke Gewitterwolken türmen sich am

Morgen des vierten Wandertages über den Bergen. Wir beschließen den Kampf zwischen den Wolken und der noch kräftigen Augustsonne zu beobachten und ansonsten erst einmal nichts als Urlaub zu machen. Ganz in der Nähe weidet eine Pferdeherde; zwischendurch gilt es immer wieder Kühe zu vertreiben, welche aus lauter Neugierde schier in unsere Zelte kriechen wollen. Und während wir unsere Körper behaglich in der Sonne räkeln, kommt wohl jedem von uns der Gedanke, wie wenig es braucht um zufrieden zu sein; wie wohltuend diese Natur auf unsere stadtgeplagten Seelen wirkt und vor allem: Daß Zeit manchmal auch ganz langsam vergehen kann.

Gegen Nachmittag brechen wir auf und erreichen den Prislop-Paß unter schwarzem, bedrohlichem Himmel. Zaghaft hoffen wir, angesichts des nahenden Gewitters im "Hanul", der Herberge auf der Paßhöhe, unterzukommen. Aber auch bei näherer Betrachtung ist nicht eindeutig festzustellen, ob sich "Hanul" noch im Bau befindet oder bereits wieder am Zusammenfallen ist....

8

155

aber geschlossen ist er, nichts zu machen. Doch wo die Not am größten ist, ist auch der liebe Gott am nächsten. Keine hundert Schritte von der ungastlichen Wirtschaft befindet sich eine anheimelndere Behausung, welche von der örtlichen Forstwirtschaft betrieben wird. Im Inneren des von einem Wintergarten umzogenen Hauses werden saubere und freundliche Zimmer angeboten; man trete ein und lasse sich behaglich nieder. Es besteht die Möglichkeit zu kochen; und für diejenigen Zeitgenossen, welche sich nicht an Kerzenlicht erwärmen können, wirft der Wirt auch einen dröhnenden Stromgenerator an.

Wir beziehen unser Quartier während die ersten schweren Regentropfen fallen. Das über Stunden gereifte Gewitter entlädt sich bald darauf mit sintflutartigen Wolkenbrüchen und kräftigen Hagelschauern. Wahre Sturzbäche, Schlammassen mit sich reißend, rasen die unbewaldeten Berghänge hinab. Wir stehen an den Fenstern und staunen ins Freie. Schier unvorstellbar, bei solchem Wetter draußen im Zelt übernachten zu müssen... Doch bei allem Respekt vor der wild tobenden Natur – der Wunsch nach einem richtigen Bier ruft zwei unerschrockene Helden auf den Plan. Sie hüllen sich in Regenkluft und trampen todesmutig nach Borşa. Zwei Leben für eine Kiste Bier!

Die Zurückgebliebenen hoffen das Beste und bereiten derweil in der zur Verfügung gestellten Küche ein feines Abendbrot. Die Rückkehrer mit dem heißersehnten Gerstensaft werden begeistert gefeiert, zumal sie neben Bier auch eine Fahrtmöglichkeit in Richtung Wassertal aufgetan haben, die uns am nächsten Tag ca. 15 Kilometer Fußmarsch ersparen wird.

Von der Prislop-Paßhöhe gelangt man per Auto in wenigen Minuten nach Borşa, wo recht gute Einkaufsmöglichkeiten bestehen. Die Paßstraße ist tagsüber relativ gut befahren, Trampen kein Problem. Der Tourenproviant kann für die folgende Etappe auch erst in diesem Ort beschafft werden, was sich wohltuend auf Ihre Gepäcklast im vorangegangenen Abschnitt (Rodna) auswirkt.

Wir hocken noch eine Weile zufrieden beieinander und rekapitulieren die letzten Tage. Im Rahmen stets zu übender Selbstkritik sei bemerkt, daß wir neun Wanderer in Folge sich verselbständigender Gruppendynamik in einem winzigen Zimmer genächtigt haben, dessen Fenster sich lediglich zum Wintergarten öffnen ließen. Erstaunlich nicht zuletzt darum, weil unser Vermieter ausdrücklich mehrere Räumlichkeiten offeriert hatte. In der Nacht spielten sich dann unglaubliche Szenen im vom Bierdunst geschwängerten, gnadenlos überfüllten Gästezimmer ab: schlafwandelnde, bierselige und schnarchende Freunde in wilder Unordnung auf dem Boden liegend; Menschen in ratloser Suche nach Licht, ruhende Leiber übersteigend und tretend, den unbekannten Weg zum Klo ertastend; hysterisch um Luft ringende Frauen, unartikulierte Flüche und Beschimpfungen.... Am Morgen danach dann müde, aber lachende Gesichter.

26. August 1996 / Pasul Prislop
Das Rodna-Gebirge liegt hinter uns. Jetzt geht es Richtung Wassertal, von wo uns die dampfbetriebene Schmalspurbahn zurück ins vertraute Oberwischau bringen soll. Das am Vorabend gecharterte "Taxi" – ein Kleintransporter, dessen Fahrer für ein nicht geringes Entgelt bereit war, unsere Wanderung motorisiert zu verkürzen – war pünktlich um Acht Uhr vor Ort. Kurze Zeit später schaukeln wir über eine steinige Schotterpiste gut 15 Kilometer Richtung Norden zur Tarniţa Bălăsinii.

Die im folgenden beschriebene Strecke sollte man nur mit detailliertem Kartenma-

Hirtenbehausung in den Bergen

terial in Angriff nehmen, Wegmarkierungen existieren hier keine. Es ist zu hoffen, daß die 1990 aufgelegte Wanderkarte "Borşa – Vişeu" inzwischen neu erschienen ist. Mit Hilfe dieser Karte findet man sich ganz gut zurecht.

An einer Geologenstation, welche als markant alleinstehendes Steinhaus auf der Höhe liegt, steigen wir aus. Wir befinden uns an der Tarniţa Bălăsinii, einem kleinen Paß. Von hier geht es ca. einen Kilometer in nordöstlicher Richtung bergab, bis drei große, frei stehende Kreuze an einer Forstwegkreuzung erreicht sind. Schwierig gestaltet sich der nun folgende Einstieg in den gegenüber liegenden Hang. Wir überqueren die Forststraße im Talgrund und folgen auf der anderen Seite einem deutlich sichtbaren Fußpfad bergauf. Dieser führt etwa 200 Meter oberhalb der Forststraße vom Hangweg links weg. Wir hatten unsere Mühe mit diesem Einstieg, orientierten uns als richtige Pfadfinder schlußendlich an den Spuren von Schafherden. Über eine mit Heidel-

beerbüschen bewachsene Bergwiese mündet unsere Route bald in urwüchsigen Wald. Im Tannengrün entdecken wir einen gepflasterten Weg, der – würde man ihn nicht verlassen – an die Geleise der Waldbahn im Wassertal führt. Der Waldboden hier scheint mit Steinpilzen regelrecht übersät zu sein; die Fichten stehen dicht an dicht, man wähnt sich in Rotkäppchens finsterem Märchenwald. Ich ertappe mich beim Gedanken, Erbsen auszustreuen; um so zumindest wieder den Ausgang zu finden. Kein unbekannter Wandersmann kommt des Weges, aber auch kein böser Wolf. Das Wetter ist übrigens schlecht geblieben. Dichter Nebel hängt in den Bergen, der Niesel geht am frühen Nachmittag in starken Regen über. Wir stapfen, eingehüllt in Regenjacken und -hosen, mit Tüten umwickelten und trotzdem nassen Schuhen unverdrossen weiter. Nach ca. drei Kilometern verlassen wir unseren sicheren Pfad; Karte und Kompaß stetig bei der Hand, biegen wir dann bei einer Weggabelung links ab und erreichen eine Lichtung.

8

Wo Proviant ist, da sind auch Hirtenhunde!

In einer verlassenen Hirtenbehausung suchen wir erstmal Schutz vor dem grauslichen Wetter. Der Nebel macht ein Weiterwandern unmöglich. Obgleich es noch früher Nachmittag ist, beschließen wir zu campieren. Wir nutzen die Feuerstelle im Inneren des müden Bretterverschlages, um · Tee und wärmende Suppe zu kochen.

Die Nacht kommt mit undurchdringlicher, nebliger Dunkelheit. Wir hocken am Feuer und beobachten trübsinnig die kleinen Rinnsale, welche sich unaufhaltsam den Weg in unsere Hütte bahnen. Trotz mannhafter Gegenmaßnahmen in Form von uns gebauter Dämme müssen wir hilflos zuschauen, wie das Wasser unser Feuerchen besiegt. Als stinkende Mischung von Schlamm und Schafpisse erstickt die trübe Brühe schlußendlich auch die letzte Glut. Im schummrigen Schein von Kerzenlicht erzählen wir uns unheimlich-magische Geschichten von einsamen Wanderern im Nebel, wissen wir doch unsere Zelte in sicherer Entfernung, keine hundert Meter von unserer erbärmlichen Behausung. Es geht gegen Mitternacht. Vor Anbruch der Geisterstunde beschließen wir, uns schlafen zu legen, packen unsere sieben Sachen und stapfen durch völlige Dunkelheit in Richtung der nahen Zelte. Und finden sie nicht. Kein einziges. Nach zwanzig endlosen Minuten, der völligen Verzweiflung nahe, hallt ein Ruf der Entwarnung durch die neblige Finsternis: durch puren Zufall war einer von uns über eine Zeltschnur gestolpert! Wie

weiland die Mannschaft von Kolumbus aufs endlich gefundene Festland, so stürzten wir erleichtert in unsere Zelte. Der Regen hatte aufgehört, und eine unheimliche Stille umfing uns. Eingemummelt in meinen Schlafsack blieb ich trotzdem hellwach. Die Gedanken verselbstständigten sich und zogen immer seltsamere Kreise. Ob hier in der Nähe wohl ein Bär unterwegs ist?! Blödsinn – und doch wieder nicht. Bären soll es doch viele geben in den Karpaten...

Vom **Braunbär** (Ursus arctos), im Mittelalter noch in ganz Europa zuhause, existieren heute nur noch in Skandinavien und Osteuropa gesicherte größere Populationen. Ein Drittel des auf zwanzigtausend Exemplare geschätzten europäischen Gesamtbestandes tummelt sich in rumänischen Wäldern, davon etwa 600 in der Maramureş. Diese Zahlen sind allerdings mit Vorsicht zu genießen; vor allem in Rumänien. Der wie anderswo auch in diesem Land bis in unser Jahrhundert gnadenlos bejagte Meister Petz bekam in den letzten Dekaden des Sozialismus plötzlich "politischen" Schutz. Die Jagdbegeisterung der Nomenklatura, nicht zuletzt auch ihres sich ganz unbescheiden "größter Jäger aller Zeiten" nennenden Führers Ceauşescu, trieb die Bestände in widernatürliche, rekordverdächtige Höhen. Für "normale" Rumänen ein streng geahndetes Verbrechen, blieb die Jagd auf den König der Wälder den Königen der Partei vorbehalten (oder kapitalkräftigen Devisenbesitzern aus dem Ausland).

Damit aber nicht genug: Zusätzlich wurden reichlich Jungbären, aufgezogen in Gefangenschaft, in die freie Wildbahn entlassen; man erzählt sich, daß wegen des schönen Felles sogar die Ansiedlung von Eisbären versucht worden sei. Das biologische Gleichgewicht geriet in gewissen Regionen völlig aus den Fugen, und Bären mußten sich ihre Futtergründe bis hinunter in die Dörfer suchen. Feinde hatte das 150 bis

200 Kilogramm schwere Pelztier keine zu fürchten, wenn nicht zufällig ER und seine Parteifreunde ihrem Jagdvergnügen frönten.

Ein ausgewachsener Braunbär frißt so ziemlich alles, was ihm vor die Schnauze kommt. Von Natur aus eher vegetarischer Kost zugeneigt, gewöhnt er sich aber schnell an Fleisch, sobald er zum ersten Mal "Blut geleckt" hat. Darunter hatten vor allem die Hirten respektive ihre Schafe zu leiden. So verwundert es nicht weiter, daß die Bergbewohner nach dem Sturz von Ceaușescu dem Raubtier mit Schlingen und Gewehren auf den Pelz rückten. Das grausame Treiben ist zwar illegal, aber wen kümmert´s in der Einsamkeit der Wälder.

Der Bär ist wieder vorsichtig und menschenscheu geworden; ihm auf freier Wildbahn zu begegnen, ist ein äußerst seltenes Glück. Das Raubtier sieht zwar eher schlecht, hört und riecht dafür umso besser. Einzig um ihren Nachwuchs besorgte Muttertiere und verletzte, gereizte Exemplare könnten dem Wanderer gefährlich werden. Rein theoretisch hat der unbewaffnete Mensch gegen den Bär im Zweikampf keine Chance: Der Vierbeiner kann klettern und schwimmen, und – einmal auf Touren – erreicht er eine Laufgeschwindigkeit bis fünfzig Stundenkilometer.

Für den unwahrscheinlichen Fall eines Zusammentreffens mit dem König der Wälder gibt es keine allgemeingültige Verhaltensregel. In Gegenden mit einer ausgesprochen hohen Bärenpopulation (Einheimische und Forstbeamte fragen!) ist Vorsicht angebracht. Dazu gehört beispielsweise, nie direkt am Schlafplatz Lebensmittel aufzubewahren; der Geruch von Freßbarem (sogar an "speckigen" Kleidern etc!) lockt hungrige Bären extrem an. Aber keine Angst: der Zipser Holzfäller Thomas arbeitete über vierzig Jahre im Wald des Wassertales, gesehen hat er in dieser Zeit exakt drei (!) Bären, notabene aus großer Entfernung.

27. August 1996 / Alm unterhalb des Prislopul Cataramei

Hartnäckig auf die Zeltdächer trommelnder Regen weckt uns. Er verscheucht unsere letzten Träume vom vielleicht doch noch auftauchenden Karpatenbären. Wir fühlen resigniert die uns einhüllende Feuchtigkeit, packen unter Planen zusammen und ziehen das letzte Paar trockene Socken an. Sie lassen uns – wenn auch nur für wenige Minuten – die eklig durchnäßten Bergschuhe vergessen. Ab und zu reißt die Wolkendecke auf, die Sonnenstrahlen wärmen kurz, eisiger, schneevermischter Regen holt uns aber schnell wieder in die unangenehme Realität zurück. Wir laufen an der Schäferhütte vorbei den Weg weiter bergauf, Richtung Prislopul Cataramei (1644 m); nach einer Stunde erreichen wir eine andere Hirtenbehausung. An einem Rudel wütend kläffender Hunde unbeschadet vorbeikommen, weist uns der freundliche Schäfer den kürzesten Weg hinab ins Wassertal. Wir wirkten wohl nicht sehr gebirgserprobt auf ihn, denn er schickte uns als Lotse seinen Buben mit auf den Weg. Dieser führte uns im strömenden Regen einen glitschigen Waldpfad hinab. Bei schönem Wetter mag der kurze Abstieg ein vergnüglicher Spaziergang sein – in der Nässe bedeutete er eine einzige Strapaze. Obgleich wir mit dem Erreichen der Straße aufatmen, ruft der spröd-harte Schotter unter den Füßen doch ein trauriges Gefühl von Abschied hervor; Abschied von der Natur, dem intensiven Erleben ihrer Macht und Gewalt.

Unsere Straße schlängelt sich nun kurvenreich und monoton hinunter ins Tal, vorbei an tristen Bergwerksanlagen. Nach etwa anderthalbstündigem, strammem Fußmarsch gelangen wir an die Schienen der Forstbahn, etwa zwei Kilometer unterhalb von Comanu. Wir laufen die Schienen eine knappe Stunde entlang flußabwärts und erreichen das katholisch-ungarische Landheim, einen Kilometer vor der Station Valea

Das Wassertal bei Fãina

8

Babii. Das Haus ist nicht zu verfehlen, da es über und über mit Darstellungen historischer Persönlichkeiten bemalt ist. Uns empfängt eine übermütige Horde von Kindern. Wir dürfen unsere Zelte auf der dem Ferienlager benachbarten Wiese aufschlagen; es vergehen keine zehn Minuten, und die Kinder bewirten uns mit leckeren Krautnudeln. Umringt von singenden Kindern genießen wir unseren letzten Abend im Wassertal bei Gitarrenklängen, flackerndem Lagerfeuer und tiefschürfenden Gesprächen. Als dann noch das Lied von der Lorelei erklingt, von der Jungschar in deutscher Sprache und mehr als einer Strophe vorgetragen, werden wir nachdenklich und still. Irgendetwas scheint in dieser Welt nicht so ganz zu stimmen...Da beschenken uns Leute, welche sich wohl nur mit Mühe die paar schönen Urlaubstage hier oben leisten können; singen uns zur Freude Lieder aus unserer Heimat, Lieder, die wir längst vergessen haben – mit einer Lebensfreude, die wir längst verloren haben.

Wie sagte doch Ludwig Wittgenstein: "Wovon man nicht sprechen kann, darüber muß man schweigen..."

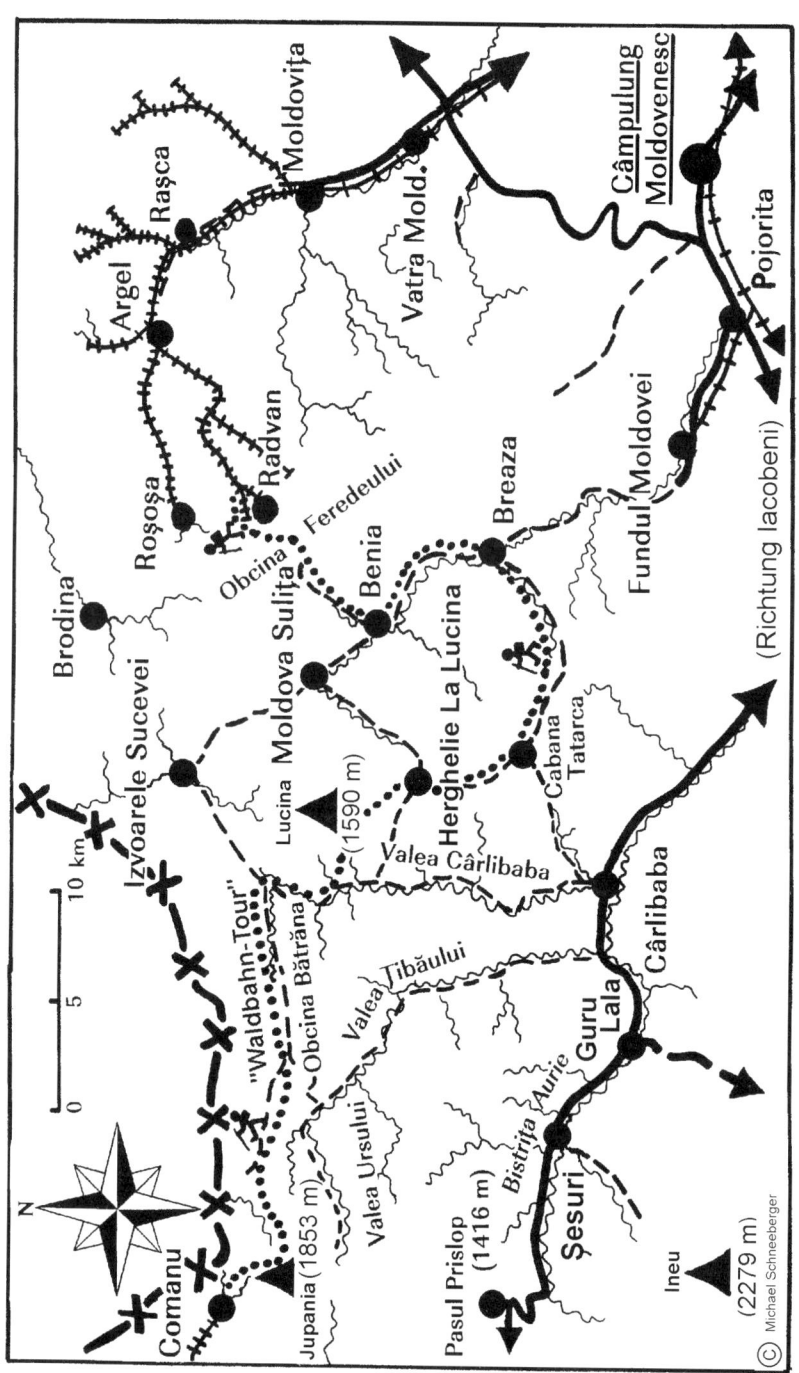

9. EIN ABSTECHER IN DIE BUKOWINA

In diesem Kapitel verlassen wir die Maramureş in westlicher Richtung und begleiten den Reisenden in die benachbarte Bukowina, dem auf deutsch auch Buchenland genannten, alten österreichischen Kronland. Wir beschreiben die ca. 70 Kilometer lange Strecke über den Prislop-Paß, entlang der goldenen Bistritz bis zum berühmten Kloster von Vatra Moldoviței. Unterwegs passieren wir einige Orte und landschaftlich bemerkenswerte Abschnitte, welche eine

nähere Betrachtung verdienen. Der mit ein paar rudimentären historischen Zusammenhängen vertraute Besucher wird sehenden Auges sicher den versteckten Reiz dieses ehemaligen österreichischen Landstrichs entdecken. Geografisch beschränken wir uns auf den nördlichsten, gebirgigen Teil der Bukowina; nicht zuletzt, weil die Geschichte dieser Region in mancher Beziehung mit derjenigen der Maramureş eng verknüpft ist.

In Kürze

Unterkünfte: Entlang der Hauptstraße N 18, welche die Maramureş mit der Bukowina verbindet, finden sich in größeren Orten problemlos Übernachtungsmöglichkeiten. Ihr Standard entspricht in der Regel rumänischem Durchschnitt. Wer abseits dieser Hauptachse unterwegs ist, frage bei Familien nach Privatunterkünften und nehme für den Notfall ein Zelt mit.

Gastronomie: In Bezug auf Gaststätten ist die westliche Bukowina trotz der vielbesuchten Klöster immer noch ein "Entwicklungsland", Ausnahmen bestätigen die Regel. In letzter Zeit entstanden relativ viele private Cafébars, welche oftmals auch einen kleinen Imbiss im Angebot führen.

Verkehr: Es gibt nur wenige Busverbindungen pro Tag! Mit der Eisenbahn kommen Sie über den Umweg von Salva und Vatra Dornei ebenfalls in die Bukowina, was

aufgrund der schlechten Anschlüsse aber kaum in einem Tag zu schaffen ist. Landschaftlich ist die Zugfahrt durchs Bistrița-Tal und übers Gebirge sicher lohnend. Autostop ist in Rumänien auch bei den Einheimischen sehr populär; dabei gibt man üblicherweise dem Fahrer mindestens soviel Geld, wie das Busticket gekostet hätte. Eine sportliche Herausforderung wäre, mit dem Fahrrad in die Bukowina zu fahren – die Talfahrt vom Prislop-Paß hinunter muß ein überirdisches Vergnügen sein!

Straßen: Abseits der größeren Verbindungs- und Transitstrecken muß mit Naturstraßen in katastrophalem Zustand gerechnet werden. Dies als Warnung für diejenigen motorisierten Zeitgenossen, welche auch die abgelegensten Winkel der Karpaten per Auto entdecken wollen.

Geschichte

In der Römerzeit gehörte das Gebiet der heutigen Bukowina zur Provinz Dakien. Vermutlich war dieser Landstrich für die Lateiner von untergeordneter Bedeutung, denn es existieren kaum schriftliche Überlieferungen aus jener Epoche. Rumänen aus der Maramureş sollen nach einer Gründungssage in dieser Gegend das erste moldauische Fürstentum gegründet haben, welches von der ungarischen Krone abhängig war.

Eine der ältesten Darstellungen des Auerochsenkopfes, der Wappenfigur der Bukowina, findet sich auf einer Münze aus der Mitte des 14. Jh. Darauf steht das Wappentier neben dem Symbol des ungarischen Königshauses Anjou. Die ersten moldauischen Fürsten mußten gezwungenermaßen immer entweder mit Polen oder mit Ungarn zusammenspannen, um den Einfällen der Türken widerstehen zu können. Da aber Polen und Ungarn zu dieser Zeit verfeindet waren, kamen die moldauischen Herrscher im 14. und 15. Jh. regelmäßig in ernste politische Verlegenheiten. Peter der Erste aus Suceava leistete 1359 einen Vasalleneid auf den Polenkönig Wladislaw den Zweiten. In der Folge trotzten er und seine Nachfolger Roman, Stefan und Alexander gemeinsam mit Polen mehr oder weniger erfolgreich den Türken, Tataren, Russen, der ungarischen Krone, den Fürsten der Walachei und dem deutschen Ritterorden. Viel Feind – viel Ehr!

Alexander der Erste vermählte sich sogar mit einer Cousine des polnischen Königs, womit zwischen den verbündeten Herrscherdynastien auch familiäre Banden geknüpft waren. Nichts war in diesen kriegerischen Zeiten von Dauer; die Nachfolger Alexanders schlossen trotz seiner polnischen Gemahlin gelegentlich auch Verträge mit dem ungarischen Königshaus, wenn es ihnen politisch opportun schien.

Zu eigenständiger Bedeutung gelangte das nordmoldauische Fürstentum unter Stefan dem Dritten, auch "der Große" genannt (1457–1494). Seine militärischen Erfolge gegenüber dem Osmanischen Reich waren sogar dem Papst in Rom, Sixtus dem Vierten, eine Lobeshymne wert. Der moldauische Herrscher mußte bei seinen Schlachten oftmals ohne militärische Unterstützung seiner polnischen und ungarischen "Freunde" auskommen. Als der "Retter des Abendlandes" einmal von der türkischen Übermacht in die Flucht nach Polen gezwungen wurde, erlebte er einen diplomatischen Brudermord ohnegleichen. Nicht genug, daß er in Polen keine Truppen bekam

und militärisch allein gelassen wurde, mußte er noch dem polnischen König huldigen. Man schrieb das Jahr 1485, als Stefan der Große in Kolomea (Ostgalizien, heute Ukraine) auf Knien vor dem Throne Kasimirs IV. den Lehenseid auf die polnische Krone schwor. Der listige Monarch ließ genau im richtigen Moment die Hüllen seines königlichen Zeltes fallen, und die versammelten moldauischen Truppen sahen ihren stolzen Heerführer bis auf die Knochen blamiert. Die Demütigung war gelungen, was natürlich das Ende der polnisch-moldauischen Freundschaft bedeutete.

Dem Nachfolger Kasimirs, Johann Albert König von Polen, versagte der gekränkte Stefan dann die Gefolgschaft. Als deshalb polnische Truppen unter Johann Albert in die Nordmoldau einfielen, bereitete ihnen der Herrscher von Suceava eine vernichtende Niederlage. Unter großen Verlusten rettete sich der schwer angeschlagene Polenkönig in sein Heimatland zurück. Stefan der Große nutzte die Gunst der Stunde mit bedeutenden Eroberungen im südlichen Polen.

Die andauernden Fehden zwischen den ehemaligen Verbündeten Polen und Moldau wußten die Türken zu ihrem Vorteil zu nutzen: die Nordmoldau geriet in der Folge immer stärker unter osmanischen Einfluß, die Eigenständigkeit war bald nur noch Makulatur. 1683 mußte die Moldau, mittlerweile zu einem osmanischen Vasallenstaat degradiert, sogar Truppen für die türkische Belagerung Wiens stellen. Bekanntlich wurden die türkischen Invasoren in der Schlacht am Kahlenberg, vor den Toren Wiens, vernichtend geschlagen. Polenkönig Johann Sobieski, der als Befehlshaber der verbündeten Truppen diesen Erfolg auch für seine Interessen zu nutzen verstand, besetzte in der Folge die von Kriegswirren geschwächte Moldau. Er gedachte, die alte Lehenshoheit zu seinen Gunsten wiederherzustellen.

9

Diese Entwicklung rief die Habsburger auf den Plan. So einfach wollte Kaiser Leopold die moldauischen Gebiete nicht den Polen überlassen, auch Österreich hatte Appetit auf den osmanischen Kuchen. In Wien erinnerte man sich etwas fadenscheinig der alten Verbindungen zwischen Ungarn und den moldauischen Fürsten. Polen wurde diplomatisch geschlagen und mußte seine Ansprüche auf die Nordmoldau endgültig aufgeben. Die Türken waren mit der Restrukturierung ihrer ramponierten Macht beschäftigt und kuschten notgedrungen, die Rumänen wurden überhaupt nicht gefragt – 1774 geriet die Bukowina unter österreichische Herrschaft.

Den Polen schwammen in diesen umwälzenden Jahren endgültig die Felle davon. Gegen den Willen Maria Theresias erfolgte 1792 die erste Teilung Polens. Die Habsburger profitierten trotzdem vom Zerfall der polnischen Herrschaft, welche 1795 im Verschwinden Polens von der europäischen Landkarte gipfelte. Wien "erbte" die Provinz Galizien, die bis 1848 zusammen mit der Bukowina Österreich unterstellt war. 1849 entstand dann das unabhängige österreichische Kronland Bukowina mit dem Titel eines Herzogtums.

Als neue Hauptstadt löste das aufstrebende Czernowitz den traditionellen Fürstensitz Suceava ab, was wohl den endgültigen Bruch mit der moldauischen Geschichte symbolisieren sollte. In der Bukowina, dieser von den großen europäischen Zentren weit entfernten Region, setzte in dieser Zeit ein stürmischer wirtschaftlicher und kultureller Aufschwung ein. Über zehn Nationalitäten bewohnten dieses Staatsgebilde am Rande der aufblühenden k.u.k.-Doppelmonarchie. Die rumänische Bevölkerung, zahlenmäßig in der Mehrheit, war abgesehen von dem nicht sehr zahlreichen Landadel und den Besitzungen der orthodoxen Kirche von der wirtschaftlichen Macht ausgeschlossen.

Die Ländereien der Kirche waren den österreichischen Herrschaften überhaupt ein Dorn im Auge; ein Großteil davon wurde als "griechisch-orientalischer Religionsfonds" quasi verstaatlicht, die Zahl der Klöster massiv reduziert. Der Klerus konnte diesen Maßnahmen aus Wien nichts entgegensetzen. Der feudalistische Frühkapitalismus österreichischer Prägung drang bis in die unberührten, waldreichen ländlichen Gebiete vor. Forstwirtschaft und Bergbau wurden gefördert, zahlreiche deutsche Siedler in die Bukowina geholt. Mit diesem Proletariat kam zwangsläufig auch der Handel, geschickt von Armeniern und Juden organisiert. Die verschlafene Bukowina erlebte ihre wirtschaftlichen "Gründerjahre".

Der Aufschwung wirkte wie ein Magnet; in der Mitte des 19. Jh. setzte eine starke jüdische Einwanderung ein, vor allem aus Rußland und Galizien. Die österreichische Monarchie behandelte ihre glaubensmäßig durchmischten Untertanen im Vergleich mit anderen europäischen Großmächten sehr liberal; sie genossen für damalige Verhältnisse "moderne" Freiheiten und konnten sich wirtschaftlich entfalten. In der Bukowina fanden nicht selten religiös verfolgte Minderheiten Zuflucht, wie beispielsweise die aus Rußland vertriebenen Lippowaner. Das Bildungswesen wurde stark gefördert, 1875 in Czernowitz eine deutsche Universität gegründet. Eisenbahnlinien erschlossen das "Land zwischen Orient und Okzident", dessen wirtschaftliche Bedeutung bis zur Jahrhundertwende den Vergleich mit mitteleuropäischen Provinzen nicht zu scheuen brauchte.

Bis zum 1. Weltkrieg war die Bukowina, als modernes Agrar- und Forstland sowie als Handelszentrum zwischen Rußland, Kleinasien und Europa, ein wichtiger Bestandteil der Weltwirtschaft. Die Bewohner des Buchenlandes fanden ein zwar bescheidenes, aber ausreichendes Einkommen, wenn auch zwischendurch böse Krisen im

Bergbau lokale Hungersnöte zur Folge hatten. In den Städten entfaltete sich das Bürgertum; Czernowitz war um die Jahrhundertwende so modern wie beispielsweise Frankfurt oder Leipzig. Es gab hier die östlichste deutschsprachige Universität, zahlreiche Museen und verschiedenartige Kulturvereine; das jüdische und das deutsche Theater waren weit über die Landesgrenzen hinaus bekannt. Angeblich sollen über hundert internationale Tageszeitungen in den noblen Kaffeehäusern und renommierten Hotels aufgelegen haben.

Aus Czernowitz kommen die berühmten Literaten Rose Ausländer und Paul Celan, um nur diese beiden Namen aufzuführen. Der 1. Weltkrieg, dieser Paukenschlag der Geschichte, beendete erst einmal die erstaunliche Blütezeit dieser heute kaum noch bekannten Provinz am östlichsten Rand der Karpaten. Die österreichisch-ungarische Monarchie ging unter, die Karten in Südosteuropa wurden neu gemischt. Bevölkerungsmäßig bildeten bei Kriegsende im "herrenlosen" Buchenland die Rumänen die Mehrheit; kurz und pragmatisch wurde das ehemalige österreichische Kronland dem Königreich Rumänien zugeschlagen. Der wirtschaftliche und kulturelle Stand der Bukowina lag zu diesem Zeitpunkt sicher weit über dem rumänischen Durchschnitt. Nicht zuletzt deshalb behielt die neuentstandene rumänische Provinz eine gewisse Eigenständigkeit. Die Vormachtstellung der deutschsprachigen Elite von Czernowitz blieb von der rumänischen Zentralregierung in Bukarest weitgehend unberührt; so wurde beispielsweise die Universität zwar romanisiert, deutsche und jüdische Zeitungen aber weiterhin erfolgreich publiziert. Die wirtschaftlichen Besitzverhältnisse blieben – von wenigen Ausnahmen abgesehen – bestehen.

Das Ende der Bukowina besiegelte das deutsch-sowjetische Abkommen von 1939, welches unter dem Begriff "Hitler-Stalin

Bauernhaus-Giebel in der Bukowina

9

Pakt" traurige Berühmtheit erlangte. Im Ergebnis forderte die Sowjetunion am 26. Juni 1940 ultimativ von den Rumänen die Abtretung des mehrheitlich von Ukrainern bewohnten nördlichen Teils der Bukowina. Die rumänische Regierung, notabene mit Hitlerdeutschland verbündet, mußte wohl oder übel zustimmen; kurz darauf marschierten die russischen Truppen in Czernowitz ein und besetzten die Nordbukowina.

Das Kriegsgeschehen verschonte aber auch den südlichen Teil dieser Provinz nicht. Die Folgen für das multinationale Buchenland waren verheerend: die deutschen Kolonisatoren, welche in jahrhundertelanger Arbeit einen Großteil des bescheidenen Reichtums ermöglicht hatten, wurden auf Order der deutschen Regierung "heim ins Reich" geschickt, ihren jüdischen Mitbürger stand die praktisch totale Ausrottung bevor. Die Bukowina als eigenständiges Gebiet existierte nicht mehr. Nach Kriegsende blieb die Teilung bestehen. Die alte bürgerliche Ordnung wurde durch die sozialistische Planwirtschaft ersetzt, das Buchenland erholte sich ökonomisch in beiden Ländern nie mehr, der Niedergang war vorprogrammiert.

Heute gehört der nördliche Landesteil zur Ukraine, was südlich übrigblieb, bildet nun den rumänischen Judeţul (Bezirk) Suceava. Vermitteln die ländlichen Gebiete dem heutigen Besucher auch ein idyllisches Bild, ist dies nicht zuletzt auf die alten bäuerlichen Traditionen zurückzuführen. Arbeitsplätze gibt es kaum noch; die Landbewohner leben von den Erträgen ihrer Äcker und Felder. Weit dramatischer ist die Situation in den sichtlich verslumenden Städten. Nur wer um die historische Bedeutung der Zentren wie Czernowitz oder Suceava weiß, kann ihnen als Besucher noch einen gewissen Reiz abgewinnen. Es ist sehr fraglich, ob die Regierungen in Kiew und Bukarest der Bukowina zu einer Zukunft verhelfen können, welche der bedeutenden Vergangenheit ebenbürtig sein könnte.

Von Vişeu de Sus über den Prislop-Paß

Sie verlassen Vişeu de Sus auf der Straße N 18 in östlicher Richtung. Nahtlos säumen

Kloster Moisei

die endlos scheinenden Häuserreihen von **Moisei** unsere Strecke; ein Ort, der mit über 15 000 Einwohnern als "größtes Dorf Rumäniens" gilt.

Kurz vor dem Ortsausgang, auf der rechten Seite, erinnert ein kreisförmig angelegtes Skulpturenensemble des Künstlers Vida Geza an das Massaker vom 14. Oktober 1944. Zurückweichende ungarische Truppen setzten an diesem Tag in Moisei über 200 Häuser in Flammen und exekutierten 29 als Partisanen verdächtigte Einwohner. Wohl kein Zufall, denn das Dorf im oberen Wischautal galt schon vor diesem schrecklichen Ereignis als Zentrum antiungarischen Denkens: so hatte das orthodoxe Kloster von Moisei als einziges von zahlreichen Mänästirs der Maramureş die Epoche der magyarischen Herrschaft überstanden. Für die Rumänen hat der Ort denselben Stellenwert wie das böhmische *Lidice* für die Tschechen, wo ein SS-Kommando die Ermordung des Reichsprotektors Heydrich grausam an der Zivilbevölkerung rächte.

Das angrenzende **Borşa** macht heute einen trostlosen Eindruck. Sozialistische Einheitsbauten neueren Datums prägen das Zentrum, häßliche Wohnblöcke wurden lieblos am Ortsrand errichtet und verfallen zusehends. Borşa und mehr noch das benachbarte *Baia Borşa* (zu deutsch *Pfefferfeld*) kamen vor allem durch den Bergbau zu wirtschaftlicher Bedeutung. Nach dem Zusammenbruch der kommunistischen Planwirtschaft wurden die meisten Gruben geschlossen. Viele arbeitslos gewordene Bergleute besitzen kein Land, auf dem sie das Nötigste anbauen könnten; die Situation dieser erwerbslosen Proletarier ist sehr prekär. Prostitution, Alkoholismus, Kriminalität und Gewaltbereitschaft liegen hier sichtlich über dem Durchschnitt. Die Verzweiflung hat sich auch schon in regelrechten Plünderungen Luft gemacht, die Polizei patrouilliert demonstrativ mit automatischen Waffen.

Borşa ist nicht unbedingt ein Ort zum Verweilen; wir setzen unsere Fahrt nach Osten fort. Etwa 12 km weiter zweigt rechts eine Straße ab, welche zum touristischen Prestigeobjekt "**Borşa Complex**" führt. Das sozialistische Rumänien setzte sich in dieser ehemals wunderschön gelegenen Sommerfrische ein fragwürdiges Denkmal, indem das kleine Bergdorf "Fontana" mit monumentalen Betonbauten zugeklotzt wurde. Für die erholungsbedürftigen Werktätigen entstand eine gigantische Ferienanlage mit Hotels, Restaurants und sogar einer Seilbahn hinauf ins nahe Rodnamassiv. Verkam "Borşa Complex" schon unter den Kommunisten, ging der Zerfall des Staatsbetriebes nach der Wende ungebremst weiter.

In den letzten Jahren bemühte man sich, den Tourismus auch für ausländische Gäste zu forcieren – immerhin sind mit der Seilbahn bis in den Frühling schneesichere Skipisten erschlossen. Trotzdem hält sich der Erfolg in bescheidenen Grenzen. Im Sommer werden die Hotels überwiegend von einheimischen Kurgästen, meist ganzen Gruppen, genutzt. Die Seilbahn hinauf in das Gebirge ist nicht immer in Betrieb. Verlassen Sie sich also für eine Bergtour ins Rodna nicht unbedingt auf diese bequeme Aufstiegsmöglichkeit. Gegenüber den Hotels entstand vor kurzem ein typisches Maramureş-Holzkirchlein, das allerdings an diesem Standort etwas deplaziert wirkt.

Von *Borşa Complex* führt die Straße in zahlreichen Serpentinen steil hinauf zum **Prislop-Paß**. Dieser 1416 Meter hohe Paß und seine Umgebung sind im Kapitel "Vom Rodna-Gebirge ins Wassertal" ausführlich beschrieben. Bis zur geographischen Landesgrenze zwischen der Maramureş und der Bukowina bei Şesuri sind es nur noch wenige Kilometer. Entlang der **Bistriţa Aurie** (Goldene Bistritz) geht es durch eine herrliche, einsame Waldlandschaft. Etwa 7 Kilometer nach dem Prislop sehen Sie rechts die Ruine einer Klaus, wie die künstlich angelegten Talsperren zum Flößen des Holzes genannt werden. Mit Hilfe des gestauten Wassers wurden die Baumstämme auf der goldenen Bistritz bis in die siebziger Jahre flußabwärts transportiert.

Einen Kilometer weiter kommt rechts ein Forsthaus und kurz danach erblicken Sie auf der linken Seite ein kleines, ausgeschildertes Privatmuseum. Das "*Muzeu de Arta Popular*" befindet sich im Weiler *Vulcanescu*, an der Einmündung eines Seitenbaches. Hier hat sich Herr Grec, ein außergewöhnlicher Individualist, sein schmuckes kleines Reich geschaffen. In einem niedrigen Raum seines Holzhauses hat er liebevoll Mineralien, Bilder und geschnitzte Holzreliefs ausgestellt. Mittels Wasserkraft erzeugt der Bastler eigenen Strom und transportiert mit einer selbstgebauten Seilbahn den Viehmist auf die hier oben nicht gerade von Sonne und guter Erde verwöhnten Felder. Am Gift der Neider scheiterten vorerst seine hoffnungsfrohen Pläne, in diesem schönen Seitental eine Forellenzucht aufzuziehen. Aber so schnell gibt ein Waldbewohner nicht auf. Er beherbergt gerne fremde Besucher, welche im Heuschober übernachten oder auf seinem Anwesen ihre Zelte aufschlagen können.

An der Straße talabwärts ist von den alten Zipsersiedlungen Schessu, Lalla und Byrschau nur noch Şesuri (Schessu) als Holzfällerkolonie zu erkennen. Die Zipser Waldarbeiter benannten diesen Ort nach der zipserischen Bezeichnung für Schüssel, "*Schessu*". Die Goldene Bistritz, hier noch ein Wildbach, hatte den Fels morphologisch markant ausgewaschen und die deutschen Siedler auf diese Assoziation gebracht. Diese eigenwillige, rauhe Gegend beflügelte vor zweihundert Jahren manch schräge Phantasien. In der Einsamkeit der Wälder konnte es schon mal vorkommen, daß die Zipser einen feuerspeienden Höl-

9

Im Tal der goldenen Bistritz

lenhund erblickten, eine Unterredung mit dem Waldmandl führten oder dem Korn-weib begegnet sind. Die männliche Einsam-keit im Holzschlag, fernab vom angetrauten Eheweib, ließ sagenhafte "wahre" Ge-schichten entstehen...

An der Quelle der goldenen Bistritz:
Bei der Quelle gibt es eine Wiese (das ist im tiefsten Wald, und hin führt kein Weg); man sagt, hier trafen sich früher nachts die Hexen aus dem ganzen Bistritztal, und manche kamen sogar von drüben – aus Siebenbürgen und aus der Maramuresch. Bei ihren wilden Tänzen benahmen sie sich oft so laut, daß man in stillen Sommernäch-ten ihr Singen und Lachen sogar bis hinun-ter nach Rotunda, Schessu und Lalla hören konnte. Als einmal zwei junge Zipser Wald-arbeiter aus Jakobeny – Franz Zippen-pfennig und Karl Steiner– sich abends aufmachten, um den Hexen beim Tanz zu-zusehen, fand man sie am nächsten Tag schlafend vor einer Hütte in Rotunda. Auf

ihren Stirnen aber war das "Hexenzeichen": die "rote Kralle". Daraufhin hat niemand mehr versucht, zu den Hexen zu gelangen.

Etwa vier Kilometer nach Şesuri erreicht man Guru Lala, das ehemals zipserische Lalla. Von hier führt rechts ein mit einem blauen Punkt markierter Wanderweg durch das Lala-Tal hinauf in das Rodna-Massiv. Wer dieses Gebirge von Ost nach West überqueren möchte, findet hier eine günsti-ge Aufstiegsmöglichkeit. Am rauschenden Fluß kann herrlich campiert werden. Im Sommer wird die Gegend um Lala manch-mal zum militärischen Übungsgelände. Der Weg hinauf in die Berge sollte aber trotz Kanonendonner und Soldateska-Kontrollen immer begehbar sein.

Nach weiteren 8 Kilometern auf der Haupt-straße kann man links einen Abstecher in das romantische **Jibău-Tal** unternehmen. Der Taleingang wird von einem markanten, großen Felsen überragt. Eine holprige

Naturstraße führt immer dem Bach entlang ca. 25 Kilometer bis unmittelbar unterhalb des 1853 Meter hohen *Jupania*. Das Jibău-Tal ist schwach besiedelt, der Wanderer trifft nur auf wenige Gehöfte und Forststationen im Talgrund.

Auf der N 18 erreichen Sie nach 4 weiteren Kilometern **Cârlibaba**. Dieser ebenfalls von Zipsern gegründete größere Ort hieß früher Kirlibaba-Mariensee. Diese alte Bezeichnung bezieht sich auf den Ortsteil links der Goldenen Bistritz. Das rechts davon gelegene Ludwigsdorf gehört geographisch bereits zu Siebenbürgen. Heute ist die Doppelgemeinde zu einer Ortschaft vereinigt.

Holzhäuschen in Cârlibaba

Cârlibaba – Die Landesgrenze mitten im Dorf

Durchstreift der aufmerksame Besucher die nahe Umgebung dieser Ortschaft, fallen ihm gleich am Eingang des *Cârlibaba-Seitentales* linkerhand Geröllhalden auf. Als steinerne Zeugen künden sie vom einstigen Bergbau in diesem Tal. Hat der Reisende dann noch das Glück, einem älteren deutsch sprechenden Dorfbewohner zu begegnen, wird ihm dieser sicher "vom Manz" erzählen. Anton Manz mit dem schönen Titel "Ritter von Mariensee" forcierte in diesem Ort ab 1797 den Abbau eines silberhaltigen Bleiglanzlagers; es entstand die Bergwerkskolonie Mariensee-Kirlibaba. Unternehmer Manz holte für dieses Vorhaben erfahrene Bergleute aus der Zips, einer deutschbesiedelten Landschaft in der heutigen Slowakei.

Das siebenbürgische Ludwigsdorf auf der anderen Seite des Flusses gründeten schon 1770 deutsche Kolonisten aus Schlesien und Galizien; der Ort ist älter als Kirlibaba. Der Grubenbetrieb war in den ersten Jahren so rentabel, daß Manz mit seinen Erträgen sogar die Verluste anderer Gruben (wie beispielsweise Jakobeni) ausgleichen konnte.

Doch – wie so oft im Bergbau – war die Fündigkeit nur von kurzer Dauer.

Bereits um 1820 brach der Bergsegen ab, und 1859 wurden die Gruben von Kirlibaba stillgelegt. Die Bewohner mußten ihr Auskommen fortan im Forst und holzverarbeitenden Betrieben suchen. Trotzdem kamen noch 1859 weitere deutsche Siedler aus Böhmen, der Pfalz und Schwaben ins Tal der goldenen Bistritz. Um 1938, als beide Gemeinden vereint wurden, waren über die Hälfte der reichlich 2500 Einwohner zählenden Gemeinden Kirlibaba-Mariensee und Ludwigsdorf deutscher Muttersprache. Rumänen, Ungarn, Huzulen und vor allem Juden bildeten den anderen Teil der Dorfbevölkerung.

Um 1940 kam es zu einem traurigen Kuriosum in dieser Doppelgemeinde. Bedingt durch den 2. Wiener Schiedsspruch, demzufolge Nordsiebenbürgen an Ungarn fiel, wurde die Gemeinde erneut zweigeteilt. Der Fluß bildete diesmal sogar die Landes-

9

grenze zwischen Rumänien und Ungarn.
Die deutsche Bevölkerung wurde daraufhin
fast vollständig ins "Altreich" nach Baden-
Württemberg umgesiedelt. Im Cârlibaba
von heute finden sich aber immer noch
deutschsprachige Einwohner, wenn ihre
Zahl auch gering und nicht mehr eindeutig
feststellbar ist.

Die ehemals zahlreiche jüdischen Bevölkerung ist vollständig aus dem Ort verschwunden; von ihrer früheren Anwesenheit
zeugen nur noch der Judenfriedhof und die
Ruine eines Badehauses. Etwa hundert Meter hinter der Brücke talabwärts findet der
interessierte Besucher linkerhand den auf
einem Hügel versteckten israelitischen
Friedhof. Die ehemalige "Cheder"-Schule,
rechts der Straße auf gleicher Höhe, bewohnt eine deutschsprechende Rentnerin.
Sie zeigt dem Fremden gern das ehemalige
jüdische Bad, welches unmittelbar neben
ihrem Häuschen steht. Gegenüber befand
sich die hölzerne Synagoge; sie wurde erst
in den siebziger Jahren abgerissen.

9

Interessant sind die verschiedenen Kirchen mit ihren Friedhöfen, auf denen die
Geschichte von Cârlibaba und seinen Bewohnern in Stein gemeißelt nachvollzogen
werden kann. Am südlichen Flußufer liegen
Reih an Reih die alten deutschen Häuser
der Doppelgemeinde. Nur einige wenige
sind noch im Originalzustand, also aus der
ersten Hälfte dieses Jahrhunderts.

Cârlibaba wird von einem wagemutig auf
hohem Fels gebauten Hotel, mitten im Zentrum des Ortes, überragt. Wer die nicht un-
gefährliche, steile Holztreppe zu diesem
kühnen Bauwerk erklommen hat, kann seine Übernachtungswünsche allerdings vergessen: Das Hotel ist ein Rohbau, die Arbeiten offensichtlich seit längerem eingestellt. Man erzählte uns, auf der hölzernen
Stiege sei jemand zu Tode gestürzt. Vielleicht ist dies der Grund für das vorzeitige
Ende des buchstäblich himmelstrebenden
Projekts.

Von Cârlibaba in das Tatarka-Tal

Bevor wir das liebliche Cârlibaba verlas-
sen, empfehlen wir einen Abstecher ins
Tatarka-Tal (auch Cârlibaba-Tal genannt).
Von der Ortsmitte führt eine löchrige Fahr-
straße in nördlicher Richtung entlang des
Baches in dieses reizvolle Tal. Sein Name
erinnert – wie auch derjenige des 6 km
nördlich gelegenen Tatarka-Berges (1597
Meter) – an ein historisches Ereignis: Im
Jahre 1343 soll hier der ungarische König
Ludwig aus dem Hause Anjou gemeinsam
mit dem rumänischen Fürsten Dragoș und
Fürst Andreas aus Siebenbürgen die Tataren in einer großen Schlacht nach Norden
in die Flucht geschlagen haben.

Auf den ersten Kilometern ist das Tal relativ dicht besiedelt, liebliche Holzhäuser
schmiegen sich an Wiesen und bewaldete
Berghänge. Auf der linken Seite zeugen
kleine Halden vom einstigen Bergbau. Weiter oben wird das Tal einsamer. Reste von

mächtigen Klausen erinnern daran, daß bis vor knapp zwanzig Jahren das geschlagene Holz noch geflösst wurde. Hier und da steht vereinzelt ein Haus, ein kleines privates Sägewerk produziert Bretter für den lokalen Bedarf. Entlang des Baches finden Sie immer wieder idyllische Plätzchen, welche sich als Zeltmöglichkeiten anbieten. Eine Nacht in diesem romantischen Tal lohnt sich! Am Feuer können Sie der legendären Räuber gedenken, die früher hier oben ihr Unwesen trieben. Glaubt man den zahlreichen Legenden, nahmen die wilden Gesellen von den Reichen und teilten die Beute mit den Armen – für uns ein nicht unsympathischer Wesenszug.

Wenzel Böhm – Ein Zipser Robin Hood

Straßenräuber gab es im letzten Jahrhundert gewiß einige in dieser Gegend. Aber daß ausgerechnet ein Deutscher hier zum Schrecken der Reichen wurde, das war schon ungewöhnlich. Lobte man doch immer den Fleiß und die Tüchtigkeit der teutonischen Kolonisatoren in den Karpaten. Doch Wenzel Böhm erkannte wohl sehr schnell, wem die größten Lorbeeren der harten Arbeit zuteil wurden. Egal ob ungarischer oder rumänischer Großgrundbesitzer, österreichischer Beamter oder jüdischer Sägewerksdirektor; unser Wenzel nahm sie alle aus.

In Cârlibaba foppte Böhm in aller Öffentlichkeit einen Gendarmen, indem er ihm das Gewehr entwendete und den Uniformierten anschließend zwang, ihm Feuer zu geben. Wenzel Böhm hätte danach in aller Seelenruhe sein Tabakpfeifchen geschmaucht – mitten im Dorf, im Beisein des blamierten, hilflosen Beamten! Trotz Steckbrief und Verfolgungen konnte Böhm bis Anfang dieses Jahrhunderts nicht gefaßt werden. Seit dem 1. Weltkrieg galt er als verschwunden, sehr zum Leidwesen der Bewohner der Gebirgsdörfer. Hatten sie doch ihre Freude, wenn er den Ärmsten der Armen und ihren vielen Kindern mit etwas Geld die Not lindern half.

Brillante Räubergeschichten schrieben u.a. Karl Emil Franzos ("Ein Kampf ums Recht" 1882) und Ivan Olbracht ("Der Räuber Nikola Schuhaj" 1933). Wir können dem Leser beide Bücher aufs wärmste empfehlen, wenn der Ort der wilden Handlungen auch nicht exakt im von uns beschriebenen Reisegebiet liegt. Karpatenräuber kannten eh keine Grenzen....

Vom Tatarka-Tal kann man verschiedene Wanderungen hinauf in die *Obcina mestecănişului* unternehmen, beispielsweise zur Pferdefarm "La Lucina". Von Cârlibaba bis in das an anderer Stelle genauer beschriebene Gestüt sind es ca. 12 Kilometer. Wir setzen unsere Reise nun auf der Hauptstraße in Richtung Iacobeni fort. Die nächsten 27 Kilometer führen durch kleinere Ortschaften das Tal der goldenen Bistritz entlang abwärts. Landschaftlich ist dieser Talabschnitt nicht so reizvoll wie weiter oben.

Kurz vor Iacobeni hat der neuzeitliche Bergbau häßliche Spuren hinterlassen. Die Straße nach Câmpulung Moldovenesc zweigt links ab; rechts gelangen Sie nach Iacobeni, dessen Besuch Sie sich unserer bescheidenen Meinung nach schenken können. Die rumänische Nachkriegswirtschaft hat diese Stadt, welche bis in die dreißiger Jahre sogar als herrlicher Luftkurort gepriesen wurde, völlig ramponiert. Auf einige Informationen zur hiesigen Bergbaugeschichte wollen wir aber nicht verzichten.

Jakobeny – Aufstieg und Fall des Ritter von Manz

Dieser Ort gilt als die erste Bergbaugründung im Südwesten der Bukowina. Auf einer Waldlichtung wohnte um das Jahr 1775 nur eine Familie namens Jacoban. Der

9

Bergarbeiter

9 ganz in der Nähe liegende Berg *Arschitza (deutsche* Bezeichnung) erwies sich schon bald für die k.u.k. Schürfkomission als abbauwürdiger "Eisenberg". Eine private Bergbaugesellschaft begann im Jahre 1782 im neugegründeten Jakobeny mit dem Abbau der Vorkommen. Das Eisenerz wurde vor Ort in einem kleinen Hochofen verhüttet und mit Eisenfrischhämmern weiterverarbeitet. Die Berg- und Hüttenarbeiter aus der Zips und aus Siebenbürgen wohnten in eigens für sie errichteten Arbeitersiedlungen. Wegen fehlender Fachleute und Streitigkeiten innerhalb der Grubengesellschaft machte das Montanunternehmen keine großen Gewinne.

1796 stand die gesamte Bergwerksanlage für 24 000 Gulden zum Verkauf. Der Ritter von Manz ließ sich dieses Schnäppchen nicht entgehen und erwarb Jakobeny. Er holte weitere Bergleute ins Land; bald beschäftigten seine Montanbetriebe über hundert Arbeiter. Bedingt durch gute Gewinne und bergmännische Erfolge in Cârlibaba

nahm Manz 1801 in Jakobeny einen weiteren Hochofen in Betrieb.

Sein Investitionsdrang kannte keine Grenzen. Weiteren vier Frischhämmern folgten Eisenhämmerkäufe in Eisenau und Boul. Während in anderen südbukowinischen Bergbauorten der Bergsegen oftmals nur kurz anhielt, konnte in Jakobeny – wenn auch nicht kontinuierlich – der Bergbau bis in unser Jahrhundert hinein betrieben werden. Dominierte im Ort bis 1870 reiner Eisenerzbergbau, richtete man ab 1873 die Aufmerksamkeit vor allem auf das hier ebenfalls vorkommende Manganerz. In den siebziger Jahren des vergangenen Jahrhunderts waren die Unternehmer der Manzdynastie allerdings längst nicht mehr im Geschäft.

Am 10.12.1827 übertrug der Gründer des Manzschen Imperiums, der Steiermärker Ritter Anton von Manz, seine Besitzungen an seinen Neffen Vinzenz von Manz. Drei Jahre später starb Anton in Ischl. Von seiner bösen Gattin, welche ihn zu Lebzeiten verspottet und gedemütigt hatte, sprach der ganze Rittersstand. Sein Neffe Vinzenz hatte drei Söhne und drei Töchter. Diese verspielten und verpraßten angeblich große Teile des Familienvermögens. Lediglich der älteste Sohn, Vinzenz junior, soll sich gemeinsam mit seinem Vater um den Erhalt der Bergwerksanlagen bemüht haben.

Als die Firma Manz 1861 in große Zahlungsschwierigkeiten geriet, reiste der junge Vinzenz zu seinen Gläubigern nach Czernowitz. Als diese ihn als Gauner beschimpfen und der Polizei ausliefern wollen, sah er im Freitod den einzigen Ausweg. Am 19.2.1861 gibt er sich im Czernowitzer Nobelhotel „Schwarzer Adler" die Kugel. Sein Vater meldet ein Jahr darauf Bankrott an und stirbt schließlich 1865. Der Griechisch-Orientalische-Religionsfond als Hauptgläubiger der Manzschen Betriebe übernimmt die Besitzungen. Der Manzschen Familie verblieb vom einstigen Wohlstand nur ein Wohnhaus in Cârlibaba.

Jakobeny wurde 1927 offiziell zum Luftkurort und Schwefelbad erklärt, was dem Tourismus dieses Ortes eine letzte Blütezeit bescherte. Im "Reiseführer durch Rumänien" von 1932 steht dazu: *"Iacobeni (3300 Einwohner), Bergwerkskolonie im Tale der goldenen Bistritz, Kurort (Schwefel-,Moor und Fichtennadelbäder). Herrliche Gebirgslage. Hotels: Comunal, Riegler und Budig. Der reizende Kurort liegt in 833 m Seehöhe und wird insbesondere gegen Rheuma, Ischias und Leberkrankheiten empfohlen."* Das ehemalige hölzerne Badehäuschen von Puciosul, der von Iacobeni 1,5 Kilometer entfernten Schwefelquelle, steht heute nicht mehr.

Wir verlassen in Iacobeni das Tal der Bistritz und folgen in nordöstlicher Richtung der Landstrasse17 (E 571) Richtung Câmpulung Moldovenesc. Iacobeni hat

Anschluß an die rumänischen Staatsbahnen. Der Ort liegt an der Hauptlinie vom bekannten Kurort Vatra Dornei nach Câmpulung Moldovenesc. Per Bahn erreicht man über Vama den Klosterort Vatra Moldoviței. Die nächste Station auf unserer Fahrt ist das 18 km entfernte **Pojorâta** (deutsch *Pozoritta*). Hier und im benachbarten, 4 Kilometer westlich gelegenen ehemaligen Louisental, stoßen wir erneut auf zipserische Bergbausiedlungen. Im Jahre 1805 wurden im oberen Moldowa-Tal im Bereich dieser Ortschaften Kupfererzvorkommen entdeckt.

Der Sage nach soll ein Schafhirte durch rätselhafte Blitzeinschläge die Erzlager gefunden und dies der k.u.k. Schürfkommission mitgeteilt haben. Die Ansiedlung von Zipser Bergleuten aus der Gegend von Käsmark und Leutschau ließ nicht lange auf sich warten. Das nach der Prinzessin Maria-Louise, der späteren Gattin Napoleons I. benannte Louisenthal war praktisch ausschließlich von Deutschen bewohnt. In Pojorâta hingegen lebten auch viele Rumänen, Juden und Huzulen. In letzterem Ort befand sich neben einer katholischen, evangelischen und rumänisch-orthodoxen Kirche auch ein hölzerner jüdischer Tempel. Der Bergbau dürfte für die Bukowina in der damaligen Zeit so bedeutend gewesen sein, daß sogar "Seine Durchlaucht", der österreichische Kaiser, diesen Bergwerken seinen hohen Besuch abstattete.

Am 10. September 1817 inspizierte Kaiser Franz I. mit seiner Gemahlin Karoline Augusta die Gruben von Pojorâta. Die Kaiserin freilich wagte sich nicht unter Tage, sondern ließ sich von den Bergarbeiterfrauen mit Mamaliga (Maisbrei) bewirten. Allerdings konnte aus dem zur Verfügung stehenden schlechten Mais keine hohe Küche kreiert werden. Es stellte sich nämlich heraus, daß der für die Lebensmittel zuständige Magazinverwalter aus Geldgier min-

„Adam" und „Eva"

9

derwertigen Mais eingekauft und diesen
zum Preis von hochwertigem an die
Bergarbeiterfamilien weiterveräußert hatte.
Die Kaiserin, die von der ihr angebotenen
Speise nur einen kleinen Bissen herunter-
würgen konnte, ordnete die sofortige Ent-
lassung des Betrügers an.

1821 übernahm Manz die unrentabel ge-
wordenen Kupfergruben von der österreichischen Regierung. In den darauffolgenden dreißig Jahren machte der Privatier
beträchtliche Gewinne. Nach 1854 ließ die
Fündigkeit aber nach. 1870 übernahm der
Religionsfonds die Manz'schen Montan-
werke; der Bergbau erreichte aber in den
folgenden Jahren nie mehr seine frühere
Ergiebigkeit. Nach dem 2. Weltkrieg mo-
dernisierte die rumänische Regierung die
Bergwerke und förderte weiter – trotz
sozialistischer Beschönigung hielt sich der
Erfolg allerdings in sehr bescheidenen
Grenzen.

Auf der Weiterfahrt in Richtung Câmpulung
Moldovanesc erblicken wir am südlichen
Ortsrand von Pojorâta zu unserer Rechten
zwei markante Pyramidenberge: *Adam*
(1041 Meter) und *Eva* (1009 Meter). Warum diese aus dolomitischem Kalkstein
bestehenden Kegel ausgerechnet die Namen der ersten von Gott geschaffenen
Menschen bekamen, überlassen wir der
Phantasie des Betrachters.

Folgt man der Moldowa flußaufwärts, gelangt man über Louisental nach Fundul
Moldovei. Dieser Ort wurde in den dreißiger Jahren von Touristen wegen seiner
Folklore und seinem lebendigen Brauchtum
gern besucht. Heute lohnt sich der Besuch
dieses Tales zumindest im unteren Abschnitt nicht mehr. Der Bergbau der Nach-
kriegszeit mit der damit verbundenen Industrialisierung hat dieses Tal häßlich zersie-
delt und verunstaltet. Den oberen Abschnitt
des Moldowa-Tales werden Sie später noch
kennenlernen.

Wir fahren die E 571 weiter bis zum Abzweig Richtung Vatra Moldoviţa. Zwei geologische Besonderheiten sind auf dieser
Strecke für den Naturfreund eine Betrachtung wert. Flußabwärts durchfahren wir die
Pojorâta-Klamm, welche aus imposanten
Sandsteinen und Konglomeraten (gerunde-
ten und verfestigten Gesteinsbruchstücken)
gebildet ist.

Am Ortsausgang rechts sticht dem Besucher eine steile, und über hundert Meter
hohe Felswand ins Auge: das geologische
Naturschutzgebiet „*Stratele cu Aptychus*"
oder „*Stratele de Pojorita*". Diese aus dem
Jura stammenden Kalkablagerungen enthal-
ten neben anderen Fossilien vor allem verschiedene Ammoniten.

Bei **Sadowa** biegen wir in Richtung Vatra
Moldoviţa auf die DN 17A ab und überqueren die *Obcina feredeului*; dieser Mittel-
gebirgszug zieht sich von Câmpulung
Moldovenesc in nordwestlicher Richtung
bis an die ukrainische Grenze. Über den

174

Paşcanu-Paß (1040 Meter) führt unsere Straße hinunter nach **Vatra Moldoviţei.**

Im Klosterstädtchen Vatra Moldoviţei

Diese malerisch auf dem Schwemmland des gleichnamigen Flüßchens gelegene Ortschaft beherbergt eines der berühmtesten Moldauklöster, welches noch in sozialistischer Zeit mustergültig renoviert wurde. In der Mitte des burgähnlichen, von dicken Mauern und Türmen begrenzten Klosterhofes steht ein kulturhistorisches Juwel: die mit wunderschönen, gut erhaltenen Außenfresken bemalte Kirche aus dem 16. Jahrhundert.

In den Sommermonaten vergeht kein Tag, ohne daß in- und ausländische Reisebusse auf dem Parkplatz vor dem Kloster anzutreffen sind. Der Besuch des "Mănăstir Moldoviţa" ist obligater Bestandteil jeder organisierten Bukowina-Tour. Da wahrlich genug Literatur über die Moldauklöster existiert, beschränken wir uns im folgenden Text auf die wichtigsten Informationen über dieses historische Baudenkmal. Interessierten Besuchern sei der von den Nonnen betreute Verkaufsladen im Kloster wärmstens empfohlen. Neben allerlei religiösen Souvenirs führt er einschlägige Literatur (auch in deutscher Sprache) in seinem Sortiment.

Klostergeschichte:
Bereits Ende des 15. Jh. soll die Kirche von Vatra Moldoviţei von Stefan dem Großen errichtet worden sein. Auf das Konto dieses moldauischen Herrschers gehen auch viele andere Klöster und Kirchenbauten; man sagt von diesem erfolgreichen Feldherrn, er hätte nach jedem Sieg über die Türken aus Dankbarkeit ein Kloster gegründet. Die Klosteranlage in ihrer heutigen Form ließ um 1532 sein Sohn Petru Raresch erbauen. Von außen gleicht das Mânâstir mit seinen

Die weltberühmten Fresken

dicken Mauern und Zinnen einer wehrhaften Burg und wirkt wie eine um die Klosterkirche gebaute Festung.

Beeindruckend sind die auf blauem Grund gemalten Fresken, welche sich um die ganze Kirche herum ziehen. Obwohl diese Malerei auf der Wetterseite im Lauf der Jahrhunderte stark gelitten hat, ist ihre phänomenale Farbenpracht auf der anderen, geschützteren Kirchenfront bis heute zu bestaunen. Vom fehlenden Kulturverständnis gewisser "Gäste" zeugen die Namenseintragungen und Kritzeleien auf den Fresken (!) im Eingangsbereich. Despektierlich haben sich, vor allem in der Epoche der österreichischen Herrschaft, zahlreiche Besucher auf den wertvollen Wandmalereien verewigt.

Unter den Habsburgern war das Kloster Moldoviţa, wie die meisten Klöster der Bukowina, geschlossen. Heute ist die Anlage mehr ein Museum als ein richtiges Kloster, wie es beispielsweise in *Agapia* erlebt

9

Die mittelalterliche Klosterkirche

werden kann. Die wenigen hier lebenden Nonnen sind in erster Linie mit der Verwaltung dieses touristischen Vorzeigeobjektes beschäftigt. Kommen die meisten Besucher auch hauptsächlich wegen den sensationellen Außenmalereien, ist das Innere des Gotteshauses nicht weniger bemerkenswert.

Im mystischen Dämmerlicht sind wertvolle Sakralutensilien und bedeutende Wandmalereien im byzantinischen Stil zu bewundern, darunter ein Porträt vom Klostergründer Petru Raresch samt Gattin und Söhnen. Bis heute konnte nicht festgestellt werden, wer diese Meisterwerke gemalt hat. Auch die vergoldeten Schnitzereien und kunstvolle Ebenholzarbeiten verdienen unsere Aufmerksamkeit. Besonders wertvolle Epitahien aus der Zeit Stefan des Großen, ein Holzthron von Petru Raresch sowie verschiedene Ikonen sind aus Sicherheitsgründen im kleinen Museum neben der Kirche ausgestellt. Dort ist auch der "goldene Apfel" zu sehen; kein kirchliches Kultobjekt, sondern eine Auszeichnung vom internatio-

nalen Verband der Journalisten und Schriftstellern für Tourismus (FIJT). Sie wurde dem rumänischen Staat noch unter Ceauşescu für die beispielhafte Restaurierung dieses Kunstdenkmals überreicht.

Wir empfehlen, sich das Kloster von einer Nonne zeigen und erklären zu lassen; die Schwestern beherrschen die wichtigsten Fremdsprachen (auch deutsch) und führen gerne sowohl Gruppen wie Einzeltouristen durch die Anlage.

In der Bukowina und der Moldau sind mehr als dreißig weitere Klöster zu besichtigen; einen Besuch lohnen nicht nur die kulturhistorisch bekannteren, sondern auch vom Tourismus unberührte "normale" Inseln des Glaubens. Die rumänisch-orthodoxen Klosterregeln sind freier als bei gewissen strenggläubigen Katholiken; normalerweise kann ein Fremder an jeder Klosterpforte in Rumänien anklopfen. Nach alter Tradition wird dem Wanderer oftmals sogar eine Mahlzeit und Herberge angeboten.

Im Unterschied zu anderen Ortschaften dieser Region trägt die Bevölkerung von

Vatra Moldoviţei in bescheidenem Rahmen dem Tourismus Rechnung. So stellt das Übernachten beispielsweise kein Problem dar; auf dem Parkplatz vor dem Kloster sind jederzeit Frauen anzutreffen, welche günstige Privatzimmer anzubieten haben. Direkt unterhalb des Mănăstir findet der Besucher einen Zeltplatz, wo auch einfache, kleine "Căbănas" vermietet werden. Das einzige Hotel, an der Hauptstraße nach Rădăuţi in der Ortsmitte gelegen, ist nur bedingt empfehlenswert. Der Preis für ein Zimmer ist zwar bescheiden, aber die sanitären Einrichtungen sind eine Zumutung (Stand Sommer 1995). Dem Hotel ist ein Restaurant angeschlossen, welches rumänischem Standard entspricht.

Auf jeden Fall besser wird man in einem Privathaushalt bekocht. Dort können gelegentliche Verständigungsprobleme in Kombination mit der überbordenden Gastfreundschaft der Vermieter dem Individualtouristen allerdings schon mal zuviel werden...

Moldoviţa war schon immer die wichtigste Ortschaft im Moldowitzatal. Etwa einen Kilometer südlich liegt Valea Ştinei, das frühere Freudental. Diese Siedlung war vor dem Krieg ausschließlich von Deutschen und Juden bewohnt. Er entstand 1809 als Manz'sche Bergarbeitersiedlung. Heute leben in Valea Ştinei weder Deutsche noch Juden; die Geschichte der letzten sechzig Jahre hat die Bevölkerungsstruktur dieses Dorfes völlig verändert.

Die zahlreichen Juden (1930: fast 24 000 Menschen) der Südbukowina fielen praktisch ausnahmslos der rumänischen und deutschen Ausrottungspolitik während des Zweiten Weltkrieges zum Opfer. Auf dem Gebiet des rumänischen "Altreiches" (Rumänien in den Grenzen vor 1918) wurden die Bewohner jüdischen Glaubens zwar extrem diskriminiert, blieben aber vor dem Schlimmsten bewahrt. In Bessarabien und der Südbukowina hingegen wurde unter der Antonescu-Regierung (1940–1944) die jüdische Bevölkerung systematisch ausgerottet. Wer den grausamen Massakern entkam, fiel den deutschen SS-Einheiten zum Opfer, welche infolge der Kriegshandlungen mehrmals die Bukowina durchquerten. Eine kleine Minderheit konnte sich Ende der dreißiger Jahre noch rechtzeitig durch Emigration in die USA oder nach Palästina dem tragischen Schicksal entziehen. Heute finden sich in diesem Teil der Bukowina praktisch keine Einwohner jüdischen Glaubens mehr.

Die deutsche Bevölkerung von Freudental und Vatra Moldoviţei, welche vor dem Krieg in guter Nachbarschaft mit ihren jüdischen Mitbürgern lebte, wurde 1940 aufgrund eines Abkommens zwischen Hitlerdeutschland und Rumänien "heim ins Reich" geführt. Von diesen zwangsmäßig umgesiedelten "Buchenlanddeutschen" kehrten einige wenige nach dem Krieg in ihre alte Heimat zurück.

Eine davon ist die über achtzigjährige Emilie Klein. Sie wohnt in Vatra Moldoviţei, an der Straße vom Kloster nach Rădăuţi, in demselben Haus, wo sie schon vor dem Krieg mit ihren Eltern gelebt hat. Als die Autoren dieses Buches im Frühjahr 1995 bei Frau Klein zu einem Plauderstündchen weilten, konnten sie sich bei einem Glas warmer Milch von der frostigen Kälte draußen erholen. Frau Klein erzählte vom harten und arbeitsreichen, aber ausgefüllten Leben in der Bukowina von früher.

Als Tochter eines österreichischen Beamten erinnert sie sich noch genau an die Kindheit im Habsburger Kaiserreich. *"Ehrlich arbeiten und nit stehlen"*, diese Worte ihres Vaters hat sie bis heute im Ohr; sie bestimmten ihr Leben. *"Wer damals Haus und Hof und ein paar Viehstücke hatte, der lebte gut in der Bukowina."* Und sie erinnert sich noch gut an ihre jüdischen Nachbarn. *"Da war die Weißbrot mit ihren vier Kin-*

9

177

dern, so schöne Kinder hat sie gehabt. Und der Scherzl mit seinem Wirtshaus und visavis der Schendl, der mit Mehl und Hafer gehandelt hat."

Sie erzählt, wie sie am Sabbat gelegentlich das Feuer für ihre israelitischen Nachbarn angezündet hat und wie sie der flüchtenden Frau Weißbrot das gute Tafelsilber nach Câmpolung hinterhergetragen hat, damit es nicht marodierenden Legionären in die Hände fiel. *„Gott sei Dank; sie hat überlebt, die Weißbrot, sie mit ihren schönen Kindern; hat mir auch mal geschrieben aus Israel."* Aber was aus den vielen anderen Juden ihrer Nachbarschaft geworden ist, darüber spricht Frau Klein lieber nicht. *"Die hätten wohl das Schicksal der schönen ziegelnen Synagoge geteilt: aus und vorbei."*

Weiter erzählt Frau Klein von ihrer Umsiedelung ins Württembergische, von ihrer Rückkehr nach Rumänien und dem schweren Neubeginn nach 1945. Alles war weg; Haus und Hof leergeräumt, nichts war geblieben. Man kann sich kaum vorstellen, wieviel Arbeit und Fleiß in den folgenden Jahren von der ganzen Familie aufgebracht werden mußte, bis alles wieder so war "wie in den Zeiten davor". Auf unsere Frage, ob sie sich mit ihren drei Kindern und den Enkeln als "Teitsche" nicht allein fühlt, nicht auch wie die andern nach Deutschland emigrieren möchte, erwidert sie bestimmt: *"Nun hören Sie mal gut zu, liebe Herren. Was sollen wir dort? Gehen wir in ein Geschäft, so sagen sie doch gleich, weil wir ein anderes Deutsch sprechen: Das sind Rumänen! Nein, hier ist unsere Heimat und hier gehören wir hin".*

Diese rüstige Dame behielt trotz ihres entbehrungsreichen Lebens einen klaren Verstand und eine erfrischende Vitalität; Eigenschaften, welche in unserer von Wohlstand geprägten Gesellschaft selten geworden sind. Als wir bei unserem Besuch auf die rumänische Gegenwart zu sprechen

kommen, schüttelt Frau Klein nur bedauerlich den Kopf. *"Da sind Leute gekommen aus Hollandia, die wollten eine Bäckerei aufbauen hier im Ort. Haben sogar einen mitgenommen in ihr Land, für sechs Monate zur Ausbildung. Alles haben sie hierhergebracht, was für eine moderne Bäckerei gebraucht wird: Maschinen, Hefe und sogar das Mehl. Und was ist dann passiert, wo sie nach Hause gefahren sind? Ein einziges Mal hat es in der Schule Krapfen aus der neuen Backstube gegeben, danach nie mehr. Alles wurde zusammengestohlen und weggetragen. Die Fremden werden Augen machen, wenn sie wiederkommen und ihre Bäckerei besuchen! Sie werden wohl alles, was noch da ist, wieder mitnehmen nach Hollandia."* Es bleibt zu hoffen, daß solche Vorkommnisse zu den Kinderkrankheiten der neuen demokratischen Freiheiten in Rumänien gehören. Eine Tochter von Frau Klein hilft gelegentlich bei Klosterführungen in deutscher Sprache aus.

Ein Münchner gründet eine Forstbahn

Wer in Vatra Moldoviței das berühmte Kloster besichtigt hat, sollte sich die Zeit zum Besuch der nahegelegenen Schmalspurbahn nehmen; dort kann der entsprechend ausgerüstete Wanderer mit einer romantischen Zugfahrt auch die im folgenden Kapitel beschriebene Route ins Wassertal (Maramureş) beginnen. Der Ausgangspunkt der Waldbahn befindet sich im Sägewerk von Moldovița, dem etwa 4 km entfernten Nachbarort von Vatra Moldoviței, und ist über die Stichstrecke von Vama aus mit den Zügen der "CFR", der rumänischen Staatsbahn, zu erreichen.

Normalerweise fährt die Waldbahn um 8 Uhr oder später, so daß man mit dem Frühzug aus Vama rechtzeitig in Moldovița ist. Dieser fahrplanmäßige Personenzug passiert Vatra Moldoviței um ca. 7.30 Uhr, die

Waldbahn Moldoviţa: "Die Österreicherin" 763.193

Haltestelle befindet sich unterhalb des Klosters, einige Meter hinter der Eisenbahnbrücke über den Fluß. Wichtig: fragen Sie sicherheitshalber am Vorabend nach der exakten Abfahrtszeit. In wenigen Minuten bringt Sie der Zug nach Moldoviţa Endstation. Das Lokomotivdepot der Waldbahn findet man problemlos in der Verlängerung der Hauptstrecke beim Sägewerk, nur wenige Schritte entfernt. Sollten Sie mit dem Auto unterwegs sein, folgen Sie einfach der Straße neben den Schienen in westlicher Richtung bis zum nicht zu übersehenden Holzkombinat auf der linken Seite.

Die CFF Moldoviţa ist die einzige noch existierende Waldbahn in der Bukowina. Ihre Entstehungsgeschichte reicht noch ins vorige Jahrhundert zurück: 1899 begann auf Betreiben des Münchner Holzfabrikanten Louis Ortlieb der Bau der Strecke Moldoviţa–Roşoşa (23,9 km) durch den griechisch-orientalischen Religionsfonds, einer Gesellschaft, die damals in der Bukowina

auch riesige Forste verwaltete. Das zu Beginn noch in 800 mm Spurweite angelegte eiserne Schienennetz löste die bis dahin üblichen hölzernen Geleise für die mit Pferden betriebenen Holztransportbahnen ab.

Der Münchner Investor und gleichzeitig Besitzer der Dampfmühle "Russmoldowitza" (Moldoviţa) initiierte dadurch die erste mit Dampflokomotiven betriebene Waldbahn des Religionsfonds. 1909 übernahmen die "griechisch-orientalischen" Waldbesitzer auch den Betrieb der Forstbahn und begannen mit der Umspurung auf die bis heute üblichen 760 mm, der "Einheitsschmalspur" von Österreich-Ungarn. Nach dem 2. Weltkrieg kam die Moldoviţa-Bahn wie alle anderen Waldbahnen in Rumänien unter die zentrale Verwaltung des staatlichen Forstministeriums.

Für Eisenbahnfreunde ist die Waldbahn Moldoviţa in den letzten Jahren eine Art bahntechnisches Mekka geworden: das "Depozit" (Lokschuppen) beheimatet ne-

9

ben motorisierten Triebwagen und Draisinen noch zwei betriebsfähige Dampflokomotiven; darunter ein 1921 von Krauss in Linz gebauter Veteran, der manchen westeuropäischen Museumsbahnverein vor Neid erblassen läßt. Das bestens gepflegte Schmuckstück mit der Nummer 763.193, ein dreiachsiges Maschinchen mit Innenrahmen, hat in diesem entlegenen Winkel Osteuropas nicht zufällig bis heute überlebt: die zierliche Lokomotive ist an Gewicht leichter als ihre jüngere Schwester aus rumänischer Produktion, was angesichts des desolaten Zustandes gewisser Streckenabschnitte von entscheidender Bedeutung ist.

Fuhr man in Moldovița bis vor wenigen Jahren fast ausschließlich mit der kleinen Krauss-Lok (die schwerere Maschine bildete die Reserve), muß der angereiste Eisenbahnfreund heute oftmals enttäuscht mit der "gewöhnlichen" Dampflok vorliebnehmen. Nach über 75 Dienstjahren machen sich beim begehrten Museumsstück immer häufiger Abnützungserscheinungen bemerkbar, welche nur sehr aufwendig zu reparieren sind. Zudem hat die CFF-Verwaltung in Moldovița den touristischen Wert ihrer Rarität erkannt und schickt die 763.193 zunehmend nur noch für organisierte und zahlende Reisegruppen auf die Strecke.

Wer als Individualtourist nur wegen der Eisenbahnromantik nach Moldovița kommt, kann Pech haben: abgesehen davon, daß die Dampfloks nur an zwei bis vier Tagen pro Woche im Zugdienst sind, kann der Betrieb auch über mehrere Wochen ganz eingestellt sein. Schneeschmelze und langanhaltender Regen lassen die Moldowitza im Frühjahr so viel Wasser führen, daß gefährdete Streckenabschnitte leider schon fast regelmäßig unterspült werden und die Geleise nicht befahren werden können. Für solide Verbauungen fehlt das Geld; notdürftig wird geflickt und improvisiert, bis im näch-

sten Jahr alles wieder "den Bach runter" geht.

Gemeinsam mit den anderen verbliebenen rumänischen Waldbahnen stellt die Schmalspurbahn von Moldovița ein Verkehrs- und Technikdenkmal ersten Ranges dar.

Ohne finanzielle Unterstützung aus dem Westen wird die "Bimmelbahn" aber eher früher als später unwiederbringlich stillgelegt. Man muß sich als Besucher bewußt sein, daß diese Forstbahn keine Museumsbahn, streng genommen auch kein öffentliches Verkehrsmittel ist. Während die CFF-Angestellten und Waldarbeiter in dieser wirtschaftlich armen Region mit ihrem Gehalt kaum ihre Familien ernähren können, fahren die mit teuren Kameras behängten Touristen praktisch umsonst in die Berge. Hier wären eigentlich die passionierten Eisenbahnfreunde gefordert, welche in den letzten Jahren quasi zum Nulltarif in Moldovița ihrem Hobby frönen konnten.

Wir können an dieser Stelle lediglich einen Aufruf an alle engagierten Eisenbahnfreunde richten, sich beispielsweise über eine Interessengemeinschaft für den Fortbestand der Waldbahnen einzusetzen. Man sollte doch annehmen, daß jedem Besucher der Erhalt dieser herrlichen Schmalspurbahnen so weit am Herzen liegt, daß er auch zu einer vernünftigen Spende bereit wäre oder zumindest beim Aufbau eines "Unterstützungsvereins" aktiv mitmachen würde. Die Zeit drängt – wenn nicht bald etwas geschieht, gibt es in naher Zukunft keine rumänische Waldbahnromantik mehr.

Als wir im Frühjahr 1995 beim *"Depozit"* gegen 8.00 Uhr ankamen, herrschte dort bereits ein reges Treiben. Im Lokschuppen wurde die Reșița-Lok für die Fahrt vorbereitet. Sie rauchte bereits mächtig aus dem Schornstein, als noch letzte Arbeiten an der Maschine durchgeführt wurden. Man kann sich leicht vorstellen, daß an den Lokomoti-

Die Geburtstagsrunde des Lokomotivführers

ven, welche schon über ein halbes Jahrhundert im Einsatz stehen, tägliche Reparaturen Normalität bedeuten. Da Ersatzteile für die Dampfrosse nur in sehr beschränktem Umfang zur Verfügung stehen, ist Improvisation groß geschrieben. Jeder westliche Schlossermeister würde bei den zur Verfügung stehenden Werkzeugen und Arbeitsmaterialien die Hände über dem Kopf zusammenschlagen. Aber die tüchtigen Waldbahnmechaniker haben bisher noch jedes Problem gemeistert. Über einem wohl aus der Gründerzeit stammenden Ofen wird Sand getrocknet, welcher – auf den Steigungen vor die Räder geworfen – für bessere Reibung sorgt. Eine Dampflok muß mehrere Stunden vorgeheizt werden, bis der Kessel genügend unter Druck steht.

Wenn die Lok dann endlich aus dem Schuppen gefahren wird, bedeutet dies den Beginn einer großen Rangierzeremonie. Jetzt werden die leeren Holztransport- sowie die Forstmannschafts- und Proviantwagen in einer bestimmten Reihenfolge, die sich nach der Reihenfolge der angefahrenen

Bahnstationen richtet, zusammengestellt. Am Tag unseres Besuches verzögerte sich die Abfahrt noch aus einem anderen Grund: einer der Lokführer hatte Geburtstag, und unsere Mägen wurden frühmorgens einer harten Bewährungsprobe ausgesetzt. In feuchtfröhlicher Runde beheizte uns die versammelte Bahnmannschaft mit Wodka. Was für die Dampflok das Wasser, sollte für uns wohl der Klare sein. Obwohl die Moldoviţa-Waldbahn in den vergangenen Jahren von zahlreichen Eisenbahntouristen besucht worden ist, scheint die Gastfreundschaft der Einheimischen darunter nicht gelitten zu haben.

Wer mit der Waldbahn mitfahren möchte, sollte möglichst am Montag früh in Moldoviţa sein. An diesem Tag ist eine Zugfahrt am wahrscheinlichsten, da die Waldarbeiter normalerweise Anfang der Woche zu ihren Holzfällerstationen gebracht werden und von dort erst freitags wieder zurückkommen. Man sollte sich aber auf jeden Fall am Vortag informieren. Telefonisch kann man sich unter der lokalen Nummer 33 63 62

9

mit der Frage: *"La ce oră pleacă trenul CFF, şi unde?* (wann und wohin fährt die Waldbahn?)" nach der Abfahrtszeit und dem Ziel des Zuges erkundigen. Mit einer mehrstündigen Verzögerung muß gerechnet werden.

Ist die Komposition zusammengestellt, gibt der Stationsvorsteher das Abfahrtssignal. Die Lok erwidert dieses Zeichen mit einem durchdringenden Pfiff, und der Zug setzt sich langsam in Bewegung. Auf den ersten Kilometern fährt die Waldbahn durch die ausgedehnte Ortschaft Moldoviţa. Dabei fallen vor allem die schönen, meist aus unbehandelten Balken gezimmerten Holzhäuser ins Auge. Kinder strömen von allen Seiten dem dampfenden Ungeheuer entgehen, als ob das Auftauchen der Waldbahn ein seltenes Schauspiel wäre. Die Lokbesatzung hat alle Hände voll zu tun. Der Meister führt souverän Regler, Dampfpfeife und Bremse, der Heizer hat sowohl Feuer, Wasserstand wie Kesseldruck im Griff. Auf dem Tender sorgt ein Lokomotivgehilfe für Nachschub an Brennstoff. Alle Nasenlang, vor Bahnübergängen und Brükken oder wenn es Vieh von den Geleisen zu vertreiben gilt, wird durchdringend gepfiffen; selbstverständlich hat der Lokführer auch das Recht, auf diese Weise entlang des Schienenstrangs seine Bekannten zu grüßen. Das archaische und ohrenbetäubende Szenario erinnert an frühe Eisensteinfilme.

Am Kilometer 2 zweigt eine Nebenstrecke ins Putnatal ab. Die Gehöfte werden spärlicher, wir haben Moldoviţa hinter uns gelassen. Wenige Kilometer weiter halten wir im Wald auf freier Strecke. Der Manometer Marke "Badenia", ein Vorkriegsmodell aus Weinheim, zeigt sinkende Wasservorräte an. Kein Problem – mittels einer Pumpe wird aus der Raşca nachgetankt, der Durst der Maschine gestillt. Das dauert eine Weile, denn ein gemütlich plätschernder Gebirgsbach ist keine Druckwasserleitung.

Bei Kilometer 8,5 erreichen wir die Ortschaft Raşca, wo auf der linken Seite ein stattliches Jagdhaus zu sehen ist. Die "Rudolfshütte" ließ der österreichische Kaiser Franz Josef für den Thronfolger Kronprinz Rudolf errichten. Die Nomenklatura von heute benutzt diese Villa, wenn nach erfolgreicher Jagd standesgemäß gefeiert wird. Die Wiesen in diesem herrlichen Abschnitt des Tales sind von zahlreichen Schafen, Ziegen und Pferden bevölkert. Die wenigen, fast durchweg aus Holz gebauten Häuser leuchten in verschiedensten Farben und Ornamenten.

Bei Raşca teilt sich die Bahnstrecke erneut; unser Zug fährt zurück und wir müssen unsere Reise bis Argel auf holpriger Schotterpiste per Bus fortsetzen (der Autobus verkehrt unter der Woche täglich nach Argel, Abfahrt um neun Uhr in Moldoviţa). In Argel, exakt bei Kilometer 14, hat ein Herr *Marian Biros* das kleine Bahnhofsgebäude übernommen und führt dort mit seiner Frau ein Geschäft mit angeschlossener Café-Bar. Die Bewohner von Argel können sich hier mit dem Nötigsten versorgen.

Spricht deutsch: Frau Stefania Chiras

Altes Huzulenhaus bei Kilometer 12

Wer ein paar ruhige Tage in dieser abgeschiedenen, waldreichen Gegend verbringen möchte, kann Herrn Biros um eine Herberge bitten. In seinem Haus besteht die Möglichkeit, unter dem Dach ein kleines Zimmer für zwei bis drei Personen zu mieten. Oder man schlägt seine Zelte im Wald auf, der unmittelbar hinter diesem letzten Weiler des Tales beginnt.

Etwa zwei Kilometer bahnabwärts wohnt die Mutter von Herrn Biros, Frau Stefania Chiras. Diese Frau ist die letzte Bukowinadeutsche von Argel. Mit über siebzig Jahren bewirtschaftet die rüstige Seniorin noch Haus und Hof und erzieht gleichzeitig zwei mit ihr verwandte Waisenkinder. Das Leben ist in diesem rauhen Winkel der Karpaten kein Zuckerschlecken; gearbeitet wird von früh bis spät, für Müßiggang fehlt schlicht die Zeit.

So staunten wir nicht schlecht, als uns Herr Biros gemeinsam mit seiner betagten Mutter ein altes Huzulenhaus zeigen wollte. Dieses befindet sich etwa einen Kilometer oberhalb des Tals bei Kilometer 12 auf der linken Seite, flußabwärts gesehen. Schon Herr Biros konnte sich an dieses Haus nur mühsam erinnern, seine Mutter war das letzte Mal vor vierzig (!) Jahren bei diesem Gehöft vorbeigekommen, obwohl es nur wenige hundert Meter entfernt von ihrem Wohnhaus steht.

Nach einem – vor allem für die alte Dame! – mühsamen Aufstieg erreichten wir das "museale Prachtstück", ein über hundertfünfzig Jahre altes, typisches Huzulengehöft. Dieses in Argel als Lagerraum genutzte, gut erhaltene Bauernhaus zeigt eindrucksvoll den besonderen Baustil der Huzulenhäuser. Charakteristisch sind die hohen und spitzen, mit Holzschindeln gedeckten Walmdächer. Sicheres Indiz für ein ursprüngliches Huzulenhaus ist das Kuriosum des fehlenden Schornsteins. Der Rauch über der Feuerstelle wurde nach einer durchdachten Technik durch den Dachstock ins Freie geleitet und erfüllte dabei zugleich noch eine Räucherfunktion. Die In-

9

neneinrichtung war zum größten Teil noch im Originalzustand. Ein riesiger Sitzofen dominiert den Wohnraum, neben Heiligenbildern hängt sogar noch Väterchen Zar (!) an der Wand. Man erzählte uns, daß es in der Umgebung von Argel noch einige alte Huzulenhäuser gibt.

Huzulen, Waldjuden und Karpatenräuber

"Der Falke erträgt keinen Käfig, der Huzule keine Knechtschaft" ...geht das Sprichwort in den Bergen.
(aus Karl Emil Franzos, "Das schwarze Kreuz im Acker")

Huzulen – so nennt sich ein kleines stolzes Volk, dessen Heimat der gebirgige Teil des ehemaligen Dreiländereckes zwischen Galizien, der Bukowina und der Maramureş ist. Kein Reisebericht, keine Erzählung, kein Roman wurde je über die Waldkarpaten geschrieben, ohne dieses berühmte Reitervolk zumindest zu erwähnen. So geheimnisvoll der Name des Bergvolkes klingt, so rätselhaft ist seine Herkunft. Ob es sich um Nachfahren rumänischer oder ruthenischer Stämme, entfernte Verwandte von Mongolen oder Petschenegen oder gar um slawisierte Reste der Goten oder Skythen handelt – die Wahrheit verliert sich im Dunkel der Geschichte.

Was faszinierte Schriftsteller und Reisende so sehr an diesen Bergbewohnern? Rein äußerlich unterschieden sich die Huzulen markant von den anderen Völkern dieser Gegend. Martin Pollak faßt in seinem Buch "Nach Galizien" die verschiedenen Beschreibungen aus dem letzten Jahrhundert zusammen:

Selbst noch die Ärmsten unter ihnen boten einen malerischen Anblick. Bis auf die Schulter wallende, glänzende Haare, die sie gern mit flüssiger Butter fetteten, ein breit-

krempiger Filzhut mit einem Band aus Messingblech, darin steckten Auerhahn- und Pfauenfedern, enge, grellrote Beinkleider, rote, gestrickte Strümpfe und rohlederne Sandalen; über der Hose ein langes, speckig-glänzendes Leinenhemd, die Mazanka, das die Hirten gegen lästige Insekten mit flüssiger Butter und Schwefel imprägnierten, darüber den Serdak, einen Überrock aus grobem Filz oder Schaffell; im breiten Gürtel ein Dolch, meist auch eine altertümliche Pistole, und in der Hand den Topor, die rasiermesserscharfe Stockaxt der Bergbewohner, die bei Raufhändeln eine furchtbare Waffe sein konnte. Alle waren sie beritten, auch die Frauen; ein Steppenvolk, das von der Geschichte in die Berge verschlagen worden war. Die Huzulen lebten von der Schaf- und Rinderzucht, aber ihr größter Schatz waren die Pferde, die sie oft mehr als ihre Kinder liebten und meist auch besser behandelten. Ein gutes Pferd war kostbar, nicht mit Gold aufzuwiegen, Kinder liefen in den engen, schmutzigen Hütten genug herum. (Den berühmten Huzulenpferden begegnen wir später auf dem Pferdegestüt Lucina.)

Die dörflichen Zentren oder "Huzulenhauptstädte" waren die jeweils westlich und östlich des Berges Howerla gelegenen Ortschaften *Jasina* und *Zabie* (heute Werchowina), beide Orte liegen in der Ukraine. In diesen zwei Großgemeinden lebten jeweils an die zehntausend Einwohner. Jasina, ein in den zwanziger Jahren von Touristen gern besuchter Urlaubsort, bot seinen Gästen elektrisches Licht und ein Kino – damals in den Waldkarpaten eine Sensation. Zabie wiederum war die Heimat der "Pariserinnen der Waldkarpaten".

Martin Pollack resümiert:
Sie waren bis weit hinunter ins Tal, bis nach Kolomea, Stanislau und Czernowitz, wegen ihrer Schönheit und Trachten berühmt. An

Festtagen trugen sie einen Stirnschmuck aus silbernen Talern, Korallen und bunten Glasperlen, Diademe aus Pfauenfedern, kunstvoll bestickte Blusen, weiche rote Saffianstiefel, Korallenketten, Kreuze aus Messing, ja selbst die Pfeifen – Männer, Frauen, Mädchen, oft auch Kinder waren starke Raucher – waren schön geschnitzt, die spitzen Deckel aus Messing- oder Silberblech. Bei den Kirchweihfesten stachen die Mädchen aus Zabie alle anderen aus.

Bekannt war Zabie allerdings nicht nur für seine Dorfschönheiten – der Ort wurde auch als "Hauptstadt der Säufer" bezeichnet. Sogar der Bürgermeister selbst mußte im Zuge der Alphabetisierung seiner Volksgenossen feststellen: *"Seit die Einwohner des Ortes die Kunst des Schreibens erlernt hätten, würden sie Hospod-Boh, unseren lieben Herrgott, mit einem kleinem h, aber horiwka, den Branntwein, respektvoll mit großem Anfangsbuchstaben schreiben."*

Ein Sohn der Freiheit und der Wälder

Wie konnten die einst so stolzen Huzulen derart degenerieren und dem Schnaps verfallen? Nun, als die bürgerlich modernisierten Staaten Polen, Rumänien und Tschechoslowakei damit begannen, Eigentum an Boden in amtlichen Grundbüchern festzuschreiben, stießen sie bei den huzulischen Ureinwohnern auf blankes Unverständnis. Ärger und Reibereien mit der Obrigkeit waren die Folge, denn ein freier Bergbewohner hatte für staatstreue Beamte nur Verachtung übrig. Die Huzulen hatten aus ihrer Tradition heraus völlig andere Vorstellungen von Grundbesitz. Stanislaw Vincenz, (1888–1971) ein im Schweizer Exil gestorbener polnischer Schriftsteller, beschrieb das Verhältnis dieses Naturvolkes zur heimatlichen Erde wie folgt:

Wenn dort oben, am Grund des felsigen, moosbewachsenen Kessels, der Watah seiner Trembita einen Ton entlockt und damit den ersten Auftrieb zur Weide ankün- *digt, sind alle Eigentumsverhältnisse aufgehoben. Wer die Trembita berührt hat, der ist gereinigt, der hat der Welt entsagt und braucht keinen Besitz. Wem gehören die Almweiden? Gott und den Schafen, Gott und die Schafe nähren den Watah, die Hirten und die Herdenbesitzer. Wem gehört der Watah? Der Watah gehört den Schafen, sie gehören einander, die Schafherde zum Watah, der Watah zur Herde. Alles verbindet die Trembita, sie spannt eine Windsaite vom Himmel zur Erde.*

Obwohl keiner den Watah überprüft, nimmt er von keinem etwas an sich, er kann gar nichts nehmen, denn der Rewasz vom Melken, der beim Vermischen der Tiere gekerbt wurde, gibt genau und präzise Auskunft, wieviel Bryndza jeder einzelne Besitzer von der während des Jahres gemolkenen Menge zu bekommen hat. Der Watah dient allen und allem, aber kein Herdenbesitzer hat ihm zu befehlen. Er ist zu weit entfernt, zu hoch oben. Wer sonst verbringt

9

auch so viele Tage und Monate im Jahr hoch droben in den Wolken, in der Welt der Nebel und Schatten, die nicht mehr weit von jener anderen Welt entfernt ist.

(*Watah* ist der huzulische Oberhirte, der mit seinen magischen Kräften die Schafherde vor Hexen, bösen Geistern, Kobolden und Waldteufeln beschützt; *Trembita* ist eine zwei bis drei Meter lange, aus Fichtenholz geschnittene und mit Birkenrinde umwickelte Holzflöte ähnlich dem schweizerischen Alphorn; *Rewacz* wird das gekerbte Stück Holz genannt, auf dem die dem Watah anvertraute Schafmenge verzeichnet ist und *Bryndza* ist der Schafskäse.)

Mit dem Einzug der Moderne, als Dampfrösser und erste Automobile in die Stille der Waldkarpaten einbrachen, war es mit der heiligen Freiheit der Huzulen endgültig vorbei. Das Volk der Hirten und Reiter hatte seine Mühe mit der nun angebrochenen neuen Zeit, der Griff zur Flasche wurde häufiger. Von den anderen galizischen Trinkern – und in Ostgalizien wurde immer viel getrunken! – unterschieden sich die Huzulen immerhin durch eigene Gepflogenheiten: Sie setzten ihrem Branntwein Paprika, Pfeffer und Honig zu. Stank die Ungerechtigkeit für den einen oder andern allzusehr zum Himmel, wechselte so mancher Huzule den Beruf: Er wurde zum gefürchteten Karpatenräuber. Es versteht sich von selbst, daß ein so gerechtigkeitsliebender Mensch nur die Reichen bestahl und die Beute unter den Armen verteilte.

Von diesen karpatischen "Robin Hoods" gab es Dutzende in den Bergen. Bezeichnenderweise begannen die meisten dieser "Opryschkys" genannten wilden Gesellen ihre kriminelle Laufbahn aus demselben Grund: Widerstand gegen die Einberufung zur Armee. Die schillerndste Figur unter den Karpatenräubern war der Huzule Oleksa Dowbusz, der 1745 im Dorfe Kosmaczs von Stefan Dzwinczuk, ebenfalls

einem Huzulen, im Hinterhalt erschossen wurde. Auf das Konto dieses gefürchteten Rebellen geht so ziemlich alles, was das Räuberdasein an Schmerzlichkeiten bietet: ausgeplünderte Kaufleute, vergewaltigte Bürgerstöchter und erschlagene polnische Gutsherren.

Die Chroniken ganzer Städte und Dörfer in Podolien, Ungarn und Rumänien sind voll von Dowbuszens Übeltaten. Aber wegelagernde "Outlaws" kamen nicht nur aus den Reihen der Huzulen. Wie bereits an anderer Stelle erwähnt, lebten nicht wenige Juden als Kleinbauern oben in den Bergen; von ihren städtischen Glaubensbrüdern herablassend "Waldjuden" genannt. Ihr entbehrungsreiches Dasein unterschied sich kaum von dem ihrer huzulischen Nachbarn. So erstaunt nicht weiter, daß auch viele Burschen mosaischen Glaubens ihr Heil in der Illegalität suchten. Fakt ist, daß die österreichischen Behörden zahlreiche Steckbriefe gegen so klangvolle Räubernamen wie *Moische Jankl Reisner*, auch genannt Schwärzner oder Putschlik, *Srul Mendl Schor*, *Hersch Mendon* und *Berl Levi* erließen.

Diese Überlieferungen fand der tschechische Schriftsteller Ivan Olbracht (1882–1952) in alten Bezirksgerichtsakten bei Recherchen für sein Buch über den Räuber Nikola Schuhaj. Dieser Weltkriegsdeserteur fand 1921 in den Waldkarpaten ein jähes Ende. Seine eigenen Kumpane, von tschechischen Gendarmen bestochen, lockten Schuhaj in den Hinterhalt und erschlugen ihn mit einer Axt – Gewehrkugeln konnten ihm dank eines Hexenzaubers nichts anhaben.

Glauben Sie nicht, die Ära der Karpatenräuber wäre damit beendet. Paßte in den reichlich vierzig Jahren kommunistischer "klassenloser" Gesellschaft allzu schamlose, ungesetzliche Bereicherung nicht so recht zum Kollektiv (und wurde entspre-

Im Tal der Moldowitza

chend streng geahndet), hat sich dies nach dem Zusammenbruch des real existierenden Sozialismus aber so ziemlich ins Gegenteil verkehrt. Die neue staatliche Ordnung ist mittlerweile zwar wiederhergestellt, nur daß die Hüter der Gesetze diese gegenüber einer ständig wachsenden Zahl Krimineller nicht mehr durchsetzen können. Von "wirklich freier Marktwirtschaft" hat mancher halt so seine eigenen Vorstellungen.

Es konnte nicht lange dauern, bis polnische Zeitungen ernsthaft vor "Geschäftsreisen" in die ukrainischen Waldkarpaten warnten. Offensichtlich häuften sich die Fälle, wo penetrante Händler statt Profit Erfahrungen der unangenehmen Art sammelten. Glaubt man den polnischen Berichten, nah-

men einige von ihnen in den Schluchten der Karpaten ein jähes Ende – obwohl alte polnisch-ukrainische Ressentiments bei der Verbreitung solcher Greuelgeschichten sicher auch mit hineinspielen. Wie dem auch sei: einfache Wanderer haben unterwegs im Gebirge wohl kaum Begegnungen dieser unangenehmen Art zu befürchten. Auf ukrainischen Transitstraßen und in größeren Ortschaften wie Städten sieht es allerdings etwas anders aus. Hier regiert bei Kriminellen nicht edler Gerechtigkeitsinn, sondern skrupellose Geldgier. Nicht daß wir dafür Verständnis aufbringen; aber Hand aufs Herz: Wer in diesen Zentren des wirtschaftlichen Niedergangs westeuropäischen Wohlstand anstrebt, kommt mit Gesetzestreue und Anständigkeit nicht sehr weit.

9

10. VON WALDBAHN ZU WALDBAHN – ZU FUSS VON DER BUKOWINA IN DIE MARAMUREŞ

Wer auf der Landkarte von Rumänien mit Glück und Geduld die Endpunkte der Waldbahnen von Vişeu de Sus und Moldoviţa lokalisieren konnte, wird uns verstehen: irgendwann verfielen wir auf die fixe Idee, die auf der Karte so verblüffend kurze Distanz von ca. vierzig Kilometern Luftlinie müßte doch in einer mehrtägigen Wanderung zu schaffen sein. Im Sommer 1995 ging unser Traum in Erfüllung. Ein rumänischer Bekannter brachte uns von Vişeu de Sus mit dem Auto nach Vatra Moldoviţei in der Bukowina, wo wir ausgerüstet mit Zelt und Rucksack Richtung Wassertal starteten. Die Tour über "die sieben Berge" im rumänisch-ukrainischen Grenzland war trotz mannigfaltiger Schwierigkeiten und Überraschungen ein Erlebnis, das wir wohl nie vergessen werden.

Wir geben uns in diesem Kapitel Mühe, diese Wanderung so exakt wie möglich zu beschreiben. Trotzdem dürfen die folgenden Zeilen vom Leser nicht als narrensichere "Anleitung" aufgefaßt werden. Aber wer die aus unserer Erfahrung gewonnenen wichtigsten Regeln und Tips beachtet, dem empfehlen wir dieses Abenteuer allemal, es lohnt sich.

Unterwegs zeigen wir im übrigen Möglichkeiten auf, wie unsere Wanderroute abgebrochen oder abgewandelt werden könnte, falls man aus irgendwelchen Gründen zurück in die Zivilisation (sprich: Autostraßen, Telefon, Café-Bars und Geschäfte) will...

Ansonsten wünschen wir Ihnen vor allem gutes Wetter, viel Glück und *"Drum bun"* (guten Weg)!

In Kürze...

Jahreszeit: Ideal sind Juni, Juli und August; im Herbst und Frühjahr liegt bereits oder noch Schnee auf den Höhen.

Ausrüstung: Wirklich gutes Tourenmaterial wie Zelt, Schuhe, Kochtopf etc. und einen soliden Regenschutz, mit dem man bequem laufen kann. Rucksack mit Hüftgurt! Wasserflasche!

Proviant: Genug für mindestens 5 volle Tage. Unterwegs gibt es keine Geschäfte; Brot, Käse, Eier etc. sind nur privat bei Hirten oder Bauern aufzutreiben, welche als "Gegenwert-Geschenk" aber Waren wie Kaffee, Zigaretten, Schokolade oder Taschenmesser schnödem Bargeld vorziehen.

Also – Gewicht hin oder her – genug "Gegenwerte" mitnehmen!

Orientierung: **Das** Problem. Im Notfall zumindest Fotokopien von Detailkarten dabei haben, seien die Originale auch noch so alt. Kompaß ist Voraussetzung, nicht nur bei Nebel. Unser Tip: Namen der wichtigsten Täler und Berge vor der Tour aufzeichnen und pauken! Landkarten sind schwer erhältlich; bei Frau Bota im Xerox-Büro in Vişeu de Sus haben wir welche zum Kopieren hinterlegt. Verliert man unterwegs in der "Wildnis" einmal völlig die Orientierung, gilt die Faustregel: möglichst Richtung West oder Süd einem Gewässer in die Fließrichtung folgen; bis man in ein bekanntes (besiedeltes) größeres Tal kommt.

Sprache: Noch der gewiefteste Pfadfinder ist manchmal auf die Hilfe der Einheimischen angewiesen. Hände und Füße helfen bei der Kommunikation, besser sind aber ein paar Brocken Rumänisch. Fragen wie Wo? Wie weit? Wie heißt das Tal/Berg/Gewässer? etc. sollte jeder stellen und die Antwort verstehen können. In diesen Bergen spricht kaum jemand eine Fremdsprache.

Gesundheit: Desinfektionsmittel, Verbandszeug, Pflaster und vor allem etwas gegen Magenprobleme mitnehmen. Frische Milch immer abkochen! Wasser nur aus Quellen oder kleinen Waldbächen trinken; wer sicher gehen will, sollte Entkeimungstabletten dabei haben.

Zelten: Kein Problem. Mit Vorteil übernachtet man in der Nähe von Hirten oder Bauern, mit denen man sich vorher ungezwungen bekannt gemacht hat.

Grenze: Wer seinen Paß dabei hat und sich bei einer auftauchenden Patrouille ausweisen kann, hat nichts zu befürchten (Ausnahme: der Posten in *Comanu* / Wassertal, siehe dort). Auf keinen Fall direkt an der Grenze (erkennbar an Trampelpfad und Pfosten) verweilen oder sich auf ukrainisches Territorium verirren. Im Unterschied zu ihren rumänischen Kollegen verstehen die ukrainischen Grenzer keinen Spaß und schleppen Ausländer umgehend zum Verhör auf den nächsten Posten, was mindestens mit einem happigen Bußgeld endet, wenn nicht schlimmer. Davor haben auch die einheimischen Rumänen Respekt und

weisen von sich aus immer darauf hin, wenn man sich direkt an der Staatsgrenze befindet.

Wege: Keine markierten Wanderwege! Naturstraßen für die Forstwirtschaft führen meistens unten im Talgrund den Wasserläufen entlang, vereinzelt werden auch niedrige Kämme von ihnen überquert. Der Wanderer bleibt am besten möglichst auf den oftmals baumlosen Höhenzügen; die Orientierung ist besser und man spart sich kräftezehrende Auf- und Abstiege. Wenn auch kein Hirtenpfad auszumachen ist, besser quer über die Weiden laufen als lange und vielleicht vergeblich einen Weg zu suchen. Genau umgekehrt verhält es sich im Wald; ohne Pfad verliert man im Tannendickicht sehr schnell die Orientierung!

Zeitbedarf: Für die volle Strecke sollte mindestens eine Woche eingeplant werden – besser etwas mehr. Teiletappen dauern je nach "Zielstrebigkeit" 2 bis 4 Tage. **Es sollte auf keinen Fall darum gehen, möglichst schnell vorwärtszukommen.** Der Weg ist das Ziel. Nach unserer Erfahrung ist das Allerwichtigste ein offener, freundlicher Umgang mit den Bewohnern und Hirten dieser Bergregion. Man muß sich vor Augen halten, daß auftauchende Rucksacktouristen für jeden Einheimischen eine Sensation bedeuten, die verständlicherweise seine Neugierde weckt. Wer als Einzelkämpfer arrogant jedem Kontakt aus dem Weg geht, lernt weder die sprichwörtliche Gastfreundschaft noch die Hilfsbereitschaft der Bergbewohner kennen, ohne die wir mehr als einmal nicht weitergekommen wären.

10

Von Moldoviţa bis zum Pferdegestüt Lucina

Mit der Waldbahn oder dem Bus kommt man bequem bis **Argel**, von wo die erste Etappe durch die einsamen Wälder der Obicina feredeului bis ins Moldautal führt. Im vorangegangenen Kapitel haben wir Argel, den letzten Weiler des Moldoviţa-Tales, und seine Umgebung bereits beschrieben; hier können nochmals Ausrüstung und Proviant überprüft und ergänzt werden. Oder bei Familie Biros eine letzte Nacht in einem richtigen Bett verbracht werden.

Von Argel bzw. vom Kilometer 14 bietet sich zunächst die Weiterfahrt mit der Schmalspurbahn an – wer will, kann natürlich schon von hier aus laufen, einfach die Schienen entlang. Die Strecke der Waldbahn verzweigt sich in Argel: links geht es das Argeltal weiter in Richtung *Radvan*, rechts zur Holzfällerstation *Roşoşa*. Wann ein Zug oder eine Draisine fährt und in welche der beiden Richtungen, erfahren Sie bei Herrn Biros in der kleinen Bar am Gleisdreieck. Bleiben wir locker und genießen noch ein paar Tage den herrlichen Weiler Argel, wenn der Zug nicht heute oder morgen, sondern erst übermorgen kommt. Bis zu beiden jeweiligen Endstationen führen dieStrecken etwa 12 Kilometer nur durch den Wald.

Unser Zug hatte **Radvan** zum Ziel; wenn Sie über Roşoşa die Wanderung beginnen, geht dies selbstverständlich auch. Nur müssen Sie dann die ersten Kilometer der Tour in Richtung Moldova Suliţa ohne unsere Wegbeschreibung auskommen. Richtung Radvan erreicht der Zug bei Kilometer 21 eine Verzweigung. Wir fahren (oder wandern) auf der rechts abgehenden Strecke weiter, bis bei Kilometer 23,5 eine kleine Holzfällerstation auftaucht. Hier verzweigt sich die Strecke erneut; wir folgen dem links abgehenden Schienenstrang und kommen nach ca. 2 Kilometern zu einer Holzverladerampe, an der die Schienen enden.

Mitten im Wald: "Bahnhof" Radvan

10

190

Wahrscheinlich treffen Sie an diesem einsamen Gleisstumpen auf Waldarbeiter; sie erklären bei einem kleinen Schwatz sicher den einfachsten Weg hinüber ins obere Moldautal.

Wir folgen nun dem Bach ca. 2 Kilometer durch einen wunderschönen Märchenwald. Dann sollte man eigentlich auf der rechten Talseite auf einen Fußpfad zum Kamm stoßen; wir hatten allerdings kein Glück und stapften deshalb quer den Hang hoch, bis wir aus dem Wald heraus waren und oben eine Alm mit einem Schafstall erreichten. Nach diesem schweißtreibenden Aufstieg bietet sich dem Wanderer bei klarem Wetter eine schöne Aussicht über die Bergwelt der *Obcina feredeului*. Wer genug Zeit hat, kann hier schon das erste Lager aufschlagen; die nahegelegenen Hirten versorgen einen gerne mit frischer Milch und Käse.

Vom Kamm aus ist ein ins Tal führender Weg gut zu erkennen; wir folgen ihm hinunter durch ein malerisches Seitental und gelangen nach etwa zwei Stunden ins Moldautal nach **Benia**, einem Weiler mit einer kleinen Kirche direkt an der Straße Pojorâta-Moldova Suliţa-Izvoarele Sucevei. Wer nach dieser Strecke den Durst mit einem Schluck Bier löschen möchte, hat es nicht weit: etwa hundert Meter von der Kreuzung Richtung Pojorâta finden sich links zwei kleine Geschäfte, welche gleichzeitig als einfache Schenken dienen. Wir erlebten hier 1995 die rumänische Variante der freien Marktwirtschaft. Als wir im ersten Geschäft, einem Genossenschaftsladen, bestellen wollten, verwies uns die freundliche Verkäuferin auf die "Konkurrenz" gegenüber; dort gebe es mehr und das wäre darüber hinaus auch billiger! Sie hatte übrigens absolut recht. Gegen Abend ist der Besuch der Kantinen in diesem Teil des Moldautales nur bedingt empfehlenswert. Die einheimischen Gäste haben dann oftmals ein Stadium des Alkoholgenusses erreicht, wo "alles zum Reifen kommt", wie der Schwejk-Autor Jaroslav Hašek es dezent ausdrücken würde. Nicht daß wir persönlich dabei in kritische oder gar gefährliche Situationen gekommen wären; aber inmitten einer sturzbetrunkenen Kneipenrunde kann von Gemütlichkeit nun wirklich keine Rede sein.

Charakteristisch für die Region von **Moldova Suliţa** sind die vielen Streusiedlungen und Einzelgehöfte, welche sich pittoresk an die sanften Berghänge des Tales schmiegen. Sehenswert sind in der näheren Umgebung auch zwei Naturschutzgebiete: zwei Kilometer vor der Einmündung des *Tatarca mare*-Baches in die Moldova, südwestlich von Benia, ist das *"Rachitisul Mare-Glodu"* mit einer Gesamtfläche von 177,5 ha als botanische Schutzzone ausgewiesen.

In diesem eiszeitlichen Rückzugsgebiet konnten sich seltene Pflanzen wie das Löffelkraut (Cochlearia pyrenaica) oder der fleischfressende Sonnentau (Drosera rotundifolia) erhalten. Auch die anderswo praktisch ausgestorbene Bärentraube (Arctostaphylos uva-ursi) ist hier heimisch; ein preiselbeerähnliches Gewächs, das früher zum Färben und für medizinische Zwecke (Harnkrankheiten) genutzt wurde.

Die "Cheile Iucavei", ein anderes geologisch-botanisches Schutzgebiet, befindet sich an der holprigen Verbindungsstraße zwischen Moldova Suliţa und dem höher gelegenen Pferdegestüt Lucina. Auf kleiner Fläche sind hier eigenwillig geformte Kalk- und Dolomitfelsen zu bewundern, zwischen denen angeblich sogar Edelweiß vorkommen soll; unweit davon sprudelt eine schwefelhaltige Quelle. Für den naturkundlichen Laien unterscheiden sich die landwirtschaftlich genutzten Flächen in diesem Gebiet kaum von den biologischen Schutzzonen. Als direkte Folge der fehlenden Geldmittel wird hier oben zwangsläufig rein "biologisch" gewirtschaftet. Kunstdünger und Chemie können sich die größtenteils

10

als Selbstversorger existierenden Kleinbauern nicht leisten, von Landmaschinen und Traktoren ganz zu schweigen. Wer weiß, vielleicht hat diese "Rückständigkeit" eine größere Zukunft als unser an seine Grenzen stoßendes "Agrobusiness", mit dem wir unsere Umwelt und damit uns selbst vergiften.

Wir laufen vom Weiler Benia auf der Schotterpiste etwa zwei Kilometer talabwärts Richtung Pojorâta. Unterwegs sollte sicherheitshalber des öftern nachgefragt werden, wo genau der Forstweg die "Hauptstraße" rechts verläßt, der zur **Cabană Tatarca** führt. Ist die Abzweigung glücklich gefunden, überqueren wir auf einer Brücke die Moldowa und wandern auf einer Naturstraße. Die Häuser werden immer spärlicher, und bald tauchen wir in einen idyllischen Wald ein, nur noch begleitet vom Rauschen des Baches auf der linken Seite unseres einsamen Weges. Kommen wir zwischendurch an eine Wegkreuzung,

La Lucina: gemischtrassiger...

... und reiner Huzulenhengst

folge man einfach der größeren Straße oder frage einen Einheimischen nach der Cabană – falls man überhaupt einer Menschenseele begegnet.

Nach etwa 6 Kilometer öffnet sich plötzlich das Tannengrün. Ohne es zu bemerken, haben wir bedeutend an Höhe gewonnen und befinden uns auf einer unbewaldeten, weiten Hochebene, geographisch ziemlich genau in der Mitte zwischen dem Cârlibaba- und dem Moldovatal. Vor uns, auf einem kleineren Hügel gelegen, erblicken wir ein Steinhaus: die Cabană Tatarca. Sie ist ein Relikt aus der jüngsten sozialistischen Vergangenheit.

Erst im Sommer 1989 fertiggestellt, sollte das mehrstöckige Gebäude verdienten Parteiangehörigen aus der Landwirtschaftsbehörde als Gästehaus zur Verfügung stehen. Aber wie wir wissen, hat der Sturz von Ceauşescu diese schönen sozialistischen Pläne zunichte gemacht. Heute ist der Verwalter der Cabană froh, wenn sich in den Sommermonaten ein paar müde Naturfreunde in diesen vergessenen Winkel Rumäniens verirren, denen er seine Zimmer vermieten kann. Der Preis liegt im Ermessen (und Anstand!) des Gastes. Offiziell figuriert das Haus wohl immer noch als "Arbeiterferienheim", bis man sich in irgendeiner weit entfernten Amtsstube auch dieser "sozialistischen Leiche" erinnert.

Die Cabană Tatarca ist übrigens das ganze Jahr geöffnet, die Zimmer können beheizt werden. Wer keine Angst vor eventuell auftauchenden Wolfsrudeln hat, kann im Winter hier oben mit seinen Langlaufski herrlich einsame Runden drehen. Proviant muß selbst mitgebracht werden; der Verwalter offeriert seinen Gästen aber die Nutzung der großen Küche.

Die Landschaft in der näheren Umgebung ist geprägt von Wiesen und aufgelockertem Tannenwald, ähnlich dem Jura im Grenzgebiet von Frankreich und der Schweiz. Riesige Ställe zeugen davon, daß noch vor wenigen Jahren auf diesem Hochplateau zentralwirtschaftlich intensiv produziert wurde. Die staatlichen Milchfarmen machen heute einen jämmerlichen Eindruck und funktionieren sichtlich mehr schlecht als recht. Man wurstelt vor sich hin und hofft auf Investoren oder zumindest klare politische Entscheide "von oben". Wann – wenn überhaupt – und auf welche Weise diese sozialistischen Altlasten abgewickelt werden, ist völlig offen.

Noch dramatischer ist die Situation im Pferdegestüt "La Lucina", etwa 5 Kilometer nördlich der Cabană gelegen. Wir erreichen **Herghelie la Lucina** auf einem Feldweg, der mitten durch ausgedehntes Weideland über die Hochebene führt. Wer unserer Route bis hierher und nicht weiter folgen möchte, gelangt in zwei bis drei Stunden problemlos nach Cârlibaba. Der Verwalter des Gästehauses "Tatarca" erklärt gerne den Weg.

"La Lucina" (1228 Meter) ist die Heimat der Huzulenpferde schlechthin. Das Gestüt beherbergt mindestens dreihundert Tiere dieser zähen Gebirgsrasse und führt ein eigenes Zuchtbuch. Die Qualitäten dieser widerstandsfähigen und anspruchslosen Pferde erkannten im vorigen Jahrhundert schon die österreichischen Herren der Bukowina: sie erbauten aus militärischen Gründen den "königlich-kaiserlichen Gutshof Lucina", denn die kräftigen Huzulenpferde eignen sich ausgezeichnet als Transportmittel bei der Armee. Im 2. Weltkrieg konnten die

Eine Herde zieht auf die Weide

Tiere aus Lucina noch im letzten Moment nach Braşov in Sicherheit gebracht werden, bevor die russischen Truppen das Gestüt eroberten und – wohl aus Ärger und Wut über die entgangene Beute – dem Erdboden gleichmachten.

In der näheren Umgebung sind bis heute die Reste von Schützengräben und Stellungen aus diesen kriegerischen Zeiten zu finden. Das sozialistische Rumänien hat die Pferdefarm nach 1945 zwar nicht unbedingt schön, aber dafür modern und funktional wieder aufgebaut. Hauptabnehmer des staatlichen Gestüts war bis zur Wende von 1989 die rumänische Volksarmee. Mit diesem sicheren Kunden konnte die Verwaltung die Zucht ihrer Huzulenpferde frei von allen marktwirtschaftlichen Zwängen erfolgreich weiterführen. Mit dieser sozialistischen Idylle war es nach der Wende vorbei. Die festgefügten staatlichen Strukturen brachen über Nacht zusammen, neue Perspek-

10

La Lucina: Hotel „Shining"

tiven sind schwer zu finden und noch schwerer zu realisieren.

10

Der Direktor in seinem respekteinflößenden Büro kann einem leid tun: er verwaltet ja nicht irgendwelche Maschinen, welche man bei Unrentabilität einfach stillegen kann, sondern ein paar Hundert liebevoll gezüchtete Pferde! Und die leben nicht von Luft und (Pferde-)Liebe, die müssen gefüttert und gepflegt sein; dazu braucht es Angestellte und vor allem Geld. Der "Kapitän" des sinkenden Schiffes "La Lucina" kann seiner verbliebenen "Mannschaft" manchmal mehrere Monate kein Gehalt zahlen. Um sie bei der Stange zu halten, dürfen die Arbeiter für ihre private Landwirtschaft etwas staatlichen Boden nutzen und bekommen ein Drittel des von ihnen für das Gestüt eingebrachten Heus.

Der Verkauf von Pferden zu vernünftigen Preisen ist bestenfalls ins Ausland möglich; die rumänischen Bauern züchten sich ihren Bedarf an Zugtieren selbst oder erwerben sie von Nachbarn im Tausch gegen Naturalien. Wen wundert's, daß man in Lucina ziemlich unverholen den goldenen sozialistischen Zeiten nachtrauert; bei unserem Besuch im Sommer 1995 hing sogar noch ein Bild von Ceauşescu an einer Stalltür...

Als bröckelnder Zeuge aus einer besseren Vergangenheit erwartet uns in Lucina ein monumentales Gästehaus aus massivem Beton, das für die Nomenklatura-Besucher dieser staatlichen Vorzeigefarm erst in den achtziger Jahren erbaut worden ist. Zu unserem Erstaunen mußten wir den Direktor regelrecht überreden, angesichts von Dauerregen und Kälte in diesem Haus übernachten zu dürfen.

Dabei ging es nicht etwa um den Preis – er verlangte gar nichts und wir bezahlten "wie üblich" nach unserem Ermessen. Aber als wir nach mühsamer Diskussion mit dem "Jefe" endlich drinnen waren, verstanden wir seine Zurückhaltung: Das Gebäude war praktisch leer, ein Geisterhotel. Zentralheizung, Toiletten und Badezimmer waren nicht mehr in Betrieb; Küche, Speisesaal und Aufenthaltsräume von sämtlichem Mobiliar befreit. In einem Teil des ersten Stocks hatte sich der "Verwalter" mit seiner Familie eingerichtet; er schloß uns ein paar Zimmer auf, was zum Teil nur mit roher Gewalt zu bewerkstelligen war. Das elektrische Licht funktionierte; wir rollten unsere Schlafsäcke auf den glücklicherweise noch vorhandenen Doppelbetten aus und richteten uns gemütlich im "Hotel Shining" ein – Regisseur Kubrick wäre von dieser apokalyptischen Unterkunft begeistert gewesen. Während draußen langsam alles im Morast versank und die Karpatennacht hereinbrach, waren wir wenigstens im Trockenen.

Am frühen Morgen weckte uns das ungewohnte Geräusch von hunderten wiehernden Pferden; dichtgedrängt warteten die Zuchtstuten mit ihren Fohlen ungeduldig darauf, daß ihr Gatter geöffnet wurde. Vom

Landschaft auf der H chebene von Lucina

Balkon aus konnten wir das faszinierende Schauspiel genießen, wenn die Herde auf eine weiter entfernte "Tag-Weide" getrieben wird (die Nacht verbringen die Pferde auf einer Weide direkt beim Gestüt). Die edlen Zuchthengste werden leider wenig bewegt, sie sind in einem Stall untergebracht. Da gerade Sonntag war, erfüllte man unsere Bitte und wir kamen in den Genuß einer kleinen "Western-Show".

Die Stallburschen holten die schönsten Huzulenhengste aus den Boxen und führten in einer massiv umzäunten Koppel ihre Reitkünste vor. Für uns Laien war dies ein beängstigend wildes Schauspiel, denn ob des seltenen Auslaufes gebärdeten sich die Pferde extrem ungezähmt und übermütig. Unerschrockene Besucher hätten sicher auch die Gelegenheit, selbst in den Sattel zu steigen. Der Direktor von Lucina bejahte jedenfalls diese Möglichkeit; er könnte schließlich dabei auch etwas verdienen. Al-

lerdings sind die Hengste nach unserer Beobachtung nicht reitgewohnt, noch weniger die undressierten Jungpferde draußen auf der Weide. Außerdem scheint – so paradox es klingt – auf der ganzen Farm kaum Sattelzeug vorhanden zu sein; aber wo ein pferdenärrischer Wille ist, ist sicher auch ein Weg, mit diesem Problem fertigzuwerden. Guten Ritt und weder Hals- noch Beinbruch!

Die Umgebung des Gestüts ist auch auf den zwei eigenen Beinen einen ausgedehnten Aufenthalt wert. Südwestlich der Pferdestallungen liegt das nur einen Hektar große "Lucina"-Naturschutzgebiet; das Hochmoor unweit des *Bilcani*-Baches stellt ein eiszeitliches Relikt dar. Durch den extrem hohen Säuregehalt des Bodens und infolge der niedrigen Durchschnittstemperaturen hat sich hier eine Pflanzenwelt erhalten, die für die letzte Eiszeit (vor 12 000 Jahren) typisch war.

10

195

Charakteristische Vertreter sind das Wollgras (Eriophorum vaginatum), Bergveilchen (Viola Epipsila) und besonders die Zwergbirke (Betula Nana). Letztere bildet in diesen Breitengraden eine europäische Seltenheit. Für die Wissenschaft äußerst aufschlußreich sind auch Pollen und abgestorbene Pflanzen im Moorboden; sie ermöglichen eine Rekonstruktion der klimatischen Verhältnisse der letzten Eiszeit.

Von Lucina bis ins Wassertal

Wer jetzt noch umkehren möchte, kann von Lucina aus ins Cârlibaba-Tal absteigen und ist danach in gut drei Stunden an der Hauptstraße im Tal der Goldenen Bistritz. Die folgende Route führt uns die nächsten Tage abseits von Dörfern und Straßen ins dünn besiedelte Hinterland an der ukrainischen Grenze, wo wir nur noch auf einzelne Gehöfte und Hirtenhütten (rum. *Stânǎ*) treffen werden. Einkaufsmöglichkeiten kommen keine mehr, also unbedingt genug Proviant (Raucher: Zigaretten!) dabei haben.

Wir sind in diesem Abschnitt auf uns selbst gestellt und müssen die Nächte draußen im Zelt verbringen. Bei gutem Wetter ein himmlisches Vergnügen; man sollte aber auch für weniger freundliche Witterung gewappnet sein. Viele Wege führen ins

Förster Constantin

Wassertal; die von uns begangene Route ist sicher nicht die einzige Möglichkeit, vielleicht nicht mal die beste.

Es geht uns in der folgenden Streckenbeschreibung nicht zuletzt darum, wie man ein solches Abenteuer durch "terra incognita" machen kann. Wir sind nun mal zufällig so gelaufen und auch angekommen, ein anderer erreicht das Wassertal eben anderswie.

Vom Pferdegestüt "La Lucina" laufen wir hinter dem "Hotel" in Richtung Nordwesten möglichst auf der Höhe über baumloses Weideland; links von uns liegt das **Cârlibaba-Tal**. Früher oder später müssen wir in dieses Tal absteigen, am besten dann, wenn wir auf einen abwärts führenden Weg stoßen. Gipfelstürmer können vorher noch den Berg Lucina (1588 Meter) bezwingen, der sich etwa 6 Kilometer nördlich der Pferdefarm rechts von unserer Route erhebt. Auf der Naturstraße unten im Cârlibaba-Tal angekommen, bietet sich eine Rast am Ufer des Flüßleins an; und sei's auch nur, um die Füße im kühlen Naß für die kommende Wegstrecke zu rüsten. Wir folgen dem staubigen Fahrweg nach Norden und passieren nach kurzer Zeit eine mächtige, gut erhaltene "Klaus" (Talsperre zum Flößen) mit ihrem mittlerweile verlandeten Stausee.

Immer noch auf dem Hauptweg erreichen wir nach ca. einem Kilometer eine Talgabelung mit einem kleinen Weiler. Nach unserer Karte hätten wir an dieser Stelle dem linken Graben bis zum Ende folgen sollen, um auf dem Bǎtrǎna-Höhenzug parallel zum Ţibǎu-Tal weiter in Richtung Nordwest *Jupania* entgegen zu wandern.

Aber es kam anders: wir lernten am Wegrand "*Pǎdurar*" (Förster) Constantin kennen, der uns unbedingt auf seinem Pferdewagen ein Stück fahren wollte. Selbstverständlich "mußten" wir zuerst bei ihm Zuhause verköstigt werden. Dazu brauchte uns Constantin nicht lange zu überreden.

Ehemalige "Klaus" (Talsperre zum Flößen) im Cârlibaba-Tal

Die Aussicht auf ein warmes Essen und ein paar Kilometer bequemes Vorwärtskommen war fast zu schön, um wahr zu sein. Ein paar gemütliche Stunden später holperten wir satt und zufrieden auf einem Einspänner durchs tief eingeschnittene Tal rechts in Richtung Izvaorele Sucevei. Nach einer guten Stunde, in der wir zwischendurch sogar selbst die Zügel führen durften, endete unsere Kutschenfahrt an irgendeinem Forsthaus in der Einsamkeit der Wälder. Constantin mußte zurück, wünschte uns "Drum Bun" und wir standen da, mitten auf einer gottverlassenen Kreuzung.

Unterwegs hatten wir aus lauter Wonne weder Kilometer gezählt noch uns anderweitig zu orientieren bemüht. Die häßliche Folge war eine unerfreuliche Diskussion über unserer rudimentären Landkarte, aus welcher neben den wildesten Spekulationen nur eines klar wurde: wir befanden uns irgendwo nördlich der **Obcina bătrăna**, eines unglücklicherweise relativ langen Höhenzuges. Und weil der Teufel immer auf den größten Haufen noch einen draufsetzt, begann es gleichzeitig in Strömen zu regnen.

Wir entschlossen uns schließlich für den Weg, der ungefähr südwestlich durch dichten Wald bergauf führte; nach unserer Überlegung müßten wir auf der hoffentlich baumfreien Höhe bei hoffentlich guten Sichtverhältnissen hoffentlich unseren Standort bestimmen können. Zumindest bewegten wir uns auf einer größeren Forststraße, die kein "Holzweg" war (die Bedeutung der Redewendung "sich auf dem Holzweg befinden" rührt übrigens daher, daß ein Weg zum Holzschlag eben genau "im Holz" endet!). Die Waldgötter waren uns gut gesinnt. Oben auf dem Kamm lichteten sich die Wolken und der Regen hörte auf.

Wir verließen die auf der anderen Seite ins Tal führende Straße und hielten uns rechts dem von Almen durchsetzten Höhenzug entlang. Zu unserer rechten Seite entdeckten wir eine Forststraße, der wir am folgenden Tag nachgehen wollten. Sie hielt

10

197

Eine Alpkäserei in der Obcina Bătrăna

– soweit ersichtlich – die Höhe und führte ungefähr in die Richtung, welche wir laut Kompaß einschlagen wollten. Unweit einer kleinen Sennerei fanden wir einen traumhaften Zeltplatz: der Himmel hatte sich aufgeklart, tief unter uns lag das Ţibău-Tal und in seiner Verlängerung glaubten wir sogar das Bärental (*Valea Ursului*) auszumachen. In der Ferne grüßte das Rodna-Massiv, von den letzten Strahlen der Abendsonne golden beleuchtet. Unser Feuer hatte die Hirten von nebenan angelockt, bald machten Zigaretten und Kaffee die Runde. Die symphatischen Männer verabschiedeten sich nicht ohne unser Versprechen mitzunehmen, morgen auf ein Glas frische Milch bei ihrer Hütte vorbeizuschauen. Und während die letzten Holzreste im Feuer langsam verglühten, umfing uns die unglaubliche Stille der Wälder und Höhen in diesem unberührten Teil der Karpaten.

Von ungestörtem Schlaf konnte nach Einbruch der Dunkelheit allerdings keine Rede sein: schreiend und lärmend waren die ganze Nacht Hirten unterwegs, um mit ihrem Krach die zahlreichen Wildschweine von ihren Almen fernzuhalten. In der Früh, während wir in der Alphütte beim Käsen zuschauten, erklärten uns die Sennen den Sinn ihrer schlafraubenden nächtlichen Aktion: die Magerwiesen in dieser Höhenlage ergeben kaum genug Futter für ihre Milchkühe. Wenn eine Herde von Wildschweinen die dünne Grasdecke umgepflügt hat, ähnelt die betroffene Weide einem Schlachtfeld und ist für die Viehwirtschaft unbrauchbar.

Von der Obcina Bătrăna kann man hinunter ins Ţibău-Tal und weiter dem Bach entlang in Richtung Quelle wandern. Das Tal verzweigt sich im hinteren Teil nochmals, wobei es links ins völlig von Wald bedeckte Bärental geht. Im Talgrund findet sich mit größter Wahrscheinlichkeit immer ein Weg, welcher in erster Linie den forstwirtschaftlichen Transporten dient. Um am Ende des Tales über den Berg oder Kamm ins obere Wassertal (oder den Catarama-Graben, einem Seitental des "Wassers") zu gelangen, muß man allerdings einen steilen Aufstieg in Kauf nehmen. Dabei quält man sich über Wurzeln und Steine einen urwüchsigen, wilden Bergwald hoch, wo zwischendurch weder Weg noch Pfad durchs Dickicht führen. Nicht jedermanns Sache!

Wir entschieden uns aus diesem Grund für die andere Variante: von unserem Lagerplatz folgten wir etwa sechs Kilometer einem Wald(fahr)weg, der sich in einer leichten Steigung durch eintönigen Tannenwald bis auf die **Jupania Wasserscheide** zieht und dort bergab in Richtung ukrainische Grenze weitergeht. Am Scheitelpunkt stehen ein paar heruntergekommene Holzbaracken für die Waldheger. Wir begegneten kurz davor zwei rumänischen Grenzsoldaten zu Fuß, die uns irgendwie an eine römische Patrouille in Asterix-Cartoons erinnerte: etwas verunsichert, aber völlig korrekt wurden wir nach unseren Papieren gefragt. Wir sahen zwar nicht wie ukrainische Schmuggler aus, aber zuordnen ließ sich unsere Erscheinung erst nach einem vorschriftsmäßigen Blick in unsere Pässe. *La revedere și drum bun!*

Nicht unbedingt begeistert waren wir ob der hilfsbereiten Auskunft eines Waldarbeiters, daß unser Weg hinüber ins Wassertal *"sigur, sigur"* (richtig) genau dort weitergehen sollte, wo es zünftig den Berg hoch ging; schließlich hatten wir nach den letzten schweißtreibenden Kilometern das Gefühl, beim Scheitelpunkt unserer Straße doch schon "oben" zu sein. Wie man sich täuschen kann... Nach einer erholsamen Rast packten wir es an: von den Waldarbeiterhütten links (die Straße führt geradeaus weiter, hinunter in Richtung Ukraine) stiegen wir den Hang hoch. Zu unserer Überraschung fanden wir oben auf einer herrlich gelegenen Alm einen breiten, mit groben Steinen befestigten Weg, der in früheren Zeiten wahrscheinlich sogar von Fuhrwerken befahrbar war. Vermutlich ein alter

„Waldkarpaten" beim Jupania

Handelsweg, ist er stellenweise überwachsen oder verworfen, aber immer gut sichtbar.

Auf diesem historischen Pfad wanderten wir durch unberührte Natur dem **Berg Jupania** (1853 Meter) entgegen. Märchenhafte Waldabschnitte und mit Bergblumen bewachsene Wiesen wechseln sich ab, berauschende Fernsicht über ein Meer von sanft geschwungenen, durchgehend von Wald bedeckten Hügelzügen lassen den mühsamen Aufstieg schnell vergessen. Landschaftlich war dieser Teil unserer Route ein absoluter Höhepunkt. Wenn das Wetter mitspielt und die Zeit reicht, sollte man unbedingt auf diesem paradiesischen Flecken Erde ein paar Tage verweilen und genießen. Als Alternative zu Beutelsuppen und Nudeln bietet die Natur dem hungrigen Wanderer wilde Beeren und Steinpilze. Beides ist in einer Fülle vorhanden, daß man mit offenen Augen nicht groß danach zu su-

10

Im Wassertal: Eine Buche wird gefällt

chen braucht. Wir mußten leider weiter; zu viele Tage hatten wir bei den Huzulenpferden von Lucina verbracht.

Als markanter Orientierungspunkt dient auf dieser Strecke der kahle, regelmäßig gewölbte Gipfel des Jupania. Unser charakteristischer Steinweg verliert sich direkt unter diesem Berg an einem dichten Buschwald von kleingewachsenen Bergföhren, auch "Kuschelkiefern" genannt, die sich wie ein Wall um den Jupania herumziehen. An dieser Stelle sollte man, falls der Gipfel nicht bestiegen wird, links um den Berg herum weiterlaufen und das Catarama-Tal ansteuern. Wir machten es genau falsch und gingen rechts; mühsam mußten wir deshalb um einen tiefen Graben herum auf dessen andere Seite kraxeln, wo eine Alm einen kleinen Sattel bildet. Dort angekommen, klärte uns ein Hirte darüber auf, daß wir uns unmittelbar an der Landesgrenze befänden. Tatsächlich war das ukrainische Territorium unschwer an hölzernen Pfosten zu lokalisieren, die in regelmäßigen Abstän-

den einem Patrouillenpfad der rumänischen Armee folgen. Diese Stelle unserer Wanderung ist auf jeder Rumänienlandkarte zu finden: nördlich des Prislop-Passes macht die rumänische-ukrainische Grenze einen markanten, rechtwinkligen Knick von Nord nach Ost. Hier war an ein geruhsames Verweilen oder Zelten nicht zu denken. Obwohl weder rumänische noch ukrainische Uniformierte in Sicht waren, widerstanden wir der Versuchung, mit wenigen Schritten "ausländischen" Boden zu betreten. Uns ging ehrlich gesagt "die Hose" und wir suchten so schnell wie nur möglich von diesem Ort wegzukommen. Der einzige sichtbare Pfad ins nahe **Wassertal** ist besagter Patrouillenweg, den wir aus einsichtigen Gründen unmöglich benutzen konnten; so blieb uns nichts anderes übrig, als quer durch den Wald bergab zu stolpern, bis wir erleichtert unten auf einen Bach stießen. Ein in der Wildnis auftauchender Hirtenjunge erwies sich als Maramureş-Bewohner und konnte uns bestätigen, daß wir im hin-

Kleiner Schwatz mit dem Lokführer...

tersten Winkel des Wassertales angekommen waren. Da wir keine Lust hatten, allzunahe des rumänischen Grenzpostens *Comanu* zu übernachten, schlugen wir unser Zelt mühevoll am steinigen Ufer des Wildbaches auf. Leicht angespannt wanderten wir tags darauf dem Flüßlein entlang talabwärts. Von früheren Exkursionen im Wassertal wußten wir, daß die in Comanu stationierte Grenzkommandatur manchmal etwas Mühe mit westlichen Touristen hat; aber für uns lief alles problemlos. Wir passierten einen am Wegrand schlafenden Soldaten und stießen kurz danach auf eine Holzverladerampe, dem Streckenende der Waldbahn von Vișeu de Sus. Von hier ist es nicht weit nach **Comanu**; wir folgen einfach

dem Schmalspurgleis und erreichten bald die Waldarbeitersiedlung mit ihrem kleinen Bahnhof. Der junge Stationsvorstand hatte volles Verständnis für unsere Reisewünsche und erreichte sogar, daß wir in die abfahrbereite Draisine zusteigen konnten, die Angehörige der Grenztruppen hinunter nach Vișeu de Sus brachte. Die zahlreichen Holzfäller hatten das Nachsehen; sie mußten auf den Dampfzug warten, dessen Ankunft sich wie üblich um Stunden verspätete. Hartgesottene Naturfreaks können – quasi als Erholung vom strapaziösen Wandern – an unsere Tour noch ein paar geruhsame Tage im Wassertal anhängen. Diese reizvolle Waldlandschaft haben wir in einem vorangegangenen Kapitel beschrieben.

PRAKTISCHE HINWEISE

Rumänien, vor allem aber die ländliche Maramureş, ist kein touristisches Urlaubsziel im gewohnten Sinne. Ein paar Dinge gilt es schon zu beachten, möchte man dieser – je nach Gesichtspunkt als rückständig oder intakt bezeichneten –, wunderschönen Region einen Besuch abstatten. Es ist ein armes Land und der (Individual-)Tourismus erst zaghaft im Entstehen begriffen. Um eine gewisse, unvermeidliche Anpassung an die dortigen Verhältnisse kommt man nicht herum. Komfortable Hotels und Restaurants finden sich höchstens in den größeren Städten, und auch auf anderen Gebieten sind die Standards gewöhnungsbedürftig. Wer also auf den gewohnten Komfort verzichten mag, wird sicherlich auch bereit sein, den offenen Kontakt mit der ebenso offenen einheimischen Bevölkerung suchen. Und das ist die gar nicht so schwierige Voraussetzung für eine unvergeßliche Reise durch das heutige Nordrumänien: Man erlebt eine unglaubliche Gastfreundschaft. Wer sich auf die Menschen einläßt, gehört sehr schnell „dazu", was die Lösung allfälliger Reiseprobleme zur Ehrensache seiner rumänischen Bekannten macht. Dennoch ein paar elementare Stichworte zum Reisen in der Maramureş:

Einreise: Sie benötigen ein Visum, das sowohl an der Grenze wie auch bei den rumänischen Konsulaten für ca DM 60,- erhältlich ist. Passfotos nicht notwendig.
Geld: Rumänische Lei werden mit Vorteil im Lande selbst erworben. Wegen der immer noch unkontrollierten Inflation ziehen viele Rumänen „Deutschmark" der Landeswährung vor. Schecks und Kreditkarten werden nur in größeren Städten akzeptiert. Es empfiehlt sich die Mitnahme von Bargeld, insbesondere DM in kleinen Scheinen (10er, 20er und 50er-Noten).
Benzin: Mittlerweile problemlos erhältlich,

Engpässe höchstens bei „Bleifrei". Trotzdem lieber immer frühzeitig nachtanken. Auf die angegeben Oktanwerte ist nicht immer Verlaß – lieber „Premium" (Super) als Normalbenzin tanken. Die Preise liegen deutlich niedriger als in Deutschland.
Auto abstellen: Eigentlich nirgendwo ein Problem, höchstens über Nacht in großen Städten oder in Grenznähe. Am besten parkt man sein Auto dort, wo man die Anwohner vorher gefragt hat. Meistens offerieren diese von sich aus einen sicheren Platz innerhalb ihres Grundstücks oder passen auf. Zeigen Sie sich für diese Freundlichkeit erkenntlich!
Straßen: Hauptstraßen sind asphaltiert, aber trotzdem holprig. Mit beeindruckenden Schlaglöchern muß jederzeit gerechnet werden! Nebenstraßen sind z.T. in katastrophalem Zustand und können zur Tortur werden.
Essen und Verpflegung: Etwas gewöhnungsbedürftig. Gute Restaurants sind sehr selten, auf dem Lande fehlen sie ganz. Am besten, und zwar landestypisch, wird man privat bekocht. Für den Notfall sollte immer etwas Proviant mitgenommen werden. Wichtig: Wer als Gast in ein Haus gebeten wird, bekommt etwas aufgetischt – so ist der Brauch. Auch hier gilt: Sich erkenntlich zeigen! (Siehe unter „Geschenke")
Übernachtung: Es gibt nur sehr wenige Hotels und nur in größeren Ortschaften, z.T. mit bescheidenem Komfort. Man frage nach Privatzimmern, oft nennen die Vermieter aus Anstand keinen Preis – dies ist Sache des Gastes. Für die Übernachtung sollte mindestens DM 10,- aber nicht mehr als DM 25,- bezahlt werden – sind Mahlzeiten dabei, natürlich entsprechend mehr. Es ist von großem Vorteil, einen einfachen Schlafsack dabei zu haben.
Gesundheit: Vor allem im Sommer muß mit Magenproblemen gerechnet werden.

Offenes Bier, kalte Wurstwaren aus dem laden und billigen Schnaps vertragen wir im Unterschied zu den Einheimischen zuweilen schlecht. Medikamente mitnehmen! Bei länger andauernden Problemen in größeren Orten nach einem Arzt oder Krankenhaus fragen.

Bahn und Bus: Der öffentliche Verkehr funktioniert leidlich, wenn z.t. auch nach sehr „dünnen" Fahrplänen. Der Standard ist einfach, die Preise sind niedrig.

Trinkgeld: Als Tourist sollte man immer etwas „aufrunden", 5–10 % sind angebracht.

Geschenke: Als Besucher der Maramureş kommen Sie immer wieder in Situationen, wo Sie sich für die Gastfreundschaft revanchieren möchten. Bargeld ist – gerade auf dem Lande – oftmals unpassen bis beleidigend; ein Pfund Kaffee, Schokolade, ein paar Flaschen Bier oder gar ein Taschenmesser kommen entschieden besser an. (Westliche) Zigaretten sind bei rumänischen Rauchern immer gern gesehen. Sind Sie länger bei einer Familie zu Gast, dürfen Sie auch ruhig direkt nach notwendigen Besorgungen fragen, welche Sie übernehmen möchten.

Klima: Ähnlich wie in Mitteleuropa, aber etwas prägnanter. Von Ende Mai bis Anfang September ist die beste Reisezeit, es kann zwischendurch allerdings auch heftig regnen. Die Winter sind oftmals sehr kalt und schneereich.

Benehmen und Auftreten: Die Menschen in der Maramureş sind ausgesprochen tolerant und gastfreundlich – und bleiben es hoffentlich auch in Zukunft, wenn wir Touristen uns ein wenig einfühlsam und zurückhaltend benehmen. Wir empfehlen freundliches und offenes Auftreten, und den Verzicht auf übermäßiges Zurschaustellen des eigenen Wohlstandes. Dazu gehört auch der immer gern gesehene Versuch, zumindest ein paar Brocken der Landessprache zu radebrechen. Hier sind einige:

Bună ziua	**Guten Tag (Begrüßung)**
Vărog	**Bitte**
Mulţumesc	**Danke**
Da	**Ja**
Nu	**Nein**
La revedere	**Auf Wiedersehen**
(Foarte) bine	**(sehr) gut**
Aveţi...?	**Haben Sie...?**
Unde?	**Wo?**
Mîine	**Morgen**

Literatur- und Quellenverzeichnis

Baier, Roland u. **Hufnagel**, Hans (1993): Wälder und Dampf II – Bilder aus vergangenen Tagen der CFF. Eigenverlag Gablitz

Codreanu, Moldovan (1997): Ghidul Turistic al Judeţului Maramureş – Casa de Editură "Algoritm Press"

Dăncuş, Mihai (1995): Sighetul Marmaţiei – Muzeul Ethnografic al Maramureşului - Editura Museion - Bucureşti (rumän.)

Die österreichisch-ungarische Monarchie in Wort und Bild ....Bände 5 und 6: Ungarn und Bukowina. K.u.K. Hof- und Staatsdruckerei, Wien 1838

Erich, Renata M./**Höfer**, Edmund (1988): Ojtser – Das Schtetl in der Moldau und Bukowina heute. Verlag Christian Brandstätter Wien

Franzos, Karl Emil: Das schwarze Kreuz im Acker. Deutscher Buch-Ring München

Hadbawnik, Oskar u. M.: Die Zipser in der Bukowina. Eigenverlag der Buchenlanddeutschen e.V. München

Hofbauer, Hannes/**Viorel**, Roman (1993): Bukowina, Bessarabien, Moldawien. Promedia Verlag Wien

Höh, Rainer (1987): Blockhütten-Tagebuch. Schettler Publikationen. Hattdorf am Harz

Ilk, Anton-Joseph (1990): Der singende Tisch – Zipser Volkserzählungen. Dacia Verlag Cluj-Napoca

Ilk, Anton-Joseph (1990): Zipser Volksgut aus dem Wassertal. N.G. Elwert Verlag Marburg

Komm Mit (1988): Verlag Neuer Weg Bukarest

Nadisan, Ioan u. **Bandula**, Octavian (1980) Maramureş – Ghid turistic al judeţului. Editura Sport-Turism Bucureşti (rumän.)

Olbracht, Ivan (1952): Der Räuber Nikola Schuhaj. Verlag Rütten und Loening Berlin

Pollack, Martin (1984): Nach Galizien. Edition Brandstädter Wien-München

Pop, Alexander Cicio (1932): Reiseführer durch Rumänien. Editura Ghidul Romaniei Bucureşti

Reichel, Rudolf u. **Hufnagel**, Hans (1993) Wälder und Dampf – 1000 km auf den Waldbahnen Rumäniens. Eigenverlag Gablitz

Retegan, Ioan et.al (1980): Maramureş-Monografie. Ed. Sport-Turism Bucureşti (rumän.)

Schwarz, Henning (1995): Rumänische Karpaten. Edition aragon Moers

Stephani, Claus (1991): Märchen der Rumäniendeutschen. E. Diederichs Verlag München

Stephani, Claus (1970): Oben im Wassertal. Kriterion Verlag Bukarest

Stephani, Claus (1983): Volkserzählungen der Zipser in Nordrumänien. N.G. Elwert Verlag Marburg

Stephani, Claus (1991): "War einer Hersch, Fuhrmann". Verlag Anton Hain Frankfurt/Main

Stephani, Claus (1990): Frauen im Wassertal. dtv München

Stephani, Claus (1979): Tal der stummen Geigen. Ion Creanga Verlag Bukarest

Stephani, Claus (1989): Zipser Mära und Kasska. N.G. Elwert Verlag Marburg

Vincenz, Stanislaw (1981):Na wysokiej poloninie. Zwada (Auf der hohen Karpatenalm. Hader). Warszawa, Instytut Wydawniczy PAX (poln.)

Vincenz, Stanislaw (1980): Na wysokiej poloninie. Prawda Starowiecku (Auf der hohen Karpatenalm. Die Wahrheit der alten Zeit). Warszawa, Instytut Wydawniczy PAX (poln.)

Vishniac, Roman (1993): Wo Menschen und Bücher lebten. Kindler Verlag München

Wiesel,Elie (1995): Alle Flüsse fließen ins Meer. Autobiografie. Verlag Hoffmann und Campe Hamburg

Wischenbart, Rüdiger (1992): Karpaten – Die dunkle Seite Europas. Verlag Kremayr & Scheriau Wien

Farbteil S. 97–112: Bildlegende

Ortsregister